筑摩選書

塚田穂高 編著

Tsukada Hotaka

徹底検証

日本の右傾化

徹底検証　日本の右傾化　目　次

徹底検証　日本の右傾化

はじめに

「自由と民主主義が壊れていく　右傾化（傍点引用者、以下同）はいかにして進んできたのか。その歴史的ダイナミズムをたどる。」（中野晃一『右傾化する日本政治』岩波新書、二〇一五年、帯文）

「「右傾化」の淵源はどこなのか？「日本会議」とは何なのか？」（菅野完『日本会議の研究』扶桑社新書、二〇一六年、帯文）

「政治の右傾化、代替軸必要（安保って？　憲法って？）」（『朝日新聞』二〇一六年六月一七日付朝刊）

「自民党　若手「ハト派」が勉強会　過剰な右傾化憂慮」（『毎日新聞』二〇一五年五月二日付朝刊）

「若者の右傾化は本当か　選挙結果が示す左右バランス」（『読売新聞』二〇一五年一月一九日付朝刊）

「日本の右傾化は本当か」（『日本経済新聞』二〇一四年三月三〇日付朝刊、「風見鶏」欄）

「参院選後の改憲目指す　日本会議と安倍首相　日本の右傾化進める〝陰の組織〟」（『週刊朝日』二〇一六年六月二四日号）――

「右傾化」や「極右」や「右翼」など、遠い外国の話か、あるいは時たま見かける街宣車の類に限られた話かと思っていたら、いつのまにかわれわれが暮らすいまの日本社会そのものをめぐって取りざたされる語となっていた、というのが現状と言えようか。

それは、「安倍政権」「日本会議」「憲法改正」「安保法制」「宗教」「愛国心」「靖国参拝」「教育」「家族」「若者」「慰安婦問題」「ネトウヨ」「ヘイトスピーチ」などのトピックとしばしば結びつけられながら、さまざまな報道や書籍、ウェブ情報のなかで論じられてきている。

だがそのなかには、ただ対象を批判したいがためにそうした言葉を用いてレッテル張りをし、それでよしとするようなものもあれば、限られたデータや居直りのみに立脚して「右傾化じゃない、ふつうのことだ」などと火消しに躍起になっているような例もままある。それでは不毛だ。

二〇一六年には、国内最大の右派・保守運動と目される「日本会議」についての書籍が相次いで刊行され、その存在が社会的に顕在化した。その意義自体は大きい。だが、「日本の右傾化」の焦点を「日本会議」のみに合わせただけでは、取りこぼされるものも大きいだろう。現実に進行中の事態は、もっと複雑で、多面的である。

多面的な対象に迫るには、多角的に検討すればよい。事態はもはや、特定のメディアや個人などが独力で捉えきれるものではないのではないか。「日本の右傾化」と大きく括られているそれを、いったん限られたテーマに分解・細分化する。それぞれの領域の専門家が自身のフィールドについて、信頼できるデータと資料を駆使しながら検証し、それを幾重にも重ね合わせる。その作業が必要であり、本書が目指すのはそれである。

よって、本書ではこの「はじめに」において、「右傾化」の定義は行わない。各章の検討の結果、特定の意味での「右傾化」がその領域では起きているかもしれないし、起きていないかもしれない。あるいは「右傾化」と括られていた問題の実態は、もっと別の深刻な問題であることが明らかになるかもしれない。別々のテーマを論じていたはずなのに同じ事項や団体・人物が出てくることもあれば、時には同じ事象に対して異なる見解や見方がぶつかる局面もあるだろう。それら各章の検討結果を重ね合わせた際に、どのような現代日本社会の像が結ばれ、何が看過できない問題として浮かび上がってくるのか。それを提示したいし、つかんでもらいたいと思う。

全体は、「壊れる社会」「政治と市民」「国家と教育」「家族と女性」「言論と報道」「蠢動する宗教」の六部・二一章からなる。各章執筆者には、安倍政権なり日本社会なり右派勢力を批判してほしいとは依頼していない。しかし、中立や冷笑を気取るのでもない。各人の問題意識はそれぞれ明白であるはずだ。どの部、どの章から読み始めてもらってもかまわない。どれも、この日本社会が直面する諸問題をつかむための入口となっている。なお、各章のなかに「(→第○章)」とあるのは、その章・部分と関連する内容が他章で論じられている場合のリンク先を示している。文中の肩書き等は当時のもの、敬称は基本的に略したが、著者に委ねた部分もある。

巻末には、編者による「『日本の右傾化』を考えるためのブックガイド」と「『日本の右傾化』関連年表」を付した。

前者は、本書各章の議論についての理解をさらに深めるのに資すると思われる、比較的手に取りやすい書籍を、近年のものを中心に選んでいる。

後者は、本書各章に出てくるポイントとなる出来事を中心に、日本の「右傾化」に関連すると思われる事項を広く抽出して記載した。紙幅の都合のため一九八九（平成元）年からとしたが、結果的にそれは「平成史」のある一面をよく表していると言えるかもしれない。参照してほしい。

いまこの日本社会で、何が起き、どこまで進んでいるのか――。協働し、総力を挙げて、この問いに挑戦したい。

編者

第Ⅰ部 壊れる社会

新自由主義、レイシズム、ヘイトスピーチ

第1章

罪深く恥ずかしい「サロゲート」に沈み込む前に

斎藤 貴男

かなり前から、「このままだと、いずれこうなる」と怖れていた通りの世の中になってしまった。たとえば二〇一六年一一月から一二月にかけてのわずかの間に、ＴＰＰ（環太平洋パートナーシップ協定）承認案および関連法案と年金カット法案（公的年金改革法案）、カジノ解禁法案（統合型リゾート施設整備推進法案）の、国民生活に多大な影響をもたらす三つの法案が、いずれも強行採決で可決・成立した事実だけでも、状況は明白だ。一五年に集団的自衛権の行使容認を法制化した戦争法案（平和安全法案）が、やはり強行採決の連続で、決着させられた記憶も生々しい。

ほとんど独裁者として振る舞い、多くの識者の激しい批判を浴び続けながら、なお安倍晋三政権は安泰である。一連の暴挙を目の当たりにさせられて、それでも安倍政権の支持率はうなぎ上りだ。二〇一六年一〇月は五三・九％だったのに、年金カット法案が衆議院で強行採決された直後に六〇・七％（いずれも共同通信社の調査）、年をまたいで一七年一月には六七％（ＪＮＮの調査）と伸びている。これらの数字がでっち上げでないなら、政権が暴走すればするほど、国民は喜んで尻尾を振りたがる構図というべきか。

はたして安倍政権は二〇一六年一二月五日、第一次（〇六～〇七年）との通算で一八〇七日となり、中曾根康弘氏を抜く戦後歴代四位の在任日数を数えた。自民党は一一月に総裁の任期を従来の「二期六年まで」から「三期九年まで」に延長したので、安倍氏が一八年の総裁選で再選されれば、最長で二一年九月までの長期政権もあり得る。一九年八月には戦後最長の佐藤栄作政権（二七九八日）を、同年一一月には史上最長の桂太郎政権（二八八六日）さえ上回る計算だ。安倍政権は二〇二〇年東京五輪の前後を目途にその実現を構想している国家ビジョンの推進と、総仕上げとしての憲法改正に十分な時間を確保できることになる。

彼らは自信満々だ。だから傲慢であり続けることを恬《てん》として恥じない。実際、近年は選挙のたびに圧勝を重ねているのだから、開票に不正がないという仮説に立つ限り、もともと世襲議員の集まりでしかない彼らがああなるのも、それはそれで自然の成り行きだとは思う。もっと言えば、権力とは所詮こういうものなのであって、辛うじて存在する歯止めが民意であり、ジャーナリズムであり、憲法であるはずなのに、現代の日本社会ではそれらがまともに機能していない。ということは、安倍政権の正体を知ってか知らずか、ともかくも現状は国民の総意なのである。

本稿では、どうしてこんなことになったのかを、この間の取材で今日への潮流を感じ取ってきたプロセスを通して、検討しておきたい。戦争の悲惨も原発事故も、いつの間にか「何もなかった」ことにされがちな社会で、いつか、せめて過去に学べる余地を残しておくために。

「あれ?」という感覚の発端

私は長年、この国の社会にそこはかとない信頼を寄せていた。いわゆる戦後民主主義の時代に生まれ育ったせいか、問題が山積して、さまざまな差別が罷《まか》り通っていても、所詮は「逆コース」でしかないのかもしれなくても、いつまでもそんなことではいけない、みんなで何とかしなければと考えている人々が世の中の多数派であるに違いないと思えたからだった。

だからたとえば、一九八〇年代の中曾根政権でスパイ防止法案が浮上した時も、防衛費をGNP(国民総生産)の一%以内に抑制していた枠が撤廃された時も、さほど恐れもしなかった。週刊誌の記者をしていた八七年に、終戦間もない頃の北海道北見市での殺人事件で無期懲役を言い渡されていた梅田義光氏の再審無罪を取材して、当時の裁判官に「真犯人が誰だろうと関係ない。判決とは国家の意志なのだから、死刑と決まれば吊るせばよいし、無期となったら死ぬまで繋げ」という持論を聞かされた際には、国家というものの本質を見せつけられた思いに襲われもしたけれど、それでも、もうそんな暴論が通用する時代じゃないんだという確信の方が勝っていた。

ジャーナリストとして、というより人間として未熟だっただけではないかと言われれば、合理的な反論は難しい。だが、北見の元裁判官のようなあからさまな人物はやはり例外的だったし、政府や大企業に批判的な発想でスタートした取材でも、いざ関係者に会ってみれば、逆に教えられたり、エリートならではの美点をうかがい知ることもできた。同業の記者や編集者とも、「権力のチェック機能」でなければならないというジャーナリズムの存在意義《レゾンデートル》を共有できて、そうした姿勢は読者に支持されているという実感を持てた。記者の仕事が楽しくてならなかった。

あれ？　という感覚を最初に覚えたのは、一九九四年のことである。週刊誌を辞めて独立し、ややあって己《おのれ》の勉強不足を少しでも補おうと家族連れで留学した英国から帰国して間もない頃だ。書店を覗くたびに、ビジネス書とも宗教書とも区別がつかない本が平積みされて、よく売れている光景を不思議に思ったのがきっかけだった。

ソニーが〝超能力〟を追求する研究機関を立ち上げていた。これさえあれば化学肥料も農薬も使わずに作物が育つ、末期がんさえ治るという〝万能〟微生物ＥＭ菌の流行。新興宗教の教祖と見紛う稲盛和夫・京セラ会長の言動を妄信する中小企業経営者やビジネスマンたち。「この世で起こることはすべて必然、必要、ベストである」と説く経営コンサルタント・船井幸雄氏……。

取材を進めると、支配される側を思考停止に陥らせ、支配する側が都合よく操りやすくする、カルト教団もどきの洗脳テクニックが、この国の、とりわけ企業社会に溢れている実態が見えた。はたして一九九五年三月にはオウム真理教による地下鉄サリン事件も発生した。

心理学を悪用した労務管理が蔓延した時代は過去にもあった。アメリカから輸入された管理職研修技術「ＳＴ」（sensitivity training＝感受性訓練）が典型だが、あれは一九七〇年代をピークに、自殺者や心身疾患を多発させて社会問題となり、消え失せたはずだ。禁じ手が再び息を吹き返しつつあるということなのか。

かくて一九九七年に上梓したのが『カルト資本主義』（文藝春秋）だった。思えば南京大虐殺も従軍慰安婦も捏造だと言い募る、いわゆる歴史修正主義も、私が稲盛氏や船井氏の取材を重ねていたのとほぼ同じ時期に台頭して定着し、現在の安倍政権および日本社会の全体に強い影響を及ぼしている。八〇年代後半以降の、先の戦争における加害責任を問い直す運動や報道、研究の広がりや、九三年の細川護煕首相（当時）による「侵略戦争であったと認識している」との発言に対する右派の憎悪が、強烈なエネルギーになった。

一方に振られた振り子は必ず逆の方向に揺り戻される、という。だが一連の現象は、そんな「振り子の揺り戻し」論では十分に説明できない。なぜなら洗脳や戦争賛美の流れが力を持ち始める以前の振り子はせいぜい、ようやく真ん中に戻った程度の段階だった。反動と呼ぶには、人為的な力学が働き過ぎている。

一九九九年には、こうした流れの背景にあったらしいバブル経済下および崩壊後の人心の崩壊を描いた『精神の瓦礫』（岩波書店）と、近い将来の監視社会の到来を予見する『プライバシー・クライシス』（文春新書）を出版した。折しも改正住民基本台帳法が可決・成立し、現在の〝マイナンバー〟による国民総背番号体制に向けた地ならしが強行されたのもこの年だったが、私はその過程で衆議院の地方行政委員会に参考人として招かれ取材の成果を披露して、自民党議員らの罵声を浴びる羽目になる。「私はあなた方が話をしてほしいと頼んできたから来てあげたのです。黙って聞きなさい」と返して静かにさせたが、この国の舵取りはこうまで品性下劣なチンピラ集団に委ねられているのかと考えると、やりきれない気分になった。

新自由主義と社会ダーウィニズム

おぼろげだった不安は次第に姿を現してくる。二〇〇〇年に出した『機会不平等』（文藝春秋、現在は岩波現代文庫）のための取材で、それは明瞭になった。後に苛烈な「構造改革」路線を打ち出すことになる小泉純一郎政権はまだ誕生していなかったが、雇用をはじめ社会保障や教育に至る全分野に新自由主義を適用した規制緩和は走り出している。大方のマスメディアもこの国策を歓迎し、旗振り役を買って出ていた中で、ひとり私は規制緩和の〝光と影〟のうち、主に影の部分を掘り下げてみた。

光の部分を否定はしない。ただ、その光は社会のどこを照らし、どこを照らさないのか。また光が強ければ強いほど、それで生じる影は濃く、暗くなる理屈でもある。などと考えながら進めた取材でわかったのは、規制緩和によって発せられる光はすさまじくも鮮烈だが、その恩恵を享受できるのは巨大資本の利益に連なる、もともと恵まれた立場にいる一握りの層だけ。それ以外の大半の人々は、真っ暗闇の世界にたたき込まれてしまいかねない、ということだった。

競争原理だ、自己責任原則だと言うけれど、人間はそれぞれ異なる条件でこの世に生を受ける。地域も家庭環境も、経済力も、親のコネクションも――つまりスタートラインがまったく違うのだから、各種の規制という一定の調整が伴わなければ、あらかじめ持てる者がほとんどすべてを占有し、そうでない者は従来にも増して何も得られない世の中になるだけだ。そんなものは競争でも何でもない、封建時代への回帰ではないか。

『機会不平等』の取材では、教育改革の唱道者たちによる、差別そのもののような言葉もたくさん聞かされた。首相の諮問機関「教育改革国民会議」の座長で、かねて「個性に応じた教育」の必要を説いていた江崎玲於奈氏は、その具体的な方法論を尋ねた私に言った。

「人間の遺伝情報が解析され、持って生まれた能力がわかる時代になってきました。いずれは就学時に遺伝子検査を行い、それぞれの子どもの遺伝情報に見合った教育をしていく形になっていきますよ。遺伝的な資質と、生まれた後の環境や教育とでは、人間にとってどちらが重要か。優生学者はネイチャー（天性）だと言い、社会学者はノーチャー（育成）を重視したがる。共産主義者も後者で、だから戦後の学校は平等というコンセプトを追い求めてきたわけだけれど、僕は遺伝だと思うんです」

文部相の諮問機関「教育課程審議会」の会長として、いわゆる「ゆとり教育」の原案となる答申を取りまとめた人物にも会った。文化庁長官も務めた作家の三浦朱門氏である。二〇〇二年の学習指導要領改訂で小中学校の授業時間と内容の三割削減が示される以前の取材だったが、〝ゆとり〟は平均学力の低下をもたらすのではないかとする私の質問に、彼はこう語った。

「逆に平均学力が下がらないようでは、これからの日本はどうにもならんということです。できん者はできんままで結構。戦後五〇年、落ちこぼれの底辺を上げることにばかり注いできた労力を、できる者を限りなく伸ばすことに振り向ける。一〇〇人に一人でいい、やがて彼らが国を引っ張っていきます。限りなくできない非才《ひさい》、無才には、せめて実直な精神だけを養っておいてもらえればいいんです。それが〝ゆとり教育〟の本当の目的。エリート教育とは言いにくい時代だから、回りくどく言っただけの話だ」

――それは三浦先生個人のお考えですか。それとも教課審としてのコンセンサスですか？

「いくら会長でも、私だけの考えで審議会は回りませんよ。メンバーの意見はみんな同じでした。教課審では江崎玲於奈さんの言うような遺伝子診断の話は出なかったが、当然、そういうことになっていくでしょうね」

「社会ダーウィニズム」だ、と思った。ダーウィンの進化論を支える「自然淘汰」「適者生存」という概念を、現実の人間社会の説明にそのまま当てはめる思想である。適者生存ということは、社会的地位の高い者は優れた人間なのだから、彼ら優れた人間を支援し、社会的地位の低い＝劣った人間を抑制・排除していくことが社会全体をよりよく進化させることになる、という論法を一九世紀後半の哲学者・社会学者ハーバート・スペンサーが編み出し、欧米列強の帝国主義や、産業資本による労働者の搾取を正当化する役割を担った。

この独善に医学や遺伝学の装いを凝らしたのが、後のナチスドイツで狂い咲き、ユダヤ人や障がいのある人々を殺戮する〝根拠〟とされた「優生学」なのである。江崎氏は自らがこの「優生学」に共感しているとしか理解できない表現を口にし、三浦氏もまた、彼に同意した。そして彼らを教育改革の要職に就けたのは、私たちの血税で成立している日本政府に他ならなかった。

今日に至る規制緩和・構造改革路線は、新自由主義と呼ばれる近代経済学の観念に貫かれてきた。市場原理を絶対的な真理として位置づけ、そのメカニズムにさえ任せておけば、あらゆる社会システムは合理的に回っていく、回らないシステムはそもそも存在する価値がないのだと割り切って、切り捨ててしまう。もちろん経済のグローバル化もその延長線上にある。

市場原理を重視する点は〝近代経済学の父〟ことアダム・スミスに代表される古典派自由主義と共通しているが、新自由主義には古典派が備えていた道徳的な要素が欠けており、ゆえにWinner takes allの思想であるとも言われる。つまりは勝者の総取りだ。二〇一一年九月からの約一年間、ニューヨークで繰り返された大規模な抗議行動で有名になった"We are the 99%"というスローガンは、まさにこの新自由主義の先端を走るアメリカの富の大部分が、最上層の一％に独占されてしまっている実態を表現したものだった。

社会ダーウィニズムとの親和性は、もはや明らかだろう。新自由主義を一九七〇年代以降の世界に広めた「シカゴ学派」の中心にいた経済学者ミルトン・フリードマンはユダヤ系で、彼の思想の根幹には国家社会主義と言われたナチスドイツや、スターリン治下のソビエトにおける悲劇に対する恐怖と怒りがあったとされるのだが（伊東光晴『21世紀の世界と日本』岩波書店、一九九五年などを参照）、とどのつまりはそれらと本質的に変わらない社会を不可避にしてしまった。

私が取材した規制緩和の関係者たちの中には、市場原理の意味以前に、弱者を抑圧することこそれ自体に悦《よろこ》びを見出しているとしか思えない人物が少なくなかった。むしろ多数派でもあったろうか。彼らの多くは裕福な家庭で生まれ育った上流のエリート層に属していた。戦後のかなりの期間はまだしもそれなりに息づいていた、建前としての平等さえも彼らは許せない。言わば〝逆ギレ・ルサンチマン〟だなと、当時の私は秘かに名づけたものである。

要するに私は、指導者層の間で急激に復権を遂げつつある選民思想と、自分自身を含めた民衆に対する差別の眼差しをまず感じた。前記の江崎発言にしろ三浦発言にしろ、少し前までの常識や経験則では、初対面のジャーナリストが引き出せる代物ではない。書かれる前提で、公にされても自身の立場や表現に何らマイナスになどなるはずがないという信念めいた意志さえ、私にはひしひしと伝わってきた。

もちろん選民思想も差別も、戦前戦中から連綿と受け継がれてきている。解消できた時代など一度もない。それにしても異様なまでのハードルの下がり方だった。差別の眼差しは上層から下層へ、さらには外国人へと、玉突きのようにとめどなく、激しい圧力を以《もっ》て牙を剝く。インターネットのヘビーユーザーが陥りやすい罠――全能感――が、この傾向を加速させていった。

朝日新聞と文藝春秋の変節

社会ダーウィニズムの行き着く先は戦争だ。搾取だけでなく帝国主義の理論的支柱としても利用された史実は伊達《だて》ではない。近年の日本社会を覆うグローバリズム礼賛と、ナショナリズムの高揚は矛盾するように見えるかもしれないが、新自由主義の本場アメリカが、同時にネオコン（neo-conservatism ＝新保守主義）の牙城でもある現実は、実にわかりやすい実例なのである。

したがって、経済畑の社会派を気取っていた私の関心も、原稿や講演の依頼で求められるテーマも、必然的にその方面へと向いていく。はたして二〇〇一年には9・11同時多発テロが発生し、アメリカは報復としてのアフガニスタン紛争、イラク戦争へとなだれ込んでいった。

当時の小泉純一郎政権の対応は改めて蒸し返すまでもない。事件の二週間後にマンハッタン「グラウンド・ゼロ」の現場を訪れた彼が時のジョージ・W・ブッシュ政権による「対テロ戦争」の宣言に呼応した「ウイマストファイト」の日本人英語は、今も私の耳にこびりついたままだ。それまでは比較的リベラルな紙面づくりで定評のあった『朝日新聞』も、9・11の第一報を伝えた翌日朝刊一面のコラム「天声人語」で、〈よし、戦おうじゃないか〉と書いた。やがて二〇〇三年春、米軍のイラク戦争に従軍した同紙の野嶋剛記者は、現地からのレポートで、〈私の部隊〉〈私の中隊〉なる表現を連発し、〈〈イラクの陣地を攻撃した〉最後の一発が命中した。兵隊たちは「ヤアア！」と喜び合った。私はその輪の中で、歓声を上げていたのだ〉という感情の発露を隠そうともしなかった（野嶋剛『イラク戦争従軍記』朝日新聞社、二〇〇三年）。

イラク戦争でも構造改革でも対米従属の姿勢を崩さない小泉政権は、同時に紋付き袴のスタイルで靖国神社を参拝するなどの愛国パフォーマンスに熱心だった。私は彼らを全力で批判し続け、ここまで述べてきたような問題意識を原動力に、二〇〇四年に『安心のファシズム』、〇六年に

『ルポ　改憲潮流』を、いずれも岩波新書の一冊として世に問うことができた。一方で、かつてホームグラウンドにしていた文藝春秋からは距離を置かれるようになる。

ついには同社の月刊オピニオン誌『諸君！』の二〇〇六年八月号で、私は「脳内ヒキコモリ系」だの「トンマなサヨク」だの、「バカ者」とまで罵られた（仲正昌樹「サヨクの最後の砦——「格差社会」「愛国心」「共謀罪」ハンタイ」——）。事前のインタビューはおろか、周辺取材も一切ない。思い込みだけで綴られた殴り書きのような文章が、昔なじみの編集者たちによって掲載されたことへの驚きと憤り、在籍中に「面白ければ何を書いてもいい。ただし、徹底的に取材したならば」の文春ジャーナリズムを叩き込んでもらったことへの感謝が裏切られた思いがないまぜになり、電話で担当者を「お前ら、それでも文春か」と怒鳴りつけた。彼自身は後日、「お世話になった斎藤さんに申し訳ないことをしました」と謝罪の手紙か電話かをくれた記憶があるけれど、ほんの五、六年も前までは保守系ゆえに鷹揚な雑誌、ひいては財政的に豊かでスポンサーの縛りもさほどでなく、それこそ天皇の悪口でもない限り何を書いても自由だった、だから愛して尽した出版社の、あまりと言えばあまりの堕落が、悲しくてならなかった。

「日本は欧米烈強のサロゲート」

ソウル出身の知識人で、米国防総省職員や韓国政府の技術顧問を務めた経歴を持つ鄭敬謨《チョンギョンモ》氏に会ったのは、この頃のことだ。私は彼の次のような話に打ちのめされざるを得なかった。

「日本は西洋的な〝名誉白人国家〟として振る舞うことで、民族の矜持とアイデンティティを維持してきた国である。明治維新以来、〝脱亜入欧〟を掲げて、ずっとそのように生きてきた」
「日清戦争でも日露戦争でも、日本は欧米列強のサロゲート（代理人）として戦い、彼らのアジア侵略の先兵として機能した。同じアジア人を売りながら峠を上り、ようやく〝名誉白人〟になれたと思った瞬間、その白人様に裏切られ峠から転がり落ちたのが、太平洋戦争だったのでは」

思い込みや感情的な議論ではない。吉田松陰、辛未洋擾《しんみようじよう》から江華島事件（雲揚号《うんようごう》事件）に至る経緯、桂―タフト密約……と、具体的な史実を示しつつ語る鄭氏の歴史認識は説得的だった。特に衝撃を受けたのは、サンフランシスコ講和条約および日米安保条約が締結された当時の米政府外交顧問で、後に国務長官となるジョン・フォスター・ダレスが書き残していたという備忘録だ。
〈アメリカは日本人が中国人や朝鮮人たちに抱いている民族的優越感を十分に利用する必要がある。共産陣営を圧倒している西側の一員として、自分たちがそれと同等な地位を獲得することができるという自信を日本人に与えねばならない〉

出典は鄭氏とも親交があるアメリカ人研究者フランク・ボールドウィンの *Without Parallel; the American-Korean Relationship since 1945* という文献だ。原書を当たると、備忘録には日本人の優越感はロシア人にも及んでいるように書かれていたようなのだが、鄭氏はその部分を意図的に省略していた。短いメモでは一括りにされていても、中国人や朝鮮人に対する態度とは明らかに性格が違っているニュアンスを熟知しているためか。とはいえ、確かにこれは日本人にとっては心地よい『坂の上の雲』式の司馬遼太郎史観の裏側だ。なるほど一理も二理もあるなどと考え始めると、日本人であることが苦しくなってくる。

私は徳富蘇峰《とくとみそほう》（一八六三〜一九五七）について調べてみた。第二次大戦中に「大日本言論報国会」の会長として言論界に君臨した男。はたして、明治期に「平民主義」を唱えていた頃の彼は、むしろ日本の〝遅れた〟伝統や文化を恥じていて、制度も習慣も何もかも西洋に同化させるべきだとする主張を重ねていた。ところが列強との不平等条約改正などを契機にナショナリズムが亢進し、挫折と転向を余儀なくされていくうちに、いつしか〝黄色人種の盟主としての大和民族〟を語るようになっていったという。

ひとり蘇峰だけの思想遍歴ではないと感じた。鄭氏の議論を待つまでもなく、これは日本人全体の精神史ではないか。そうしてアメリカに敗れた後は再び白人コンプレックスの虜《とりこ》となり、朝鮮戦争やベトナム戦争の特需という漁夫の利で成し遂げた高度経済成長を〝ジャパン・アズ・ナンバーワン〟とおだてられ、やたら威勢がよくなったと思ったら、バブル崩壊後は……と行きつ戻りつ。構造改革で社会のありようをアメリカのそれに同化させていきつつ、一方では国民に〝愛国心〟を要求してくる現在の安倍政権も、そのお墨付きを得たような格好で猖獗《しょうけつ》を窮《きわ》める自称右翼ないし保守の圧倒的多数もまた、アメリカにだけは絶対に逆らわない姿勢を共有している。

新自由主義とネオコンは両立する。あるいは補完し合う関係にあるとは先に示唆した通りだが、日本の〝ナショナリズム〟には以上のように屈折し、歪んだ社会心理が絡んでくる点が、一般論とはやや異なっているのではなかろうか。右翼と左翼の分類も有効性を発揮できない気がする。たとえば私は、一九九九年の国旗国歌法施行に伴い、公立学校の卒業式や入学式で掲揚ないし斉唱が強制されるようになった日の丸の裏地にはアメリカの星条旗が縫い付けられているように見え、君が代は“The Star-Spangled Banner”の裏旋律でしかないように聞こえて、耐えられない。だが私は、自分が右翼だとは考えていないのだ。

　小泉政権も安倍政権も、憲法改正を掲げる政権は必ず、現行憲法が占領時代にアメリカに押し付けられたものだから変えるのだ、と言いたがる。それでいて、自民党が提出してくる「新憲法草案」（二〇〇五年）も「日本国憲法改正草案」（一二年）も、日本国民や日本列島の防衛というより、アメリカの戦争に参戦しやすい仕組みを作ることに主眼が置かれているようにしか読めないのはなぜか。きれいな言い方を心がければ、アメリカが担ってきたとされる〝世界の警察官〟役の一部を肩代わりできる体制固めということではないのか。

　だが警察にもいろいろある。立派な警察官も少なくないが、人々の思想を弾圧する特高とか公安と呼ばれる政治警察や、沖縄で米軍ヘリパッド建設に抵抗する市民を「土人」と罵ってはばからない機動隊員もいる。米軍が常に正しい警察官であり続けてきたとは考えられない。

　そんな思いで、私は憲法改正問題をめぐる取材も積み重ね、二〇一四年には『戦争のできる国へ──安倍政権の正体──』（朝日新書）を書いた。そのための取材で、胃の腑にすとんと落ちた感覚を抱いた瞬間がある。前記「日本国憲法改正草案」を取りまとめた保利《ほり》耕輔《こうすけ》・自民党憲法改正推進本部長（当時）に会った時のことだ。

私はまず、二〇一三年四月二八日に永田町の憲政記念館で執り行われた政府主催の「主権回復・国際社会復帰を記念する式典」は、サンフランシスコ講和条約が発効してＧＨＱ（連合国総司令部）の占領から脱した記念日だから企画されたとのことだが、日米安保条約も同じ日に発効した事実が広報されなかったのはおかしい。押し付け憲法を否定する立場なら、現在に至る対米従属の構図が決定的になった日を手放しで喜ぶ発想はあり得ないのではないかという旨を語った。講和条約で切り離された歴史を持つ沖縄の人々の粘り強い反対運動がなければ、安倍政権は当初、この式典を〝祝典〟とする予定だったからである。

実は件《くだん》の「草案」も、式典の一年前の四月二八日の朝刊に載るように発表されていた。そのことも含めて私は、安倍政権は何かと言えば愛国心なり独立自尊なりを強調するけれど、その実、これまで以上の対米従属にしか見えないのだがと質《ただ》した。

「（アメリカに）従属しなければ、日本は立ち行かないでしょう」

返答は明快だった。それでは嫌だから憲法を変えて独立した軍隊を持つのだと言うのなら、私自身の賛否はどうあれ、わかる。逆に、悔しいがそれが現実だから安全保障は彼らに投げてしまうことにして憲法は変えない、という立場だとしても、だ。だが彼は、いや安倍政権の憲法改正本部長は、そのどちらでもない旨を述べていた。

だとすると、押し付け憲法云々アナウンスは、辻褄が合わなくなってくる。私は保利氏によって、自分の理解が当たらずといえども遠からぬ範囲には届いていたことを、図らずも確認できたのだった。

そして、おそらくは鄭敬謨氏の歴史認識も。私が鄭氏に会ってから、すでに十年ほどの歳月が過ぎたが、彼の主張は、ここにきてますます重みを増してきた感がある。私たちはよほど過去の近現代史を問い直していく必要がある道理だが、安倍政権の辞書に「反省」という文字はない。口先で何をどう言おうと、首相がこの間の演説や戦後七〇年談話、「明治日本の産業革命遺産」の世界遺産登録申請などの機会を通して繰り返しているのは過去の正当化であり、とりわけ明治期における富国強兵・殖産興業の、要は大日本帝国へと続いた歴史の称揚である。

二〇一八年には「明治一五〇年」を祝う式典が予定され、政権の内外では「明治の日」制定を急ぐ動きも活発だ。安倍首相は、すでに一五年二月の施政方針演説で、ここまで語っていた。

「『日本を取り戻す』。そのためには、『この道しかない』。

こう訴え続け、私たちは、二年間、全力で走り続けてまいりました。先般の総選挙の結果、衆参両院の指名を得て、引き続き、内閣総理大臣の重責を担うこととなりました。『安定した政治の下で、この道を、更に力強く、前進せよ。』これが総選挙で示された国民の意思であります。

（中略）

明治国家の礎を築いた岩倉具視は、近代化が進んだ欧米列強の姿を目の当たりにした後、このように述べています。『日本は小さい国かもしれないが、国民みんなが心を一つにして、国力を盛んにするならば、世界で活躍する国になることも決して困難ではない。』
明治の日本人に出来て、今の日本人に出来ない訳はありません。今こそ、国民と共に、この道を、前に向かって、再び歩み出す時です。皆さん、『戦後以来の大改革』に、力強く踏み出そうではありませんか」

膨張する帝国主義への野望

安倍政権はいわゆるアベノミクス「三本の矢」のひとつである「成長戦略」の柱に、「インフラシステム輸出」を据えている。少子高齢化が進めば内需の縮小は不可避なので外需を拡大していく、そのためには道路や鉄道、発電所および電力網、通信網、ダム、都市計画などのインフラストラクチュア（社会資本）を、コンサルティングの段階から設計、施工、資材の調達、完成後の運営、メンテナンスに至るまで、「官民一体」の「オールジャパン体制」（公文書に頻発される表現）で諸外国に売り込んでいこうという国家戦略だ。安倍首相の外遊でたまに話題になる原発輸出が中核になる。

スケールや話題性の割に報道される機会が少ないのが不思議だ。民主党政権時代に打ち出された「パッケージ型インフラ海外展開」の延長線上にある国策なのだが、新たに「資源権益の確保」と「在外邦人の安全」という要素を加えたところが安倍政権らしい。

インフラシステム輸出の相手国政府とは深い友好関係が結べるのだから、そこに豊富な地下資源があれば優先的に回してもらおうというのが前者だが、資源には紛争が付き物だ。乗り込んでいくビジネスマンや労働者には危険が伴う。だから後者も、というわけだ。

第二次安倍政権が樹立されて間もなかった二〇一三年一月、アルジェリア東部の天然ガス精製プラントが武装グループに襲撃され、一〇人の日本人を含む合計二〇人以上の人質が殺害される事件が起こっている。現場はリビアとの国境に近いイナメナス郊外で操業されていた英国BP（ブリティッシュ・ペトロリアム）などの資本による施設だった。安倍首相の指示で自民、公明の両党が直ちに設置したプロジェクトチームの座長には後に防衛相となる中谷元・元防衛庁長官が就き、彼らはこれも後の日本版NSC（国家安全保障会議）設置や自衛隊法改正の原案となる報告書をまとめることになる。

私は報告書が出た直後の同年三月に中谷氏と会い、こんなやり取りを交わした。前記『戦争のできる国へ』などでも紹介済みの一問一答を再録しておく。

――自衛隊法の改正はインフラの海外展開（この時点ではまだ安倍政権独自のネーミングがなされていなかった）が国策になっていることとの関係で捉えて構いませんか。

「そうですね。カントリーリスク対策の一環ということで。先進各国は、特にアメリカでは企業が海外で自由にビジネスをやる、何かあれば軍隊が飛んできて安全を確保してくれます。フランスだって武装したガードマンが常に配置されている。それが国際社会なんです。これまでの日本はそんなこともできなかった。イラクやインド洋に自衛隊が派遣された時みたいにその都度、特措法をつくらなくちゃいけない」

――この種のリスクは必然的に高まってくる、と。

「科学技術立国の日本は、世界のトップランナーです。企業はどんどん外に出かけて行って貢献すべきでしょう。政府はその人たちをどう支援するのかを考える。日揮にもヒアリングをしましたが、勉強になったのは、現地の危険情報や退去勧告を、日本は早く出し過ぎると言うんだね。それで現場を放棄している間に、中国や韓国に大きな仕事をかなり取られてしまってきたと」

――最後は憲法の問題になりますか。与党内でも公明党は改憲に慎重だと聞いています。

「こういう話はいつも憲法の壁にぶつかるんです。でも当面は改憲論の前に、今国会で、在外邦人保護のためには自衛隊の車両を出せる法改正をしようと努力しています」

敗戦後は封印されてきた帝国主義への野望が、この国の指導者層の間で、またしても膨張していることがわかる。安倍政権は個人的な趣味だけで大日本帝国を讃えたがっているのではなかった。新自由主義の価値観でグローバル経済大国を目指す限り、「この道」は確かに必然となるに違いない。それがアメリカの掌の上で、〝世界の警察官〟の一翼を担う装いで遂行されるのだとすれば、私たちはより罪深く恥ずかしい「サロゲート」の泥沼に沈み込んでいく。

踏み止まる方法が、ひとつだけ、ある。私たちがいつの間にか絶対の真理でもあるかのように思い込まされている価値観を根底から覆し、再構築することだ。

（さいとう・たかお　ジャーナリスト）

第2章　在日コリアンへのレイシズムとインターネット

高 史明

筆者は、社会心理学者であり、特にインターネットの利用と在日コリアン（日本に居住する韓国籍もしくは朝鮮籍の人々）に対するレイシズム（人種・民族偏見）の関係を研究してきた。その成果は二〇一五年に『レイシズムを解剖する―在日コリアンへの偏見とインターネット―』として上梓している。[1] だが同書はやや難解な学術書であるため、本章ではその一部をかみ砕きつつ、また新たな成果も付け加えながら、「日本の右傾化」との関連について論じたいと思う。

1　全体として日本は右傾化しているのか？

本題に入る前に、「日本は右傾化しているのか？」という点について、筆者のおおまかな見解を述べておきたいと思う。特に、政治制度や政治家にではなく一般的な国民の意識に注目したときに、個人の自由な選択や平等を重視するリベラルな価値観に比べて、権威や伝統を重視する価値観や自国を称賛するような考え方が強まっていると言えるのかを、簡潔に論じる。

この問いに対する筆者の暫定的な回答は、「右傾化している面もあるしそうでない面もある」というものだ。例えば、ＮＨＫ放送文化研究所編『現代日本人の意識構造（第八版）』は、一九七三年から二〇一三年まで五年に一度、九回にわたって行われた意識調査をもとに、「日本人の意識」の変遷を追っている。[2] その中では、結婚をするのが当然かしなくてもよいか、子どもをもつのが当然かもたなくてもよいか、婚前交渉はしてはならないかしてもよいか、といった問題については、年代を経るにつれて個人の選択を尊重するような考え方が広まってきたことが示されている。こうした変化は、個人個人の考え方が歳を取るにつれて変化したことによるものというよりは、人口構成がよりリベラルな考え方を持った新しい世代に置き換えられてきたことによるようだ（同書、二章）。

その一方で、「日本は一流国だ」「日本人は、他の国民に比べて、きわめてすぐれた素質をもっている」といった項目では、二〇〇三年から一三年の間——日本が長期的に経済的に低迷し、その国際的地位の低下が明らかになってきた期間——に大幅に上昇し過去最高だった一九八三年の水準に並んでおり、ナルシシスティックな国民意識が伸張したことがうかがえる。また、天皇に対する感情として「尊敬の念をもっている」という回答は九八年まで減少を続けてきたが、その後増加に転じ、二〇一三年には一九七三年をわずかに上回り過去最高となっている（同書、四章）。

次に、池田謙一編著『日本人の考え方　世界の人の考え方—世界価値観調査から見えるもの—』は、一九八一年以来二〇一〇年まで六回にわたって行われた国際調査（「世界価値観調査」）

の分析結果を報告したものである。[3] 同書を読む限り、日本は他の国々と比較して右翼的な価値観が優勢な国とは言えない（もっとも、比較対象にはそもそも民主的とは決して言えない国々も含まれていることも考慮する必要があるが）。他方で同書の中では、近年、権威や権力がより尊重される社会になることが望ましいという回答が三〇歳未満で多くなった（同書、二章）、民主主義的な価値観への支持が若干弱まった（同書、四章）など、「右傾化」の兆候かもしれない変化も指摘されている。最新のデータが二〇一〇年のものであること、年によって調査方法に若干の違いがあることなど、データには制約があるが、注視すべき動向ではあろう。

したがって、筆者は、日本が一様に右傾化しているというよりは、ある側面ではリベラルな方向への変化がありながら、他の側面では右傾化が進行している状態であると考えている。そうした、右傾化しつつあると考えられる側面の一つに、在日コリアンに対する不寛容性の問題がある。前掲の『日本人の考え方 世界の人の考え方』では、日本人は他の国の人々に比べて「人種の異なる人々」「移民や外国人労働者」「宗教の異なる人々」などに対する寛容性が低いことが指摘されている（同書、三章）。こうした不寛容性は、全体としてはグローバル化の影響を受けて和らぎつつある可能性があるが、その一方で在日コリアンなど一部の人々に対しては近年激しく噴出するようになってきたと、筆者は感じている。

2　在日コリアンに対するレイシズムの伸張

自分と異なる集団に属する人々に対する不寛容性に関わる用語に、「偏見」と「差別」がある。社会心理学において、「偏見」というのは、ある集団のメンバーに対して、その集団に属することそのものを理由に抱かれるネガティブな「態度」として定義される。また、「差別」というのは、集団に属することを理由に不利益を及ぼすような「行動」と定義される。例えば、「在日コリアンは日本人より劣っている」と信じネガティブに評価することは「偏見」で、そのような意見をインターネットの掲示板に投稿することは「差別」である。特にそれらが人種・民族が異なる集団に向けられる場合には、「レイシズム」の語が用いられる。

現在の日本のインターネットでは、在日コリアンに対するレイシズムが蔓延している。このレイシズムを考える上で、アメリカでの黒人に対するレイシズムの研究で明らかにされてきた「古いレイシズム」と「新しいレイシズム」の概念が有益であると思われる。「古いレイシズム」というのは、「マイノリティは（能力的・道徳的に）劣っている」といった信念（belief）にもとづく、露骨なレイシズムである。一方、「新しいレイシズム」というのは、「差別は既に存在していないのだから、現存する格差はマイノリティの努力不足によるものだ、にもかかわらずマイノリティは「差別」に抗議し不当な特権を得ている」という信念にもとづく、表面的には隠微なレイシズムである。アメリカでの研究では、公民権運動などを経て「古いレイシズム」が社会的に容認されなくなるにしたがって、「新しいレイシズム」が広まってきたことが指摘されている。

日本において、一般の人々が「偏見」「差別」と聞いて想像するのは、たいていは「古いレイシズム」だろう。その一方で、インターネット上で飛び交う「在日特権」という言葉――代表的な差別主義団体の「在日特権を許さない市民の会」がその名に冠してさえいる――を考えると、「新しいレイシズム」の役割も見逃すことはできない。こうした「新しいレイシズム」が、単なる政治的意見であるかのように装いながら紛れもなく「偏見」であることは、国内外の研究で指摘されてきた。[4]

「在日特権」言説のような在日コリアンに対する差別的な言説がインターネット上で目立ち始めたのは、おそらく二〇〇二年あたりからである。これは、Yahoo!BBが低価格でのADSL（非対称デジタル加入者線）の提供を開始し日本の「ブロードバンド元年」と呼ばれた〇一年の翌年にあたる。常時接続で高速のインターネット環境が身近なものになり、この前後の数年間で、インターネットの利用者は急激に増加した。

また、二〇〇二年には、日本人の韓国・北朝鮮（朝鮮民主主義人民共和国）に対する感情を悪化させる二つの事件が起こった。一つは、五月から六月にかけて日本と韓国が共同で開催したFIFAサッカー・ワールドカップである。この大会における韓国チームのラフプレーや審判買収疑惑、韓国人サポーターによる日本代表選手へのブーイングについての批判が、インターネット上を飛び交った。もう一つは、九月に行われた小泉純一郎首相（当時）と金正日総書記（当時）による日朝首脳会談において北朝鮮が拉致問題への国家的な関与を認めたことで、北朝鮮に対する国民感情も著しく悪化した。

インターネットの普及を背景に、これらの事件をめぐる韓国・北朝鮮への批判は過熱した。排外主義団体を取材した安田浩一『ネットと愛国―在特会の「闇」を追いかけて―』にも、やはりこの二〇〇二年が自身の転機だったとするメンバーが登場する。[5] 韓国、北朝鮮、そして在日コリアンへの差別的な言及は、この時期を境に、急速にインターネット上に広まっていった。それまではインターネット上で差別が盛んに行われていたのは比較的マイナーなコミュニティにおいてであったが、様々な話題を網羅し多くのユーザーを抱える匿名掲示板サイトの「2ちゃんねる」でも、差別的な言説が流行した。このことは、インターネット上でレイシズムが広まっていく上で大きな役割を果たしたと考えられる。

ただし、インターネットを主要な情報源とする人々と、テレビや新聞などのマスメディアを主要な情報源とする人々の間には、かなりの温度差があった。それを象徴するのが、二〇〇三年および〇四年の韓国ドラマ『冬のソナタ』放映を皮切りとする「韓流ブーム」だ。韓国の様々な映画、テレビドラマ、ポップミュージックが日本のマスメディアで取り上げられ、人気を博した。その一方で、〇五年に第一作が刊行された山野車輪の『マンガ嫌韓流』は主にインターネット上で話題を集め大ヒットし、その後シリーズ累計で一〇〇万部を売り上げている。〇〇年代の中盤以降、全体としては二極化しつつ、インターネット上ではコリアンに対するヘイトスピーチが増加していく。

こうしたネット上の「世論」を背景に生まれた排外主義団体の動向は本書の他章（↓第3章・

第4章）にゆだねるとして、インターネット上での差別の流行に拍車をかけたと考えられる「2ちゃんねるまとめブログ」とTwitterの普及についても、触れておきたいと思う。

「2ちゃんねるまとめブログ」というのは、「2ちゃんねる」上の投稿を取捨選択し、並べ替えたり文字色による強調を行ったりして「まとめた」ものをブログ形式で投稿するウェブサイトの総称である。オリジナルの「2ちゃんねる」に比べて読みやすくユニークなものに編集できるため、娯楽や情報収集の手段として若者を中心に受け入れられていった。筆者が大学生を対象に二〇一〇年に行った調査では、「2ちゃんねる」を利用していたのがおよそ七人に一人だったのに対して、「2ちゃんねるまとめブログ」を利用していたのはおよそ四人に一人と、後者の方が利用者数で上回っていた。二〇一五年に二〇代〜五〇代を対象にオンラインで実施した調査でも、「2ちゃんねる」や「まとめブログ／まとめサイト」（「2ちゃんねるまとめブログ」以外も含まれるが）を週に一回以上利用していると回答したのは、全体ではそれぞれ二二％、三二％だったが、二〇代の回答者に限ると、それぞれ三〇％、五七％と、差が大きくなった。二〇代での「毎日利用する」という回答も「2ちゃんねる」で九％、「まとめブログ／まとめサイト」で二〇％となり、若年層では「まとめブログ／まとめサイト」の方が普及していることが示されている。

問題は、「2ちゃんねるまとめブログ」のうち少なくない数が、広告収入に繋がるアクセス数を増やすため、あるいは編集者の偏った思想にもとづき、差別的で煽情的な記事を乱発してきたことだ。人気のある「2ちゃんねるまとめブログ」の中には、コリアンへの攻撃を一番の「売り」にしているものが少なくない。

もう一つの重要な変化は、二〇〇八年に日本語インターフェースでの利用が可能になったTwitterの普及だ。この新しいメディアは、誰でも簡単に匿名でアカウントを作成し気軽に「つぶやく」（投稿する）ことができ、友人たちと緩やかなコミュニケーションを行うのと同時にスポーツ選手や芸能人、政治家などの著名人の情報を追いかけることもできるといった利便性が評価され、普及していく。

一方で、このTwitterは、差別や誹謗中傷などの人権侵害の舞台ともなった。Twitterでは匿名で情報発信できるだけでなく、リツイートという方法を使って、容易に他のユーザーの投稿を「拡散」できる。「拡散」される「情報」は正しいものとは限らず、ユーザーの怒りや嫌悪感を煽る流言・デマも盛んに「拡散」される。その問題点が強く意識されるようになったのが二〇一一年三月一一日の東日本大震災後のことだ。震災後の混乱下で、不安や恐怖を煽るような流言・デマが盛んに「拡散」されたが、その中には被災地での外国人の犯罪や不良行為を訴える、真偽の疑わしい投稿も数多くあった。

Twitterのもう一つの重要な特徴は、リプライという形式の投稿により、交友関係の有無にかかわらず——普通に生活していれば出会うことがない著名人にさえ——「話しかける」ことができるという点だ。これはTwitterの重要な機能の一つだが、相手が望まないようなコミュニケーション（罵倒や脅迫、わいせつな語りかけなど）を見知らぬ他人に一方的にしかけることにも頻繁に用いられている。特に、先述の「リツイート」による「拡散」と組み合わさって、大勢のユーザーから一人のユーザーに対して一斉に嫌がらせが行われるという事態も、頻繁に生じる。こうした攻撃は様々な対象に対して向けられるが、特に在日コリアンであることを公表しているユーザーたちに対しては、執拗な攻撃がなされている。

3　Twitter上の言説の分析

こうしたインターネット上で蔓延するレイシズムの実態を明らかにするため、筆者は、Twitter上でのツイート（投稿）を収集し、定量的に分析した。このデータは「右傾化」という時間的な変化を明らかにするものではないが、近年のある特定の時期のインターネット上の言説がどのようなものであったかを明らかにすることができる。

データを収集したのは二〇一二年一一月から一三年二月にかけてのことで、コリアンに明示的に言及する日本語のツイートおよそ一一万件を収集した。具体的には、〝韓国人〟〝朝鮮人〟〝在日〟〝チョン〟のいずれかの語が含まれる投稿の検索結果を一定間隔で取得した上で、コリアンに無関係と思われるツイートを除外した。したがって、「在日」に限らない「コリアン」についての言説が対象になっている。また、個人名に言及したものやリプライなどは、コリアンに関係することが明らかでも、それだけでは分析対象には含まれていない。なお収集されたツイートは、この期間になされたコリアンに言及するツイートのごく一部である。これらのツイートについて、在日コリアンに対してポジティブなものかネガティブなものかを分類したり、用いられている単語をもとに投稿のテーマについての分類コードを割り当てて、その出現頻度やコード同士の関連性を分析したりした。これにより、コリアンが日本においてどのように語られているのかを明らかにすることができた。

収集されたツイートのうち七〇%前後がコリアンに対してネガティブなもの、一七%前後がポジティブなものと推計された。したがって、日本語でのコリアンについてのツイートの大多数は、コリアンに対してネガティブなものであったと言える。

また、先に述べた「古いレイシズム」と「新しいレイシズム」は、それぞれ収集されたツイートの一〇%強で表出されていると推計された。したがって日本のTwitter上においては、新旧二種類のレイシズムが同程度に表明されていたことになる。

この分析では、他にも多くのコードを用いている。前述の二つのレイシズム以外のコードの概要を、表1にまとめた。コリアンについての言説がどのようなテーマを持つものなのか、イメージがつかめるのではないだろうか。何者かが「反日的である」とか「売国的である」といったツイートに割り当てられた「反日系」、在日コリアンにとって不利な「真実」が隠されてきたと主張するツイートに割り当てられた「真実系」のコードが高頻度で見られることからも、コリアンの語られ方の特殊性が理解されると思う。

これらのコードの共起関係（一つのツイートが複数のコードに同時に該当するような関係）をもと

表1　コリアンについての投稿で多く見られたコード

名称	コードの割り当て基準	出現率(%)
歴史問題	コリアンとの歴史問題のうち、日本の加害が関わる出来事への言及。国家間のものも含む	11.3
外交問題	韓国・北朝鮮との外交問題への言及	4.5
政治	政治、政治家、政府、政党などへの言及	20.7
中国	中国、中国人への言及	9.0
マスコミ	マスコミ一般についての言及。個別の放送局・新聞社などへの言及はここに含まれない場合がある	9.1
反日系	何らかの対象への「反日的」「売国的」であるといった言及	7.6
真実系	「真実」「暴露」などの、コリアンにとって不都合な「真実」が隠されておりそれを明らかにするといった主張に特徴的な語の使用	8.2
侮辱語	「バカ」「ボケ」などの侮辱的な語の使用	5.0
2ちゃんねる	「2ちゃんねる」、もしくは「2ちゃんねるまとめブログ」に関わるもの。それらに関わる名称、ハッシュタグ、Twitterのアカウント名などへの言及	5.2
拡散呼びかけ	リツイートを呼びかける際に特徴的な、"【拡散】""【拡散希望】"をつけたものなど	5.8
話題の共有	ハッシュタグと呼ばれる機能(他のユーザーと話題を共有するのを容易にする機能)を用いているもの	17.3

に、コリアンについての言説の特徴を分析した結果、以下のようなことが分かった。

表1において最も頻繁に見られたコードは「政治」「話題の共有」だったが、これらの分析からは、政治家や政党が在日コリアンの特権を擁護し優遇しているとか、反日もしくは売国的であるといった投稿が、他のユーザーと共有する意図を持って盛んに行われていたことがうかがえた。

「新しいレイシズム」に関わるツイートには、ハッシュタグを用いて話題を共有しようとする投稿が多かっただけでなく、「拡散」を呼びかけるものも多く見られた。なお、前後して取得した一般的なツイートや中国人についてのツイートに比べ、コリアンについてのツイートには話題の共有を意図したり拡散を呼びかけたりするものが多かったのだが、それればかりではなく、収集された投稿に占めるリツイートの比率も大きな値を示した。つまり、コリアンについてのツイートは実際に「拡散」されやすかった、ということだ。リツイートという機能は、やはりレイシズムが広まる上で重要な役割を果たしているのかもしれない。

拡散を呼びかけるツイートのもう一つの特徴は、「真実系」のコードにも該当するものが多かったということだ。このコードについて検討すると、いろいろなことが分かる。例えば、コリアンにとって不都合な、隠されている「真実」とされるものは、歴史問題に関すること（例えば「従軍慰安婦は嘘だった」というもの）や、在日コリアンが「劣っている」ことに関わることがらだった。また、「真実」を隠す主体としてはマスコミがしばしば言及されており、逆に「2ちゃんねる」や「2ちゃんねるまとめブログ」は、「真実」を明らかにする際の情報源としてしばしば言及されていた。このようなマスコミに対する不信感、ネットで「真実」を知ったとする傾向の存在は前掲の『ネットと愛国』も指摘しているが、定量的な分析によっても裏付けることができた。マスコミはまた、反日的である、売国的であるという非難もされていた。報道の際に企業としての責任を負っているマスコミを疑い、匿名の発信者である「2ちゃんねる」や「2ちゃんねるまとめブログ」の投稿を信用するというのはいささか奇妙にも感じられるが、この点については、アンケート調査の結果について紹介するときに再度触れる。

マスコミに関するツイートについてさらに検討すると、マスコミが在日コリアンの犯罪について報道する際に通名を用いることへの批判が多くなされていることが分かった。ただしこうした言及がなされるのは、犯人が本当に在日コリアンだった場合だけではないようだ。何か刑事事件についての報道がなされるたびに――特に凶悪犯罪である場合に――「マスコミは報じていないが犯人は本当は在日に違いない」という憶測、あるいはこじつけにもとづく投稿がなされている。

最後に、「新しいレイシズム」に関しては、歴史問題における日本の加害性を否定することで、在日コリアンが日本に居住する権利に疑問を投げかけ、彼らが日本で社会保障を受けることを「不当な特権」と糾弾するものが多かったことも見えてきた。

さて、コリアンについてのツイートが総じてネガティブなものであったことやツイートの内容がどのようなものであったかを紹介してきたが、これらのツイートの投稿者の性質はどのようなものだっただろうか。

この研究で収集したツイートは、四万三六一九個のアカウントによるものであった。それぞれのアカウントが行い、この研究で捕捉されたツイート数の分布は、図1のようになった。

図1が示しているのは、捕捉されたツイート数が一件のアカウントがほとんど（七七・六％）を占め、ツイート数が増えるとアカウント数は急激に減少すること、にもかかわらず一〇〇回以上も捕捉されているアカウントも少数個（四七個）存在するということである。

繰り返し捕捉されているこれらのアカウントはいずれも、明らかに差別的な投稿を大量に行っていた。また、投稿に用いられたアプリケーションは自動投稿可能なものであることが多く、お

図1　捕捉されたツイート数ごとのアカウント数

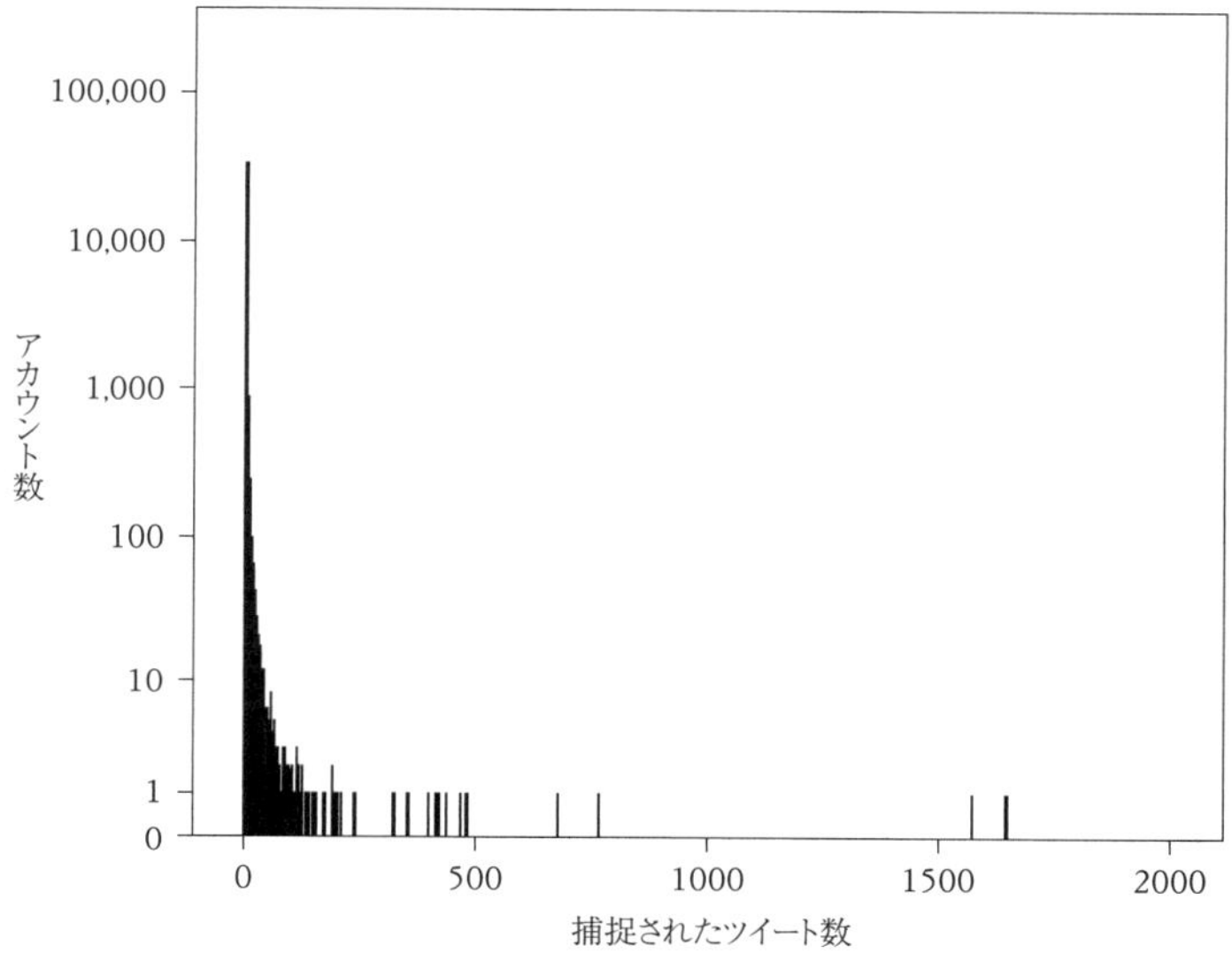

* 縦軸（アカウント数）は、値の変化が読み取りやすくなるように「対数変換」という数学的な処理を行って作図した。これは、1 目盛り変化するごとに位が 1 桁変化するように変換するものである。縦軸の 1 目盛りの変化は、グラフの下部では 1 から 10 への小さな変化に、グラフの上部では 10,000 から 100,000 への大きな変化に対応している。この処理を行わない場合、図の左端付近での減少はもっと急激なものになりL字に近い形状になり、縦軸の変化はほとんど読み取れなくなってしまう。

そらくは〝ｂｏｔ〟と呼ばれる自動投稿プログラムであったと考えられる。四七個のアカウントというのは、日本語で投稿するアカウントが当時一〇〇〇万個しかなかったと――各種の調査から推計されるものよりもかなり控えめに――見積もっても、そのわずか二〇万分の一、つまり、〇・〇〇〇五％に過ぎない。しかしこのわずかな数のアカウントが、コリアンに対してネガティブな内容の投稿のおよそ一八％を行っていたと推計されたのである。

「差別的な投稿を機械的に繰り返すｂｏｔ」と聞くと、「そんなものに興味を持つ人はほとんどいない、投稿数が多いだけでたいして害はない」と思われるかもしれない。だが、これらのアカウントのフォロワー数は、一八二～一万五四九九アカウントと幅はあるものの、中央値（上から数えても下から数えてもちょうど同じ順位になるものの値）が二一三五アカウントにもなった。これは、一般的なTwitterユーザーのフォロワー数よりもずっと大きなものだ。

投稿が捕捉された回数で五〇〇位までに広げて分析すると、ｂｏｔではなく手動で投稿していると思われる、在日コリアンに対して執拗に嫌がらせを繰り返しているアカウントも多く含まれる（ただし、コリアンに対するポジティブな態度を表明しているアカウントもおそらく含まれる）。これらの五〇〇個のアカウント（大きく見積もっても、日本語で投稿していたアカウントの〇・〇〇五％に過ぎない）は、収集されたツイートの三〇％以上を投稿していた。

コリアンについてのツイートの多くは、全体から見るとごく少数のアカウントによって投稿されていた。しかし、このことをもって、インターネット上でのレイシズムの流行はたいしたものではないと考えるべきではないだろう。仮にTwitterなどのソーシャル・メディアで在日コリアンを見つけては悪罵をぶつけて回っているユーザーが一〇〇人しかいないとしても、一〇〇人もの人々が悪意をぶつけてくれれば、それは在日コリアンを傷つけ、あるいは発言を萎縮させるのに、十分なものだろう。

また、ものごとの考え方や「どう振るまうべきか」という主観的な社会的規範は人から人へと伝わり行動を変容させるという点も、重要だ。クリスタキスとファウラーの『つながり―社会的ネットワークの驚くべき力―』は様々な研究をもとに、こうした影響が直接交流のある人だけに留まらず、その人を介して間接的につながりのある人に、さらにその人を介してつながりのある人に……と及ぶことを示している。[6] ｂｏｔであれそれ以外であれ、少数のユーザーが垂れ流す差別的な投稿を毎日〝浴びるように〟読むユーザーたちは、在日コリアンに対してネガティブな考えを抱くようになり、自ら差別的な投稿を行うようになるかもしれない。そうした変化が起こらなかったとしても、差別的な発言はありふれていて社会的に許容されているものだと思うようになり、この主観的な社会的規範の変化により「日和見的」に差別的な発言を行うようになるかもしれない。このような影響は、直接のフォロワーだけでなく、そのフォロワー、さらにそのフォロワーへと及ぶ可能性がある。

Twitter以外のソーシャル・メディアについても検討する必要があるとは思われるが、このように少数の極端なユーザーが差別的な言説を盛んに流布し、それに引きずられる形で他のユーザーにも差別が受け入れられていき、その結果差別的な発言が「カジュアルに」行われる環境が至るところに――インターネットを離れた「リアル」な空間にさえ――現出した、というのがこの一五年間に起きてきたことではないのかと、筆者は考えている。

4 アンケート調査により得られた知見

筆者は前述の研究以外に、アンケート調査による研究も行っている。印刷された質問紙を用いて大学生を対象に行ったこともあれば、調査会社の登録モニターを対象にオンラインで実施したこともある。このうち、二〇一三年六月の大学生対象の調査、一五年三月と一六年二月のオンライン調査では、さまざまなウェブサイトやサービスをどの程度使っているかを質問している。また、レイシズムについても測定し、インターネットの使用傾向との関係を検討している。

それらの調査の結果には、一貫しない点もある。これは、時期、回答者（大学生のみか、広い年齢層の様々な人々か）、質問項目（一日当たりの利用時間を聞くか、一週間のうち利用する日数を聞くか）などの違いに加えて、統計的調査にはつきものの偶然によるバラつきなど、様々な原因が考えられる。しかし、複数調査を通じて比較的一貫している結果もあった。

特に顕著だったのは、「2ちゃんねる」「2ちゃんねるまとめブログ」を利用しているほどレイシズムが強い、ということだった。二〇一三年の調査では「2ちゃんねるまとめブログ」の方が、他の調査では「2ちゃんねる」の方がレイシズムの多くの指標と関連があったが、概して、「2

ちゃんねる」の利用は「古いレイシズム」と、「2ちゃんねるまとめブログ」の利用は「新しいレイシズム」と、特に結びつきが深いようだ。

一方、Facebook などのSNS（Twitter は別の項目としている）を利用しているほどレイシズムが弱いという傾向も示された。多くの先行研究でマイノリティとの接触経験（友達や、友達の友達にマイノリティがいること）が偏見を弱めることが示されていることを考えると、SNSを通じた多様な人間関係が、好ましい効果を持つのかもしれない。

ただし、これらの関連性が、インターネットの利用傾向がレイシズムに影響することによるものなのか、逆にレイシズムがインターネットの利用傾向に影響することによるものなのかといった因果関係は、現段階では明らかではなく、今後の検討課題である。

また、インターネットの利用によりレイシズムが強められたり弱められたりするものだと仮定して、どのような要因がその間を媒介する（インターネットの利用がある要因を変動させ、その要因がレイシズムを変動させる）のかを検討すると、幾つかの要因が浮かび上がってきた。

重要なもののみを紹介すると、一つは、「マスメディアに対する猜疑心」であった。これは、「2ちゃんねるまとめブログ」に加え、新聞社やテレビ局以外が運営するもの以外のニュースサイトの利用とも関連があった。先にも述べたが、マスメディアへの猜疑心は、インターネット上でのレイシズムの伸張を考えるうえで、重要な要因である。日本は比較的マスメディアが信頼されている国なのだが、[7] そうした中でインターネット上の情報に傾斜しマスメディアに不信感を抱くことが、好ましくない影響を持っている可能性がある。

もう一つには、日本は素晴らしいという非現実的に高い評価とそれが外国から認められていないという不満からなる、「集団的ナルシシズム」が挙げられる。国外の研究ではこの「集団的ナルシシズム」が様々な集団への偏見と関わることが示されているが、筆者のアンケート調査でも、さまざまなウェブサイトの利用とレイシズムの関係を媒介していた。冒頭で述べたように、近年の日本ではこうしたナルシシスティックな態度が強まっているようだ。そうした態度を助長するような言論空間の様子については、本書の他章（→第13章）でも論じられている。[8]

まとめ

本章では、在日コリアンに対するレイシズムとインターネットの関係という観点から、「日本人の右傾化」を論じた。筆者が行ってきた研究では、Twitter上でのレイシズムの実態や、「2ちゃんねる」「2ちゃんねるまとめブログ」の利用とレイシズムの関連性などが、定量的に明らかにされてきた。

筆者の研究においてデータから直接示されているのはある時点での傾向であって、「右傾化」という変化ではない。しかし、人々の生活や情報の取得におけるインターネットの重要性が今後ますます高まるであろうことを考えると、それに伴ってレイシズムもますます盛んになっていく可能性がある。

最初に述べたように、筆者は日本が一様に「右傾化」しているとは考えていない。しかし、特定の側面における「右傾化」により一部の人々のみが自由な選択や平等といった理想から排除される事態は、回避しなければならない。Twitterや「2ちゃんねる」、「2ちゃんねるまとめブログ」などでの流言・デマの流布、相手がマイノリティであることを理由に行われる嫌がらせなどを抑制するために、法・制度が適切に設計され運用される必要がある。また、差別は容認されないという社会的規範を醸成し維持するために、良識ある市民は、日々遭遇する差別的言説に対して積極的に異議を唱えていくことが求められている。

1——高史明『レイシズムを解剖する—在日コリアンへの偏見とインターネット—』勁草書房、二〇一五年。

2——NHK放送文化研究所編『現代日本人の意識構造（第八版）』NHKブックス、二〇一五年。

3——池田謙一編著『日本人の考え方 世界の人の考え方—世界価値観調査から見えるもの—』勁草書房、二〇一六年。

4——例えば前掲高、Sears, D. O., van Laar, C., Carrillo, M., & Kosterman, R. (1997). Is it really racism?: The origins of white Americans' opposition to race-targeted policies. *Public Opinion Quarterly*, 61(1), 16-53. など。

5——安田浩一『ネットと愛国—在特会の「闇」を追いかけて—』講談社、二〇一二年。

6——ニコラス・A・クリスタキス、ジェイムズ・H・ファウラー著、鬼澤忍訳『つながり—社会的ネットワークの驚くべき力—』講談社、二〇一〇年。

7——前掲池田編著、三章。

8——例えば、de Zavala, A. G., Cichocka, A., Eidelson, R., & Jayawickreme, N. (2009). Collective narcissism and its social consequences. *Journal of Personality and Social Psychology*, 97(6), 1074-1096.

（たか・ふみあき　社会心理学者）

第3章　ヘイトスピーチ、極右政治家、日本会議
——特報部の現場から

佐藤　圭

東京新聞特別報道部は部長以下、デスク四人に記者八人前後の小所帯で、見開き二ページのワイド特集「こちら特報部」を連日展開している。テーマは、事件事故から政治経済、芸能スポーツまで森羅万象、国内も海外もない。もちろん、ジャーナリズムの基本中の基本である「戦争と差別は許さない」に軸足を置いている。他の新聞社にも同名の部署はあるが、新鮮なニュースを長尺の読み物で休みなく提供しているところはない。私は本稿執筆時点で特報部のデスクを務めている。ここでは、私が力を入れて報じてきたヘイトスピーチ、ヘイトと共振する極右政治家、日本最大の右派系運動団体とされる日本会議の動きから「日本の右傾化」の風景を描いてみたい。

ヘイトスピーチの衝撃

政治部から特報部に異動してきたのは二〇一〇年八月だ。その七カ月後に東日本大震災が発生する。特報部も、原発事故や被災地復興の取材に忙殺されたが、「右傾化」の観点から考えると、

言うまでもなく一二年一二月、自民党の政権復帰と安倍晋三首相の再登板で新たな局面を迎えた。この場面転換で私の目前に現れたのが、ヘイトスピーチ問題である。主導するのは、「在日特権を許さない市民の会」（在特会）などの排外主義グループだ。

ヘイトスピーチを伴う嫌韓デモを初めて取材したのは二〇一三年三月一七日、韓流の街として知られる東京・新大久保である。在特会東京支部主催の「春のザイトク祭り　不逞鮮人追放キャンペーンデモ行進ｉｎ新大久保」。タイトルからして強烈な異臭を放っていた。「なんとも珍妙な集団」。それがデモ隊の第一印象だった。出発地点に林立する旭日旗や日章旗は勇ましく、プラカードの文言も「朝鮮人ハ皆殺シ」「鮮人追放」などと刺激的だが、それを手にするのは休日ファッションのおじさんだったり、女性も多かったりと、ごくごく普通の人たちに見える。ちぐはぐな感じに少し笑ってしまった。

ところがデモが始まると、冷笑的な気分は吹き飛んだ。「ゴキブリ、ウジ虫、朝鮮人は死ね」「韓国人を叩き出せ」などと拡声器でがなり立てる。デモの動画はネットで見ていたものの、生で聞くヘイトスピーチの醜悪さは想像を超えた。デモ隊が職安通りに出ると、カウンターと呼ばれる抗議活動が「レイシストは帰れ」「ザイトクは恥を知れ」と罵声を浴びせる。騒乱状態である。「東京のど真ん中で大変なことが起こっている」と胸の内で何度もつぶやいた。

在特会とその歴史的背景について簡単に説明しておこう。結成は二〇〇六年一二月、初代会長は桜井誠だ。メンバーは、ネット上で嫌韓・嫌中的な言説をばらまく「ネット右翼（ネトウヨ）」

と呼ばれる人たちである。会費無料のネット会員数は一万人を超えるが、デモに参加するのは最大二〇〇人ほどだろうか。その主張は根拠のないデマである。例えば、彼らが「在日特権」としてよく取り上げる「特別永住資格」。サンフランシスコ平和条約の締結と同時に日本国籍を剝奪された旧植民地出身の人々とその子孫を対象に認めている。日本定住の歴史的な経緯などを考慮したからだ。日本国籍を持つ人よりも大きな権利が与えられているわけではない。つまり「特権」があるから在日コリアンを攻撃するのではなく、在日コリアンを攻撃するために「特権」を捏造する。政治的主張は隠れみのにすぎない。差別のネタになればなんでもいい。徳島大の樋口直人准教授は、後述する徳島県教職員組合襲撃事件の裁判に対する意見書の中で「転倒した因果関係」と表現した。それでも、ウソも百回言えば何とやらで、日本の排外主義的な雰囲気を醸成してしまっている（↓第4章）。

レイシストの台頭

少し時計の針を戻せば、一九九〇～二〇〇〇年代は、在特会に代表されるレイシスト（人種差別主義者）の揺籃・台頭期だった。

一九九一年八月、元慰安婦の金学順《キムハクスン》が初めて実名で証言した。日本政府は、九三年の「河野洋平官房長官談話」、九五年の「村山富市首相談話」で戦争責任を認めた。

同時に、保守派の巻き返しも活発化する。一九九七年には「新しい歴史教科書をつくる会」が結成され、歴史修正主義に拍車がかかる。

戦前から根深い差別にさらされてきた在日コリアンへの嫌がらせは一九九〇年代以降、特に活発になった。北朝鮮によるミサイル発射実験などで緊張が高まると、朝鮮学校に通う児童・生徒の制服やかばんが刃物で切られる事件が相次いだ。殴られたり、髪の毛を切られたりする女子生徒もいた。日本人拉致を二〇〇二年九月に北朝鮮政府が認めると、状況はさらに悪化した。

二〇〇六年九月には第一次安倍政権が発足する。保守派による揺り戻し、在日差別、安倍政権発足の流れの中で誕生したのが在特会だった。

在特会の会員らはヘイトスピーチにとどまらず、数々のヘイトクライムを引き起こしてきた。代表例が、京都市の京都朝鮮第一初級学校（現・京都朝鮮初級学校）を襲撃した事件（二〇〇九年一二月）と、徳島市の徳島県教組に乱入し、朝鮮学校へのカンパを「募金詐欺」などと中傷して業務を妨害した事件（二〇一〇年四月）である。両事件の刑事裁判では、在特会幹部らが威力業務妨害などの疑いで逮捕され、有罪が確定。民事裁判では、ヘイトスピーチが人種差別と認定され、高額賠償を命じた判決が確定している。

韓国の李明博《イミョンバク》大統領が竹島（独島《ドクト》）に上陸した二〇一二年八月以降は、在日コリアンタウンの新大久保や大阪・鶴橋などで嫌韓デモが過激さを増した。一方、一三年一月一二日の新大久保デモに遭遇したK―POP（韓国の大衆音楽）ファンの女子高生たちが「（ヘイトスピーチは）聞いていられないくらいひどかった」などとツイッターで怒りの声を上げると、在特会批判が一気に拡散する。同年二月九日のデモからは、カウンターの中心となる「レイシストをしばき隊」（現・CRAC）が活動をスタートした。私は、K―POPファンが騒ぎ出したあたりで遅ればせながら事態を認識した。国会でも問題視され、有田芳生参院議員らが同年三月一四日に抗議集会を開いた。ここに至ってヘイトスピーチは社会問題化したのである。

メディアと政治の怠慢

メディアの大半は、長らく在特会の活動を黙殺してきた。その理由のひとつが「書くと相手が喜ぶから」だ。「抗議」と称して新聞社やテレビ局に押しかけては、その時の動画をネットにアップして存在を誇示するのは、在特会の常套手段である。だが、新大久保や鶴橋では、ヘイトスピーチは在日コリアンに直接ぶつけられる。その恐怖と不安は計り知れない。もはや「書くと相手が喜ぶ」などと言い訳している段階は過ぎていた。

当時の私は、震災がれきの広域処理や秘密保護法案の問題を追いかけていた。それもあって新大久保デモについては「誰かがやってくれないかなあ」と他人事だった。しかし、社内にも特報部内にも何の動きもない。このままでは「東京新聞、あるいは特報部の存在意義はない」と勝手に思い詰めていた。三月一七日のデモに足を運び、同月二九日の特報面で「ヘイトスピーチ白昼堂々　「殺せ」を連呼　過激嫌韓デモ」の記事を掲載した。

最大の課題は、ヘイトスピーチデモを止めることだった。日本にはヘイトスピーチそのものを処罰する法律が存在しなかった。日本も加盟する人種差別撤廃条約では各国にヘイトスピーチの法規制を求めているが、日本は関連条項を留保したままだ。日本の外務省は、法規制に慎重な理由として「表現の自由」を挙げる。「正当な言論までも不当に萎縮させる危険を冒してまで処罰立法措置を検討しなければならないほどの差別扇動は今の日本にはない」。現状を無視した官僚答弁である。そもそもヘイトスピーチ問題を「表現の自由か規制か」ととらえるのが間違っている。差別行為であるヘイトスピーチは言論とは言えず、表現の自由には当たらない。

この間、安倍政権は何をしていたのか。国連の人権関連機関から再三、ヘイトスピーチの法規制や、人種差別禁止法の制定を勧告されたが、政府・自民党は消極的だった。東京都の舛添要一知事が二〇一四年八月七日に安倍首相と面会し、「人権に対する挑戦。五輪を控えた東京でまかり通るのは恥ずかしい」としてヘイトスピーチの法規制を促すと、安倍首相も対策の検討を約束せざるを得ず、自民党は「ヘイトスピーチ対策等に関する検討プロジェクトチーム」を立ち上げた。そしてヘイトスピーチの社会問題化から三年余り、自民、公明両党提出のヘイトスピーチ対策法が一六年五月に成立し、同年六月に施行された。しかし、保護対象は、在日コリアンらに向けたヘイトスピーチに限定され、禁止規定や罰則は設けられていない。

自民党が差別撤廃に後ろ向きなのは、自分たちが「人権後進国」を形づくってきたからだ。日本が人種差別撤廃条約に加盟したのは、旧社会党の村山富市首相率いる自社さ政権時代の一九九五年。条約は六五年、外国人を敵視する欧米諸国でのネオナチの台頭を背景に国連総会で採択されていたが、歴代の自民党政権は加盟を渋っていた。加盟時にヘイトスピーチ関連条項を留保したのは自民党の意向とされる。

その後も自民党政権は、差別的な政策をとり続けてきた。最近では、朝鮮学校の高校無償化除外が典型例だ。こうした「上からのヘイト」は安倍政権下で加速した。二〇一六年三月二九日、朝鮮学校に対する自治体の補助金を巡り、文部科学省が再考を促す通知を都道府県に出した。安倍首相の靖国参拝や歴史認識問題などで韓国との関係が悪化する中、政府による朝鮮学校への兵糧攻めも加わって在特会などが調子づき、排外主義が一定の説得力を持ったことは間違いない。

政界の極右化

なるほど、急速に右傾化する日本の政界では、思想的にも人的にもヘイトスピーチ団体と気脈を通じる政治家が少なくない。安倍首相周辺とも接点がある。二〇一四年九月二五日付の特報面に掲載した記事が「山谷えり子氏の研究　安倍内閣の筆頭右大臣？　在特会元幹部が親密関係誇示」。同月三日に発足した第二次安倍改造内閣で初入閣を果たした山谷国家公安委員長兼拉致問題相が〇九年二月、在特会元関西支部長の男性らと写真に納まっていたことが発覚したのだ。山谷は、「過激な性教育」批判や靖国参拝などで安倍首相と歩みをともにしてきた。国家公安委員長は、ヘイトクライムを取り締まるべき警察のトップである。山谷は「在特会の人とは知らなかった。政治家なのでいろんな方といろんな場所でお会いする」などと釈明した。だが、元関西支部長は「山谷氏とは一五年ほど前からの付き合い」と明かした。

まさに特報面に記事を出した当日、山谷は、東京・有楽町の日本外国特派員協会で記者会見し、「在日特権については、私が答えるべきことではない」などと曖昧な態度に終始した。山谷の支持基盤は、在日特権デマを信じ込む右派層と重なる。だから在日特権の存在を否定できないのだ。ちなみに安倍首相と元関西支部長とのツーショット写真もネット上に出回った。

在特会と維新系との相性の良さにも驚かされる。元関西支部長が事務局長を務めるNPO法人には、維新の議員がずらりと名を連ねた。そのうちの大阪府議の一人は、関西の地方議員選挙で落選した女性候補者に必勝祈願の「ため書き」を送った。この女性は、徳島県教組襲撃事件に加わっている。

在特会ではないが、安倍改造内閣発足のタイミングで高市早苗総務相や自民党の稲田朋美政調会長と、ナチス・ドイツを信奉する極右団体との関係も取り沙汰された。極右団体「国家社会主義日本労働者党」代表の男性が二〇一一年夏に議員会館で、高市、稲田両氏とそれぞれツーショット写真を撮っていた。同団体は、ナチスと同じく国家社会主義や反ユダヤ主義を掲げている。ホームページには、ナチスのシンボル「かぎ十字」が躍る。英文の団体名は「National Socialist Japanese Workers Party」。「Japanese」を「German」に入れ替えればナチスそのものだ。

両氏の事務所によれば、いずれも、雑誌の取材を受けた際に男性が補助員として現れ、取材後に写真撮影を求められたという。両氏とも撮影時に男性の素性を把握しておらず、その後も接触はないと釈明したが、ナチスによるホロコースト（ユダヤ人大虐殺）の惨禍を味わった欧州の基準では、即刻辞任モノの一大スキャンダルである。海外の主要メディアは「安倍政権のネオナチ関与疑惑」などと盛んに報じたが、日本の政界やメディアの反応は鈍かった。二〇一四年九月一二日付特報面の記事「安倍政権　ネオナチ騒動　欧州なら即刻辞任」が唯一と言っていい。

なぜなのか。ヘイトスピーチを放置すれば、ヘイトクライムへと発展し、究極的には民族大虐殺を招く。日本でも、一九二三年の関東大震災時の朝鮮人虐殺の例がある。ヘイトにしても、政界の極右化にしても、メディアや世論は認識が甘い。曲がりなりにもヘイトスピーチは、対策法までこぎ着けたが、政界の極右化についてはまだまだである。

私が意識しているのは「極右政治家は極右と断じる」ことだ。山谷の在特会疑惑や高市らのネオナチ騒動に先立つ二〇一四年二月二七日付特報面の記事タイトルは「台頭する「日本版極右」「排外」市民の間にも　ヘイトスピーチなおやまず」。極右というと、欧州の政治的な病理現象と思われがちだが、海外メディアでは、石原慎太郎元都知事は極右政治家とみなされ、維新も「極右政党」と評される。

石原の極右的側面を最も印象づけたのが、都知事時代の「三国人発言」だ。二〇〇〇年四月、陸上自衛隊の記念式典で「不法入国した多くの三国人、外国人が非常に凶悪な犯罪を繰り返している」と言い放った。これには国連の人種差別撤廃委員会も〇一年に懸念を表明した。公職者による典型的なヘイトスピーチであり、ドイツでは、民衆扇動罪の「住民の一部を中傷し、悪意で侮蔑した」に該当して有罪になりかねない。

欧州の極右勢力は、一九八九年の東西冷戦終結以降、東から西への移民増加を背景に、「移民排斥」を叫んで勢力を伸ばしてきた。極右を特徴づけるのが、この排外主義だ。日本の保守政治家の中にも排外主義的な発言をする人はいたが、石原ほど外国人を敵視する政治家はいなかった。「日本版極右政治家の先駆け」である。そして今、政界には「ミニ石原」が跋扈《ばっこ》している。

日本の政治報道は、極右という呼称を避けてきた。他国の政治家には極右のレッテルを貼ることができても、自国の政治家を客観視することができなかった。日本社会やメディアが、極右の潮流と真正面から向き合ってこなかったことが、日本版極右の台頭を許した。二〇一六年七月の東京都知事選では、前述の桜井誠が一一万票余りを獲得し、候補者二一人中五位に食い込んだ。桜井は選挙後に政治団体を設立し、「すべての地方議会の多数派を握る」と息巻いている。日本の政治社会を分析する上で「極右」の概念は欠かせなくなっている。

政権中枢に及ぶ日本会議の影響力

最後に触れるのが日本会議である。二〇一四年七月三一日付特報面に掲載した「日本最大の右派組織日本会議を検証」は、少なくとも新聞では初のまとまった日本会議モノだった。日本会議は最近でこそ全国紙や週刊誌でも特集され、出版界では「日本会議本」がブームだが、一四年当時は新聞のデータベースを検索しても、日本会議の地方支部が憲法記念日に開催する集会の短信しかヒットしなかった。日本会議に関する研究もほとんどなかった。

なぜ私の視界に日本会議が入ってきたかというと、これまたヘイトスピーチ・排外主義絡みなのだ。二〇一四年六月の東京都議会で女性都議に「早く結婚したほうがいいんじゃないか」とヤジを飛ばした男性都議が日本会議の地方議連メンバーだった。この男性都議は一二年八月、地方議連メンバーらとともに、政府が立ち入り禁止にしていた尖閣諸島（沖縄県石垣市）に上陸した。タカ派的な行動でも物議を醸した人物なのだ。女性蔑視ヤジほどには話題にならなかったが、北海道でも、地方議連メンバーが一騒動起こした。男性道議がツイッター上で、集団的自衛権の行使容認に反対する男性が東京・新宿で焼身自殺を図ったことについて「愚行」と発言、これを批判したコメントへの反論で差別的表現を使った。ネット上では、この男性道議は「ネトウヨ議員」とささやかれていた。あれもこれも日本会議の人間ではないか、と。

わずかな資料を手掛かりに調べていくと、その影響力は地方のみならず、安倍政権中枢にも及んでいた。日本会議に賛同する国会議員懇談会の役員名簿を見ると、安倍首相と麻生太郎副総理兼財務相は特別顧問、幹事長は衛藤晟一首相補佐官だ。日本会議の本部は参院選の比例代表で、衛藤や前述の山谷、有村治子らを推薦してきた。会員向けの月刊誌『日本の息吹』二〇〇九年九月号で紹介された加盟議員と照らし合わせると、第二次安倍内閣の閣僚二〇人のうち一三人が懇談会メンバーの「日本会議内閣」である。政策的にも、憲法改正や集団的自衛権の行使、保守的家族観の尊重といった日本会議の方針は、安倍首相の政治信条とダブる。国旗国歌法（一九九九年）や、第一次安倍政権での改正教育基本法（二〇〇六年）など自民党タカ派が音頭を取ってきた法律を後押ししてきたのも日本会議だ（↓第8章・第21章）。

地方に目を転じれば、日本会議の各支部や地方議連メンバーが、右傾化の先兵役を果たしている。日本会議が中核をなす「美しい日本の憲法をつくる国民の会」の改憲一〇〇〇万人署名活動は、地方の運動の積み上げがあってこそだ。地方議連メンバーは、改憲の早期実現を国会に求める意見書や請願を次々と採択させている。右派の歴史観が色濃く反映された育鵬社の歴史教科書の推進にも熱心だ。

ヘイトスピーチに話を戻せば、日本会議とヘイト団体との直接的なつながりは見いだせていない。在特会などの「行動する保守」は、日本会議などの主流保守運動を「きれいごと保守」としてバカにしてきた。とはいえ、慰安婦問題否定などの歴史修正主義や排外主義は、日本会議や、その前身の右派団体が培ってきたものだ。実際、日本会議や地方議連の活動が活発な北海道では、アイヌ民族へのヘイトスピーチが横行した。反ヘイトスピーチ団体のメンバーは「日本会議やヘイト団体の主張は地下水脈でつながっているようにみえる」と証言する。

ヘイトスピーチや日本版極右政治家と同様に、日本会議についても、なぜメディアや世論はもっと早く気づけなかったのかといううらみがある。内閣官房長官や自民党幹事長を歴任した故加藤紘一は、第一次安倍政権時の二〇〇七年三月二九日付の「朝日新聞」夕刊の中で、日本会議について語っている。日本会議の部分は二八〇字ほどだが、私の記事以前では比較的詳しいといえる。その加藤には一三年四月、私自身が安倍政権の右傾化をテーマにインタビューしている。その際、「安倍氏の支持基盤はネトウヨでしょ。そんな人たちの口車に乗せられて議論するのは危ない」との発言はあったが、日本会議という固有名詞は加藤の口から出てこなかった。自民党にあって、安倍政権を最も危険視していた一人の加藤にしてその程度なのだ。私の記事が掲載されたのは第二次安倍政権発足から一年半後、そこから二年後の二〇一六年半ばに「日本会議本」ブームがやって来るのも無理からぬことであったか。それほど日本会議はひそやかに、着実に運動を進めてきたということだ。

過ぎたことをぐずぐず言っても仕方ない。問題はこれからだ。既に見たとおり、ヘイトスピーチと極右政治家、日本会議は「地続き」である。丸山眞男著『現代政治の思想と行動』に収められた論文「軍国支配者の精神形態」（初出＝一九四九年）は、日本ファシズムの支配のありようを「神輿《みこし》＝権威」、「役人＝権力」、「無法者＝暴力」による「無責任の体系」と分析してみせた。在特会、ネトウヨは安倍時代の無法者、日本会議は「役人」的だろうか。

丸山曰く、かぎ十字の王国は、無法者が無法者として権力を掌握したが、日本ファシズムは、無法者は役人的に、ないしは神輿的に変容することなくしては上位に昇進できない。桜井は、無法者から政界を目指している。単なる神輿と映った安倍首相は案外タフである。安倍政権が長期化する中、右傾化の陣立てはくっきりと浮かび上がりつつある。

（さとう・けい　東京新聞記者）

第Ⅱ部
政治と市民
右傾化はどこで起こっているのか

第4章　排外主義とヘイトスピーチ

樋口　直人

1　排外主義・ヘイトスピーチ・右傾化——何を問うべきか

「殺せ殺せ、朝鮮人」「くたばれくたばれ、朝鮮人」などと叫びつつ、薄笑いを浮かべて街頭を行進する排外主義者たち。日本は日本人だけのものと訴える排外主義運動は、その代名詞になった「在日特権を許さない市民の会」（在特会）が二〇〇七年に活動を実質的に開始してから、本格化した。一二年以降に有罪判決や民事賠償が確定してからも、一六年にヘイトスピーチ解消法ができてからも、排外主義者のデモ行進は続いている。

そうした光景をみていると、右傾化は疑いようもない現実と思えても不思議ではない。だが、排外主義が台頭したのは社会が右傾化したからだ、というのは早計にすぎる。在特会らのデモの実態については、他章をみていただくとして（→第3章）、この章では少し距離をとって右傾化の「検証」を試みることとする。その際、検証の対象とするのは排外主義である。排外主義とは、「国家は国民だけのものであり、外国の国家および外国人は脅威であるとするイデオロギー」を指す。このイデオロギーが強まっていれば、右傾化が進んでいるとみなしうる。

在特会は、右傾化の度合いを測定するリトマス試験紙のようなものだが、街頭に出ているのはごく少数でしかない。そのため、在特会だけみても答えにはたどりつけず、排外主義を生み出す背景と、排外主義が社会に根付いている度合いをみる必要がある。排外主義者たちは社会の何に影響され、社会をどの程度代表しているのか、以下で検証していこう。

2 排外主義の裾野をめぐる二つの見方

日本には、戦前から続く右翼運動が存在し、今でも大音量で軍歌を流す街宣車は全国を走り回っている。だが、こうした街宣右翼の主な敵はソ連であり、ソ連崩壊後には目標と資金源を失って勢力が衰えていった。また、右翼運動は大衆的な基盤を持たず、一般市民からの支持も求めていない。右翼が用いる黒塗りの街宣車は中身のない巨大な箱であり、大きなバスの車体に乗っているのは数名に過ぎない。街宣車、特攻服、大音量スピーカーにより、少人数でも存在を誇示できるわけだ。

こうした街宣右翼と比べ、排外主義運動には次のような特徴がある。在特会が「市民の会」を名乗っていることが示すように、排外主義運動は一般市民が担い手となっている。ブローカー的な仕事で稼いだり、パトロンがついたりする街宣右翼とは異なり、在特会は一般市民の寄付に頼ってきた。それゆえ、会員数の推移を示した図1をみることで、在特会が社会から支持される度

図1　在特会会員数の推移

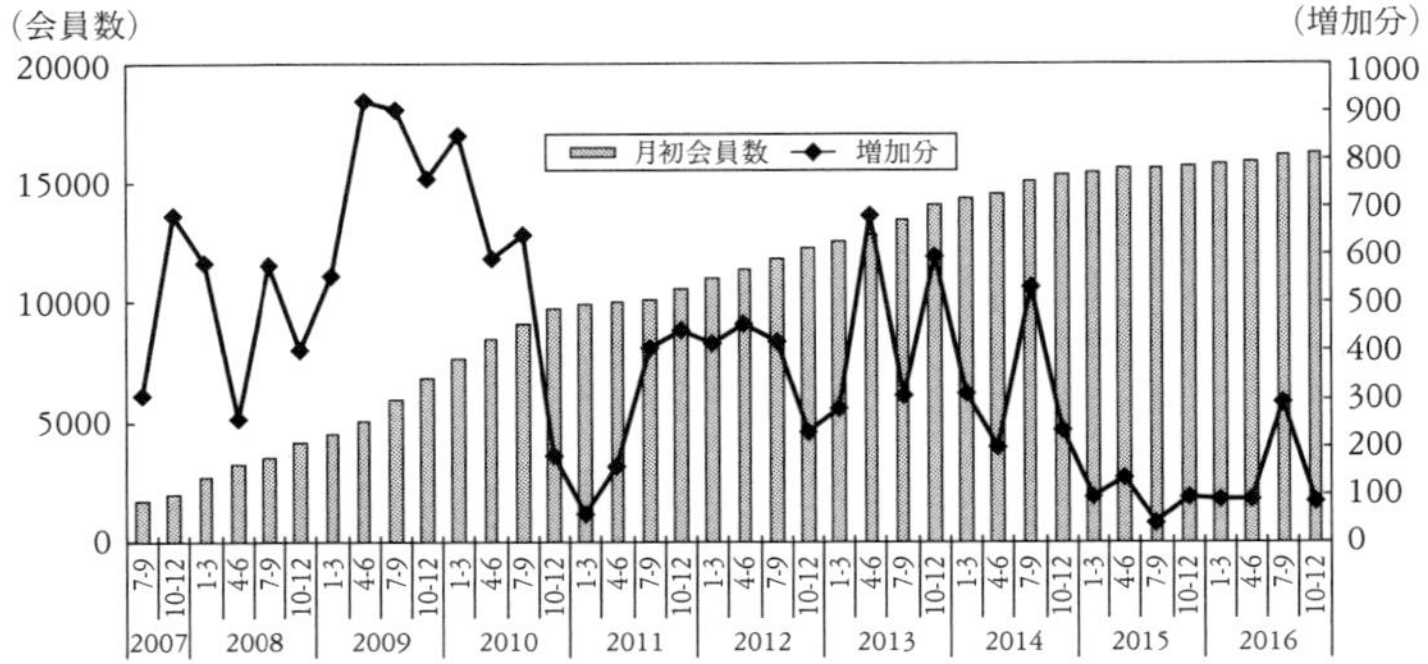

出所：桜井誠ブログ、在特会ホームページより計算。

合いを把握できる。

図のうち棒グラフは会員数を表し、二〇一七年一月現在で一万六〇〇〇人強にのぼる。だが、会員数そのものより増加分（折れ線グラフ）の方が重要で、在特会が支持される度合いを示している。在特会の勢いがあったのは〇九年から一〇年に集中しており、会員が毎月約三〇〇人増えていた。特に影響が大きかったのは、非正規滞在だった埼玉県在住のフィリピン人一家の自宅までデモ行進をした嫌がらせ（〇九年四月）であり、この一件で在特会の存在を知った者も多い。中学生の長女だけ日本での在留が認められたが、両親がフィリピンに強制退去され家族が引き裂かれたため、メディアは一家に対して同情的だった。

一方で、筆者が聞き取りを行った九州在住の三〇代女性は、「テレビの報道はおかしいなと思ってたんで、周りの人間に聞いたんですよ。やっぱり薄々おかしいって思っている人、結構いるんですよね」という。彼女は偶然、「Youtubeで、（在特会の）桜井会長が入国管理局前で街宣したのを見て、やっぱりそういう風に思っている人っているんだなって」。きっかけは暇つぶしのネットサーフィンだったが、彼女は在特会の行動をみて感銘を受け、入会して熱心な活動家になった。

ネット右翼が「マスゴミ」と呼ぶように、メディアのリベラルな論調に違和感を持つ者は一定程度存在する。だが、そうした右派的・排外的な感情という「需要」があったとしても、それに対する「供給」はなかった。街宣右翼は「外国人問題」にあまり関心を持たなかったし、何より一般市民には敷居が高すぎた。在特会の動画は、一般市民が堂々と排外的な行動をとっていることを宣伝することで、排外的な感情を持つ市民を引きつけたと考えられる。

しかし、在特会に対する「需要」はその後停滞した。その最大の原因は、京都朝鮮第一初級学校を襲撃した実行犯が二〇一〇年八月に、また徳島県教組襲撃の実行犯が同年九月に逮捕されたことにある。その後、九カ月にわたって会員数が毎月五〇人程度しか増えなかったのは、警察沙汰になったことで在特会に加わるリスクが高まったことによるだろう。

そのほとぼりが冷めた二〇一一年七月以降、会員増は月一五〇名程度まで回復したが、かつての勢いは失われている。この時期には、一二年八月に韓国の李明博《イミョンバク》大統領が竹島に上陸し、九月には尖閣諸島を日本政府が国有化することで、日韓・日中関係が極度に悪化した。これは在特会にとって格好の機会だったのだが、それによって仲間を増やすには至っていない。

その後、二〇一四年まで会員増の数は激しく変動するが、在特会の知名度自体はこの時期に一番高まった。一三年には、在特会に対抗するカウンター行動が登場し、各地で両者が対峙する姿がメディアにまで登場した。そこで用いられたヘイトスピーチという言葉は、新語・流行語大賞のトップテン入りしている（新聞に出た回数も、一三・一四年がピークになっている）。

この時期には、東京の新大久保で在特会とカウンター行動が激突した時や、在特会創設者の桜井誠と大阪市長の橋下徹が会談した時など、メディアの注目度に応じて会員も増加した。しかし、その効果は一時的なものでしかなく、事件が終われば会員数も伸び悩んだ。さらに、橋下―桜井会談の後は毎月の増加数が五〇人を切るようになり、じり貧状況に陥っている。二〇一六年七月の都知事選挙に際して桜井が立候補したものの、それによって増えた会員は数百名に過ぎず、効果も一カ月しか持続しなかった[1]。

このような成長期と衰退期のうち、どちらが在特会のような組織の裾野を示しているだろうか。別の言い方をすると、在特会とカウンター行動のうちどちらが、日本社会をよりよく反映しているといえるのだろうか。この問いに答えるために、以下では政治と市民社会を分けて右傾化の度合いを考えてみたい。政治家（政治）と一般有権者（市民社会）の右傾化の度合いは異なるし[2]（↓第5章・第6章）、在特会をめぐっても政治と市民社会は異なる動きを示してきたからである。

3　政治と排外主義運動

①政治から排外主義運動へ

筆者が聞き取りした三四名の活動家のほとんどは、[3] 当初から排外主義的な意識を持っていたわけではなく、外国人と接点があった者も半数に満たない。そもそも、自分の直接的な接触経験から排外的になった者はごく少数だった。とはいえ、彼ら彼女らのほとんどは、もともと外国人に対して肯定的な感情を持っておらず、当初の意識は以下のように大別される。

教科書的正義感——差別に対する忌避感を持つ者が数名だが存在し、たとえば「親父が中国人をね、チャンコロと呼ぶことが僕は不愉快だった」（五〇代男性）という。ただし、「在日の人、すごいかわいそうなことしたから保護しなければいけない、とまあ洗脳されていた」（四〇代女性）と述べるように当時の自分は否定の対象となる。

中立的装い——これも数名だが、実際に外国人が身近にいた経験を持つ。「普通の同じ人間として、文化の違いも人間としてみる、それだけ」（四〇代男性）というように、国籍や民族の違いを特別視しない。このタイプに特徴的なのは、国籍や民族ゆえに憎悪するのではなく、「反日的」な言動に反対しているだけなのだ、という姿勢をとるところにある。

無知無関心——半数以上が該当する類型で、「もともとそんな接するような場面がなかった」（三〇代男性）だけでなく、接点が多少あっても「関心がなかった」（四〇代男性）というのが典型的な回答となる。在特会は在日コリアンを特に憎悪しているが、「在日って存在を意識したことはない」（三〇代男性）、「韓国ねえ、首都がソウル、野球がそこそこ強い、いわゆるお隣の国、あと何？　本当このレベルでしたから」（四〇代男性）といった程度の意識しか持っていない。憎悪以前に、「朝鮮人がそんなに日本にいるっていうのを知らなかった」（三〇代男性）という状態にある。

歴史的偏見——敵意というほど強い感情ではないものの、「朝鮮人の評判の悪さは子どもの頃から聞かされている」（四〇代男性）といった偏見を持っていた者も数名いた。こうした者は、「朝鮮人と言うだけでボコボコにされる」（五〇代男性）と思いつつも、「タブーだった」（同）と述べるように表面化した敵意を持っていたわけではない。在日コリアンが多い地域の出身であることも、この類型に属する者の特徴である。

民族的敵意——数名だが、排外主義運動との接触以前から明確な排外意識を持っている者も存在した。「朝鮮人とは付き合うな、あいつらと関わると危ないぞという教育がある」（三〇代男性）と教えられた彼は、大学入学後に「慰安婦」を論難するようなサークルに入っている。ただし明確な敵意は、在日コリアンよりもニューカマーに対して持つ方が多かった。「外国人が入ってくることによって、「これどうなっていくのかな」と心配になります」（四〇代男性）といった、新規移民に対する敵意が典型的なものとなる。

全体に、「外国人問題」に対して無関心な者が多く、偏見・敵意を持っていた者は六名程度に過ぎなかった。では、そんな彼ら彼女らが、なぜ街頭でヘイトスピーチを垂れ流すようになるのか。筆者が調査した活動家たちに共通していたのは、もともと自民党に投票するなど政治的に保守的なことだった。必ずしも排外的ではないが保守的な者が、自民党より右にある政党を生み出すような政治の右傾化に呼応して（悪く言えば尻馬に乗って）外国人排斥を叫ぶようになる――。これが筆者の調査により得られた結論である。[4]

そこでいう右傾化とは、近隣諸国への敵意や歴史修正主義を指す。これは、日本が歴史問題に集中的に取り組んだ一九九〇年代から本格的に進んでいった。その端緒となる「慰安婦」問題が政治の場で取り上げられたのは、九一年に被害者が名乗り出て告発を行ってからだった。それ以降、当時の軍の関与をみとめた河野談話（九三年）、侵略戦争であることを認めた細川談話（九三年）、戦後五〇年で出された村山談話（九五年）など、政府の公式見解が出そろっている。

ところが、これを脅威と捉えた右派の議員たちは、歴史や伝統にかかわる（ほとんどが自民党議員からなる）議員連盟を相次いで結成し、可視的な右派集団を形成していった。安倍首相は、官房副長官だった二〇〇二年に拉致問題の強硬派として頭角を現したが、九〇年代には歴史や教科書問題をめぐる議連の中心メンバーとして下地を作っている。現在の右傾化に直接かかわる原点として、九〇年代における右派政治家の台頭があったのである。

日本の歴史修正主義は、明治から敗戦までの日本史を美化するものだけに、アジア侵略の正当化を必然的に含むことになる。それゆえ、日本の歴史修正主義は近隣諸国との摩擦を引き起こす。歴史問題に固執する右派集団にしてみれば、主たる敵は旧ソ連ではなく中国、韓国、北朝鮮なのである。そうした認識の変化をよく示すのが図2であり、ここでは日本の代表的な右派雑誌がどの国を敵とみなしていたかを表している。[5] これをみると、冷戦時代だった八〇年代にはソ連の比

図2　右派雑誌における各国の登場頻度

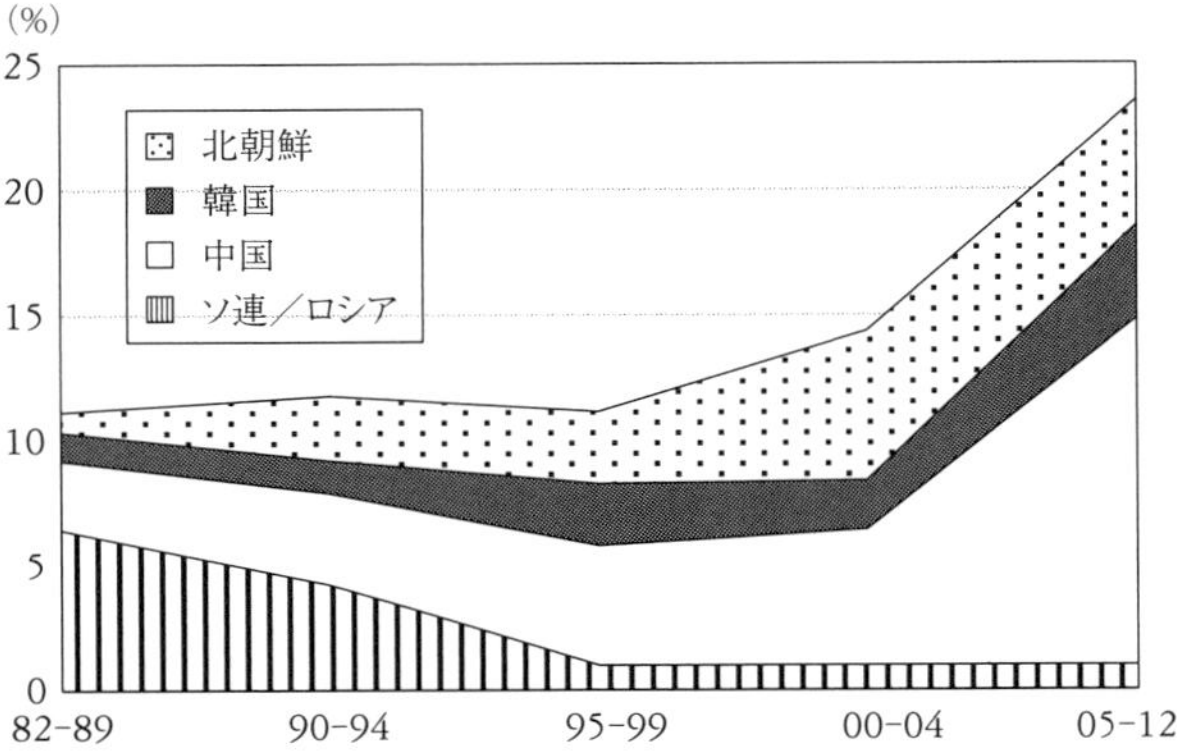

資料：『諸君！』『正論』『WiLL』の記事より筆者作成。

率が高く、中国・韓国・北朝鮮を合わせたより多かったことがわかる。

それが明確に変化するのは九〇年代後半で、ソ連・ロシアの比率が下がった分を中国・北朝鮮がちょうど穴埋めする形になっている。さらに今世紀に入ると、近隣諸国に関する記事は目立って増加し、『正論』や『WiLL』といった右派雑誌は、今や近隣諸国バッシングなしには成り立たない。これは、歴史問題の比重が増したことに加え、中国や韓国の台頭と領土問題、北朝鮮の核開発や拉致問題といった「ネタ」が次々に持ち上がったことによる。書店に並ぶ総合雑誌も、前掲の二誌に加え『歴史通』『Hanada』といった右派雑誌が比較的小さな書店にも並ぶ一方で、左派リベラル雑誌の代表格である『世界』を置くのは都市の大型書店に限られる。『世界』以外にリベラル論壇誌もなく、量的には右派が左派リベラルを圧倒している。

この右派論壇の主張を薄めたものがインターネットで出回るようになり、雑誌を読まない層にも広がっていった。排外主義運動の活動家たちは、こうした情報に接して感化され、在特会の主張を受け入れていくようになる。実際、活動家たちが排外意識を抱くきっかけとして「近隣諸国」を挙げたのは一一名、「歴史問題」を挙げたのは八名と、両者合わせて過半数を占めるのに対し、「外国人問題」を挙げる者は三四名中六名しかいなかった。

そこで浮かび上がるのは、「東アジア」を経由した外国人排斥の論理である。まず、ほとんどが「外国人問題」に関心がなかった彼ら彼女らは、拉致問題や歴史問題から近隣諸国に敵意を持つようになる。近隣諸国関連のきっかけは、「慰安婦」問題や天安門事件を除けば二〇〇〇年代のできごとだった。拉致問題と日韓ワールドカップ＝〇二年、中国の反日デモ＝〇五年、ワールドベースボールクラシック＝〇六年、北京オリンピックの聖火リレー＝〇八年、尖閣問題＝一〇年などを経て、近隣諸国への敵意が蓄積されていく。

ただし、この段階で敵意の対象は近隣諸国であり、在日外国人という具体的な標的があるわけではなかった。排外主義といっても、外国の敵視と外国人排斥には一定の距離があり、この段階では外国嫌いしか説明できない。それが外国人排斥に至るには、「近隣諸国」と「在日近隣諸国民」をつなげる回路が必要だった。

その最有力なものがインターネットであり、「たまたま在特会が朝鮮問題でヒットして、その動画を見た」（三〇代男性）といった形で在特会につながっていく（→第２章）。彼は『ＳＡＰＩＯ』の購読者であり、拉致問題が集中的に取り上げられていた時期に朝鮮総連にかかわる記事も読んでいたが、具体的な行動には至らなかった。後に、北朝鮮がミサイルを発射した時にインターネットで北朝鮮関連の検索をかけるうちに、在特会の動画を見るようになっている。

「在日特権」などというありもしないものの廃絶を訴え、外国人排斥に特化したデモを繰り返す点で、在特会の主張は既成政治とかけ離れている。しかし、在特会のイベントのうち外国人排斥を掲げたものは三割程度で、それ以外は「竹島奪還」「北朝鮮の核実験」「従軍慰安婦を粉砕」といった近隣諸国関連のものが多い。これらに関しては、既成政治における右派の主張と大差なく、在特会はそれを街頭で口汚く繰り返す別動隊と考えたほうがよいだろう。

②政治に逆流する排外主義

前項では政治の変化が排外主義運動の生みの親になったと述べたが、近年では逆に運動が政治に対して影響を及ぼすようになっている。その典型例が、二〇一四年一〇月に行われた橋下徹・大阪市長（当時）と桜井誠との会談である。当時は大阪市が全国に先駆けてヘイトスピーチ規制条例の作成を検討しており、その一環で橋下が桜井を呼び出す形で実現した。つかみ合い寸前になったとメディアが報じるように、橋下は敵対的な態度を崩していない。

問題は、会談そのものではなくその後にある。新聞では、「主張は平行線のまま、三〇分の予定が一〇分弱で終わった」（『朝日新聞』二〇一四年一〇月二一日付）とされるが、この記事は相互に罵り合う残像に踊らされたきらいがある。橋下は会談の翌日、「特別永住」という資格に対して疑問を投げかけた。その根拠は「特別扱いは差別を生む」からだという（『朝日新聞』二〇一四年一〇月二二日付)。

一九九一年に設けられた特別永住資格は、旧植民地出身で戦前に日本国民だった者(とその子孫)に適用される在留資格である。戦前には、植民地に住む者は日本国民とされながら参政権を持たなかった。しかし、日本本土に移り住んだ植民地出身者(ほとんどは在日コリアン)は参政権を持ち、朴春琴《パクチュングム》という国会議員も輩出した。ところが、旧植民地出身者は敗戦後に選択の余地なく日本国籍を剝奪され、在留資格も不安定なまま日本に住み続けることとなった。特別永住という在留資格は、植民地化と敗戦に起因する国籍剝奪問題の解決策であり、そこに至るまで半世紀近くを要したのである。

在特会が最大の目標として掲げてきたのは、特別永住の法的根拠たる「入管特例法の廃止」であった。これは旧植民地出身者だけに適用される法律であり、その廃止を主張するのが排外主義団体としての在特会の特徴となる。つまり、移民・外国人一般の排斥よりもむしろ、在日コリアンの歴史を否定し、その存在を抹殺したいという欲望が在特会の根底にある。

橋下は、特別永住資格を「特別扱い」と呼び、一般永住と統一すべきとうそぶくことで、結果として在特会の主張を後押しすることになった。彼は、単に「特別」という言葉に短絡的に反応しただけで、在日コリアンの歴史を否定するつもりはなかっただろう。しかし、彼が不用意に言及することで、これまで政治が標的としなかった特別永住という在留資格が、公の場で問題視されるようになってしまった。

もっとも、橋下と桜井の会談は派手な立ち回りが人目を引いただけで、その後の橋下発言も一過性のものと思う向きもあるかもしれない。だが、政治の場で取り上げられた「外国人問題」は、目立たないがより深刻な形で利用されるようになり、排外主義は運動から政治へと逆流してきた。それが、次にあげる「次世代の党」(当時。現在、「日本のこころ」へと改名)の例である。次世代の党は、一時は維新の党に合流するが、方針の違いから分裂し、衆院一九名、参院七名の勢力で二〇一四年の総選挙に臨んだ。この時に出された政策集には、以下の項目が含まれている。

・生活保護制度を日本人に限定し、困窮した外国人には別の制度を設ける。
・国政も地方も参政権は国民固有の権利であることを明記(外国人参政権には反対)、移民の国籍取得要件等の厳格化、特別永住制度の見直し。
・東京オリンピックに備えて、入国管理と治安警備を強化。
・国境地域や基地周辺など、安全保障上重要な土地の取引と使用を規制。

ここまで露骨に外国人排斥を公約に盛り込んだ政党は、これまで存在しなかった。さらに、上記四点のうち生活保護と特別永住の見直しは、在特会の主張をそのまま採用したものである。その意味で、政治が作り出した排外主義運動は、運動を経由して、外国人排斥の政策という形で政治の右傾化を進めたといえるだろう。

4　排外主義の火消しをする市民社会

図3　各国に親しみを感じる比率

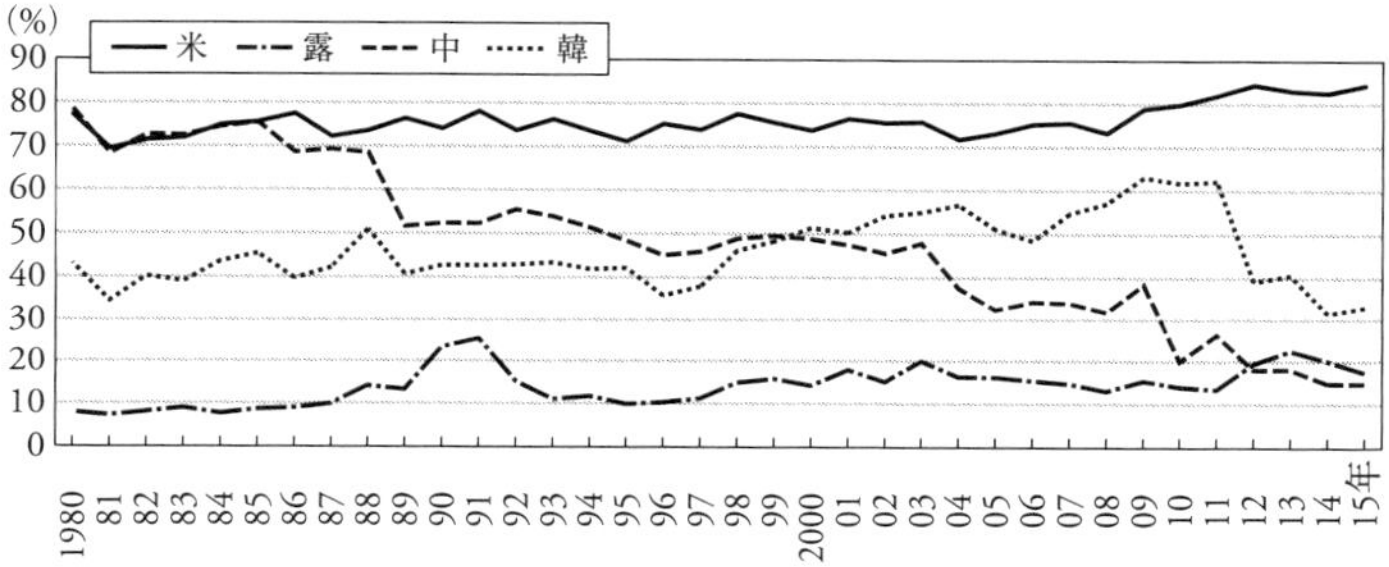

出典：内閣府（総理府）外交に関する世論調査、各年結果

①近隣諸国の敵視

前節では、在特会を作り出したのは政治だと断じたが、市民社会が排外主義から免れているわけではない。対外感情については、政治の領域と同様に近隣諸国に対する敵意が高まっている。それを示すのが図3で、これは内閣府が毎年実施する世論調査にもとづいている。今からすると隔世の感があるが、一九八〇年代の日本国民は中国に対して米国と同程度に好意を持っていた。この時期には七割の市民が中国に親しみを感じていたのである。

排外主義運動の活動家である四〇代男性は、中国について「悠久の大地に住む大らかな人々、そういうイメージしかなかったです」というが、これは広く共有された感覚だと思われる。高級インスタント麵であることを売り物にした明星食品の「中華三昧」が売り出された一九八一年には、テレビCMで「私たちは中国に学びました」と大々的に宣伝されていた。この時点では、中国は「四〇〇〇年の歴史」を持つ国として好意的にとらえられていたが、このCMは今ならネット右翼の好餌《こうじ》になっていただろう。

対中イメージが悪化したきっかけは、一九八九年に起きた天安門事件で、それから親しみを持つ人の比率が一気に五割前後に低下し、二〇〇〇年代にさらに三割台まで落ちた。一〇年には前述の尖閣諸島問題が発生して三たび下落し、現在ではロシアより低い一割強まで落ち込んでいる。中国に対する一般のイメージは、それほどまでに変わったということである。

韓国に対しては、親しみを感じる人の割合が中国や米国より低い四割前後にとどまっていた。一九七九年には、モランボンが発売した焼き肉のたれ「ジャン」のテレビＣＭに、俳優の米倉斉《よねくらまさ》加年《かね》が韓流時代劇でおなじみの伝統衣装であるパジチョゴリを着て登場した。ところが、「朝鮮の味」を前面に謳ったＣＭに出た米倉は、しばらく芸能界で干されたという。[6] その後、韓国に対する好感度は八八年のソウル五輪後には一〇ポイントほど上昇するが、すぐ元に戻って持続的な韓国ブームにはならなかった。

韓国に対する感情が好転したのは今世紀に入ってからで、これは明らかに韓流の影響だろう。二〇一〇年前後には六割が親しみを持つようになり、米国に迫る勢いだったともいえる。Ｋ－ｐｏｐ人気もあり、特に二〇代女性では米国を上回る七五％が親しみを感じていた（対照的に男性は五四％にとどまる）。ところが一二年には、李明博大統領が竹島上陸した直後に調査が行われたこともあり、前年比で二〇ポイント以上下落し、それから今に至るまで回復していない。

②外国人排斥に抗する市民社会

こうしたデータをみる限りでは、市民社会も政治の世界と同様に排外主義に関して右傾化が顕著で、在特会はその反映であるといわざるをえない。しかしこれは、排外主義のうち外国敵視に限られたことで、排外主義の中核たる外国人排斥については別途考える必要がある。そこで思い起こすべきは、二〇一二年以降の在特会が、対外感情の悪化という格好の機会をまったく生かせず、じり貧状況に陥ったことである。

なぜ在特会は追い詰められていったのか。当初は、露悪的で極端な言動が困った人たちと思われる程度だったのが、明確な悪だと位置づけられていったことが大きい。在特会が社会悪とされるようになった過程では、二〇一三年以降にカウンター行動が定着し、民事裁判で高額の損害賠償が課された。ヘイトスピーチ解消法は、こうした流れの仕上げに当たるもので、その原動力となったのはカウンター行動による実力行使と世論喚起だったといってよい。

メディアは当初、寄る辺ない若者の怒りの受け皿として在特会を紹介していた。ところが、ヘイトスピーチという言葉が定着したことにより、在特会の怒りよりも絶対悪としての側面が強調されるようになった。筆者が在特会を調査した二〇一一年時点では、デモをみてもほとんどの人々は特に反応もせずやりすごすが、中には手を振って応援する者もいた。ところが、一三年以降には在特会を上回る数のカウンターがデモを包囲し、「レイシスト」「帰れ」と面罵するようになる。

カウンター自体は、東京の新大久保でデモを終えた在特会メンバーが、韓国商品を扱う店に嫌がらせをするのを止めるという限定的な目的で始まった。[7]当時はカウンターより在特会のほうが数が多く、デモを包囲することなど不可能だと思われたからだった。ところが、最初に「レイシストをしばき隊」が行動を開始して間もなく他のカウンター集団も結成され在特会包囲に参加し、「町全体が騒乱」（しばき隊主宰者の野間《のま》易通《やすみち》へのインタビューによる）という雰囲気になった。

この時点では、在特会を罵るカウンターに正義があるとは思われていなかった。在特会に批判的な朝日新聞の記者ですら、野間へのインタビューで「デモ隊もしばき隊も『どっちもどっちだな』という印象を受けます」と述べている（『朝日新聞』二〇一三年八月一〇日付）。しかし、各地で両者の衝突が続いた結果、在特会デモへの参加者が減ると同時に在特会＝ヘイトスピーチ＝悪という世論が作り出された。二〇一〇年に京都朝鮮第一初級学校襲撃で在特会メンバーが逮捕された際には、社会面での扱いにとどまっていた。ところが一三年に同じ事件の民事裁判で賠償が課された際には、一面と社会面で大きく扱うようになったのである。

前節でみた次世代の党も、二〇一四年の解散前には衆院で一九議席あったのが、同年一二月の衆院選で二議席まで減る惨敗を喫した。有権者＝市民社会は、同党が掲げた外国人排斥の政策に対して、大幅な議席減という形で応答した。排外主義運動の扇動に対しても、政治に逆流した外国人排斥に対しても、市民社会はノーを突き付けたわけであり、この部分では右傾化したとはいいがたい。

5 何がどこまで右傾化したのか

この章では、政治と市民社会のそれぞれにおいて、排外主義のうち対外関係と外国人排斥という二つの側面で右傾化したか否かを検証してきた。その結果は表1の通りであり、全体としては今世紀に入って右傾化が進んだといってよいだろう。戦後七〇年で出された二〇一五年の安倍談話は、満州事変までの日本の対外膨張を賛美する内容で、朝鮮半島の植民地化には一切ふれていない。しかし、世論は全体として安倍談話を支持しており、その意味で政治と市民社会の右傾化を象徴的に表しているとはいえる。

だが、その安倍首相でさえ村山談話を否定するような内容にはできず、満州事変以降については「進むべき針路を誤り」と言わざるを得なかった、二〇一五年末には、韓国の朴槿恵《パククネ》大統領との間で「元慰安婦」への事実上の補償について合意に達しており、河野談話を否定することはできなかった。韓国や中国だけでなく、アメリカや国連も日本の歴史修正主義を問題視しており、「慰安婦」合意を後押ししたのは日米韓関係を懸念するアメリカへの配慮だった。つまり、国内事情だけで排外的な対外政策を推進できるわけではなく、外圧が右傾化に歯止めをかけている。

外国人排斥についていえば、排外主義運動の台頭は紛うかたなき右傾化の表れ

表1　右傾化の検証結果

	対外関係	外国人排斥
政治	○	△
市民社会	○	×

のようにみえる。しかしこれは、市民社会の内部から生み出されたというよりは、日本の政治が対外関係で強硬姿勢をとったことの影響とみなしたほうがよい。政治の領域から市民社会に持ち込まれた外国人排斥といえるわけだが、在特会を包囲し世論を喚起したカウンター行動に圧倒された。その意味で、市民社会は外国人排斥の動きを容認せず、政治から持ち込まれた右傾化に抗してきた。

政治の動きは両義的で、それゆえ△という評価になる。特別永住資格の見直しや外国人の生活保護からの排除を政策課題とする政治家や政党が現れる一方で、当初は後ろ向きだった自民・公明の連立与党が、ヘイトスピーチ解消法を提案して制定までこぎつけている。前者は排外主義運動の影響であり、政治が生み出した外国人排斥の動きが政治に逆流することで、右傾化が進んだことになる。後者は、市民社会による反ヘイトスピーチの動きが政治に影響を及ぼした結果であり、政治内部から生まれた動きではない。排外主義に関しては、政治が右傾化を進め、市民社会がブレーキをかける関係だといえる。そこに排外主義、ヘイトスピーチ、そして日本の右傾化に抗する可能性が胚胎しているのである。

1——桜井誠が獲得したのは、法定得票数に満たない一一万四一七一票だが（供託金は没収される）、二一名の候補者中五位に食い込んでおり、一定の支持層がいることを示している。

2——これについては、有権者と政治家を対象に、東京大学と朝日新聞社が共同で行った調査結果が興味深い（谷口将紀「日本における左右対立（二〇〇三～一四年）—政治家・有権者調査を基に—」『レヴァイアサン』五七号、二〇一五年、九―二四頁)。これによると、二〇〇〇年代以降に政治家の政策的立ち位置は右傾化したのに対して、有権者には変化がなかった。

3――調査は、二〇一一年二月から一二年一〇月にかけて行った。詳しくは、樋口直人『日本型排外主義―在特会・外国人参政権・東アジア地政学―』名古屋大学出版会、二〇一四年を参照。

4――前掲樋口。

5――一九八二~二〇一二年を対象とし、代表的な右派論壇誌たる『正論』(全期間)、『諸君!』(〇八年まで)、『WiLL』(〇九~一二年)のデータベースを作成した。具体的には、目次見出しをもとに、各国が登場する記事件数を集計している。詳しくは前掲樋口を参照。

6――辛淑玉『愛と憎しみの韓国語』文春新書、二〇〇二年。

7――笠井潔・野間易通『3・11後の叛乱―反原連・しばき隊・SEALDs―』集英社新書、二〇一六年。

(ひぐち・なおと　社会学者)

第5章　自民党の右傾化——その原因を分析する

中北　浩爾

二〇一二年に自由民主党（自民党）が政権に復帰して以降、メディアのみならず研究者からも、日本政治が右傾化しているという主張がなされている。[1]

安倍晋三首相は、第一次政権の際に「戦後レジームからの脱却」をスローガンとして掲げるなど、ナショナリストとして知られる。第二・三次安倍政権では、二〇一三年一二月の特定秘密保護法の成立と安倍首相の靖国神社への参拝、一四年七月の集団的自衛権の行使を容認する憲法解釈変更の閣議決定と翌年九月の安全保障関連法の成立などがなされた。衆参両院で与党が三分の二の議席を確保した現在、いよいよ憲法改正が政治スケジュールに乗ろうとしている。

日本政治が右傾化しているという見解には、次のような異論も存在する。例えば、安全保障関連法は、国連PKOで実施できる自衛隊の業務を拡大するなど、国際貢献を推進するものである。集団的自衛権も国連憲章で認められ、ほとんどの国々が行使を容認している。したがって、右傾化と呼ばれる現象は「普通の国」化として捉えられるべきであり、現在の日本政治はナショナリズムではなく、国際協調主義の方向に向かっている。安倍首相が復古主義的な考えを持っているとしても、日本国憲法の存在、国民の間での平和主義の強さといった国内的制約、アメリカによる歯止めや東アジア諸国の反対などの国際的制約ゆえに、国際協調主義の枠内に押し止められるであろう[2]――。

以上にみるような右傾化をめぐる論争には、いくつかの論点のずれが存在している。例えば、右傾化論が政策の変化の方向性を問うのに対して、右傾化否定論は政策の国際的な位置を問題にする。また、右傾化という言葉が、軍国主義やファシズムを想起させる場合があることも、議論の混乱に拍車をかけているように思われる。

そうしたことを踏まえて、本稿は日本政治の右傾化に関して限定的に分析する。すなわち、長年にわたって政権を担当してきた自民党の憲法や外交・安全保障に関する政策位置が、二〇〇〇年代以降、ナショナリズムを強調するという意味で右寄りに変化しているのか否か。そうした意味で自民党が右傾化しているとすれば、その原因は何なのか。以上の二つについて検討を行う[3]。

1　自民党は右傾化したか

①綱領の変化

自民党の政策位置がナショナリズムを強調するという意味で右寄りに変化しているのか否かを検討する上で、最も重要な分析対象は、憲法改正に関する方針の変化であろう。自民党の党是は

「自主憲法の制定」とされ、それに対抗して社会党が「護憲」を標榜するなど、憲法改正の是非は日本政治の左右を分かつ最も重要な争点となってきた。そればかりでなく、自民党の内部においても、日本国憲法を肯定的に評価するリベラル派と、それを占領憲法とみなして否定的に捉える右派の対立が続いてきた。

自民党の綱領の憲法改正に関する記述の変化からみていこう。まず日本社会党および新党さきがけと連立し、社会党首班の村山内閣を作っていた一九九五年の綱領は、憲法改正について一切触れていない。憲法改正は、同時に作成された「新宣言」のなかで、以下のように言及された。「国の指針となる憲法については、すでに定着している平和主義や基本的人権の尊重などの諸原則を踏まえて、二十一世紀に向けた新しい時代にふさわしい憲法のあり方について、国民と共に論議を進めていきます」。ここでは、日本国憲法を肯定しつつ、未来志向の憲法論議を行う考えが示されている。自民党の党是とされてきた「自主憲法の制定」を事実上棚上げしたのである。

それに対して小泉内閣の際の二〇〇五年の綱領では、最初の項目に「新しい憲法の制定を」を置き、次のように書いた。「私たちは近い将来、自立した国民意識のもとで新しい憲法が制定されるよう、国民合意の形成に努めます」。憲法改正に積極的な姿勢を示し、「自立した国民意識」という表現によって、占領下で制定された日本国憲法に対する否定的な認識を醸し出す一方、この段階では国民的な合意の形成が重視されたことに注目すべきであろう。

民主党政権の下、野党時代に策定した二〇一〇年の綱領では、政策に関する最初の項目に憲法改正を盛り込み、「日本らしい日本の姿を示し、世界に貢献できる新憲法の制定を目指す」と謳《うた》った。「日本らしい日本の姿」という表現に、ナショナリズムが濃厚に示されている。合意形成や憲法論議には触れず、直截に新憲法の制定を主張した点にも、同様の態度を見て取れる。

②二つの改憲案の比較

以上みてきたように、二〇〇〇年代以降、自民党は綱領で憲法改正に積極的に言及するようになるとともに、「自主憲法の制定」の党是に回帰していった。そのことと密接な関係をもって、一九五五年の結党以来、作成してこなかった条文化した憲法改正案を相次いで策定し、発表した。二〇〇五年の「新憲法草案」と一二年の「日本国憲法改正草案」が、それである。条文化された憲法改正案を作成したこと自体が画期的な変化であるが、以下、二つの改憲案の内容を比較し、その間の自民党の方針の変化を明らかにする。

二〇〇五年の改憲案のポイントは、大きくいって三つあった。第一は、戦力および交戦権の否認を規定する第九条第二項を修正し、首相を最高指揮権者とする自衛軍の保持を明記することである。現在の自衛隊を軍隊として憲法上、正式に認めるということである。第二は、国の環境保全の責務、犯罪被害者の権利など、新しい人権の挿入である。第三は、統治機構改革である。政党条項の新設や財政の健全性の確保のほか、憲法改正の要件を衆参両院の総議員の三分の二の賛成から過半数に引き下げたことも、その一環とみることができる。

全体としてみれば、同年の綱領で合意形成が重視されたように、穏健な内容にとどめられたといえよう。この草案のとりまとめにあたった舛添要一は、こう回想している。「会議では、天皇や安全保障、国民の権利と義務をめぐって、路線の対立が鮮明になった。委員長レベルの大物たちの間でも、「自民党らしさ」を強調する者と三分の二の発議要件を満たすことを重視する者とが対立した。（略）前者は、中曾根康弘、安倍晋三の両氏らで、後者は森喜朗、宮澤喜一、橋本龍太郎、与謝野馨、福田康夫の各氏らである。私も後者の立場であった」。最終的に小泉総裁が舛添らを支持し、成案を得たという。[4]

二〇一二年の改憲案は、前述の三点で〇五年の改憲案を引き継ぎつつも、前々年の綱領が「日本らしい日本の姿」を強調した流れを引いて、国家権力の強化や日本文化の尊重といった「自民党らしさ」を前面に押し出した。具体的には、自衛軍ではなく国防軍の保持が謳われたほか、国旗・国歌の尊重義務、元号の明記、領土・領海・領空の保全が書き込まれた。また、「個人の尊重」が「人としての尊重」に変更され、家族の尊重と相互扶助義務、公務員の労働基本権の制限、外国人の地方参政権の否定、戦争や大規模な自然災害の際の緊急事態条項などが明記された。

復古主義的なナショナリズムは、天皇に関する条項に顕著にみられる。天皇が現行憲法の象徴に加え、元首として位置づけられただけでなく、天皇の国事行為には内閣の「助言と承認」が必要とされているのを「進言」と変更し、憲法の尊重擁護義務を負う主体から天皇が除かれた。方向性としては、天皇が統治権の総攬者にして神聖不可侵の存在とされた大日本帝国憲法（明治憲法）に回帰するものであるといえる。

しかしながら、戦前への回帰は極めて限定的なものである。二〇一二年の改憲案といえども、ベースになっているのは日本国憲法である。国民主権、基本的人権の尊重、平和主義という日本国憲法の三大要素は、若干薄められながらも基本的に維持されている。自民党の一部に存在している日本国憲法無効論も採用されていない。ましてや、一九三〇年代にみられた軍国主義やファシズムとは、全く別物である。

だが、憲法改正に関する方針の変化からみる限り、限定的なものとはいえ、二〇〇〇年代以降、自民党がナショナリズムを強調するという意味で右寄りに変化した、つまり右傾化したことは確かである。なお、一六年の参院選の結果、「改憲勢力」が衆参両院で三分の二の議席を確保し、両院の憲法審査会を舞台に憲法改正が議論されようとするなか、民進党などが一二年の改憲案の撤回を求めているが、合意形成の妨げになるにもかかわらず、自民党は応じていない。

③国会議員の政策位置の変化

次に、二〇〇三年の総選挙から実施されている東京大学谷口研究室・朝日新聞社共同調査を用いて[5]、自民党の衆参両院議員（当選者）の政策位置の変化を検討する。多岐にわたる質問項目のうち、「憲法を改正すべきだ」「日本の防衛力はもっと強化すべきだ」の二つを取り上げ、平均値の推移をみる。回答は五択であり、一が「賛成」、二が「どちらかと言えば賛成」、三が「どちらとも言えない」、四が「どちらかと言えば反対」、五が「反対」であり、一に近づくほど右傾化していることを意味する。

図1　自民党の衆議院議員の政策位置の変化

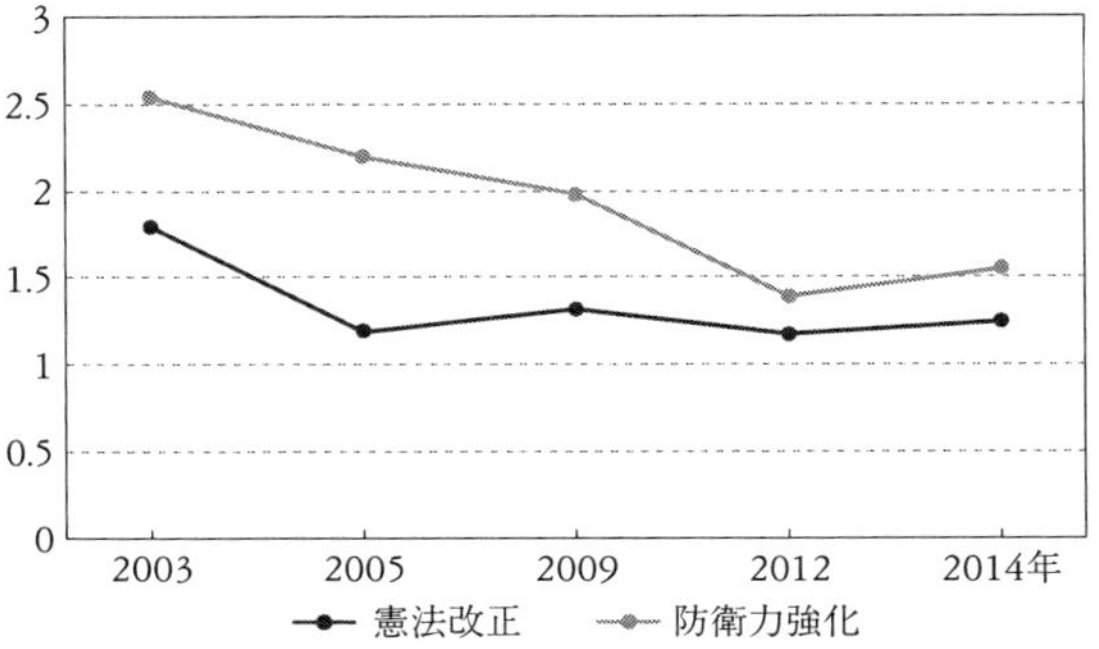

図2　自民党の参議院議員の政策位置の変化

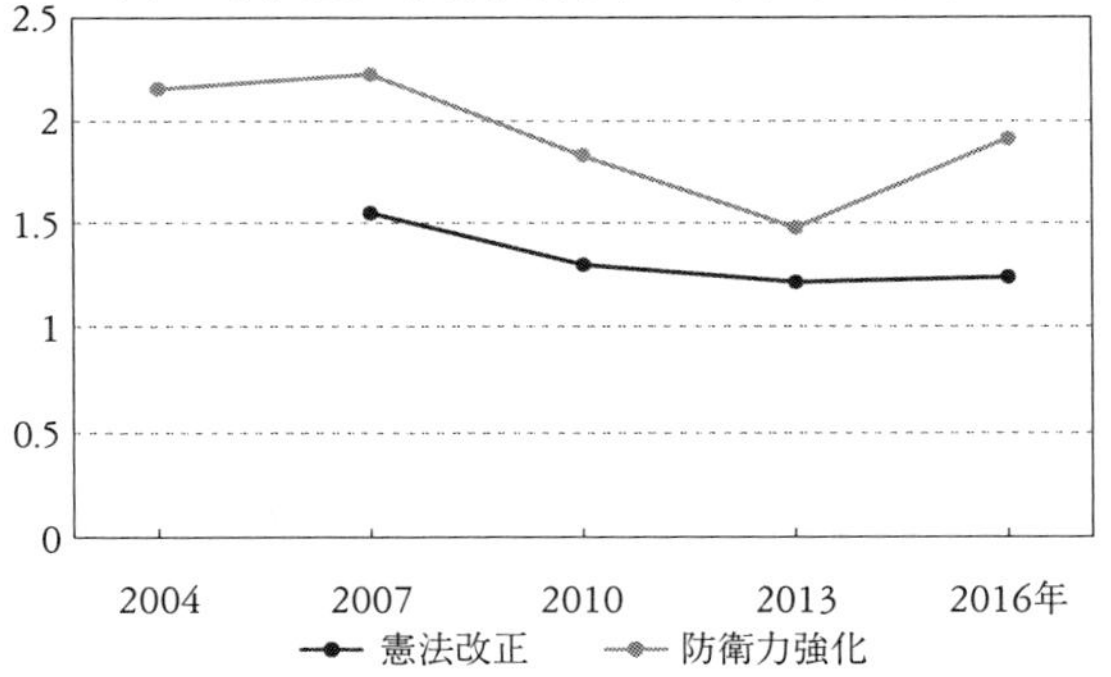

出所：東京大学谷口研究室・朝日新聞社共同調査。

憲法改正については、衆議院議員は二〇〇三年の一・七九から、〇五年に一・一八まで低下し、その後、ほぼ横ばいで推移している（図1）。参議院議員も、〇七年の一・五五から、やや低下しつつも、ほぼ横ばいとなっている（図2）。また、防衛力強化に関しては、衆議院議員は二〇〇三年の二・五四から、一二年の一・三八まで低下し、一四年に一・五五となっている（図1）。参議院議員も、〇四年の二・一五から、一三年の一・四八まで低下し、一六年には若干上昇して一・九一となっている（図2）。

ここからも、自民党は二〇一二年に政権に復帰するまで右傾化してきたといってよいであろう。

二〇一四年以降、揺り戻しもみられるが、それまでの右傾化を逆転するまでには至っていない。

2　なぜ自民党は右傾化したのか

以上、綱領や改憲案の内容からみても、衆参両院議員の政策位置からみても、自民党の憲法や外交・安全保障に関する政策位置が、二〇〇〇年代以降、ナショナリズムを強調するという意味で右寄りに変化しているといえる。そうした意味での右傾化が、なぜ自民党で生じたのか。この問いに厳密に答えることは容易ではない。ここでは、いくつかの考え得る仮説を提示し、それらを検討していく。

①世論の変化

中国の軍事的台頭や北朝鮮の核武装といった東アジア情勢の悪化、第二次世界大戦を経験した世代の減少などを背景として、日本の世論が全体として右寄りに変化し、得票最大化のために自民党も右傾化したというのが、第一の仮説である。

アンソニー・ダウンズ（Anthony Downs）の古典的著作によると、政党とは選挙で政権を獲得することによって統治機構を支配しようと努める個人のチームである。政党は得票の最大化を目指し、そのための手段として政策を定める。[6] ダウンズのモデルは、二大政党制や一次元の政策空間を前提とし、現実に適用するには単純すぎるが、長年にわたり政権の座にあり続けている自民党が、有権者の政策的な選好の右への移動に対応して政策を変化させてきた可能性は十分にあり得る。

図3　憲法改正に対する賛否の推移

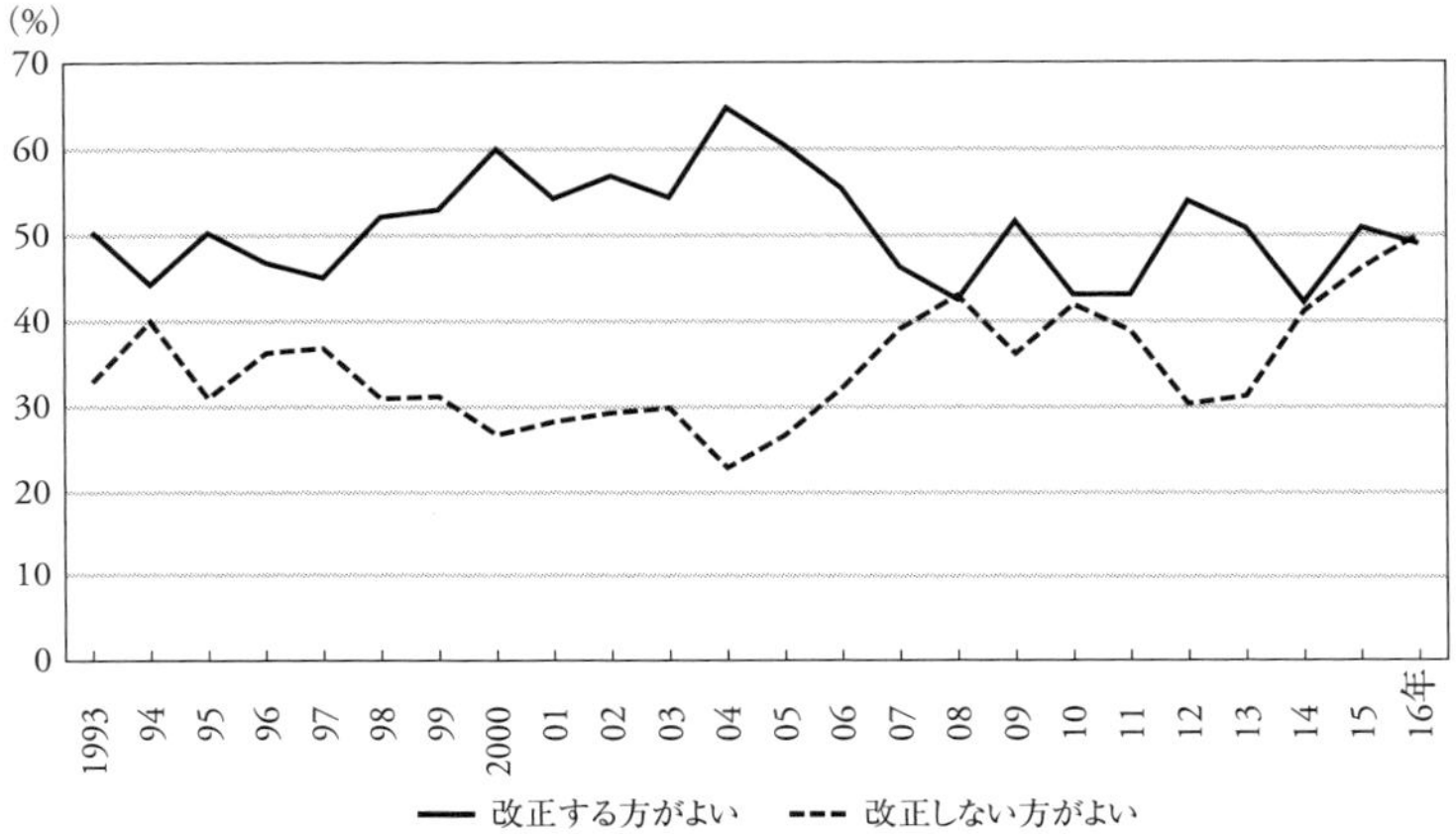

出所：読売新聞社「憲法に関する全国世論調査」。

憲法改正については、読売新聞が一九九三年以降、毎年、世論調査を行っている（図3）。これをみると、日本国憲法を改正する方がよいという回答は、九四年の四四・二％から徐々に増加し、改正しない方がよいという回答を大きく上回るようになった。二〇〇四年には賛成が六五・〇％、反対が二二・七％になった。ところが、それ以降は賛成が低下し、〇八年には逆転した。その後も賛否がかなりの程度、拮抗する状況が続いている。

憲法改正に関しては、第一に一九九五年の綱領から二〇〇五年の綱領・改憲案へ、第二に一〇年の綱領および一二年の改憲案へという二つの段階で右傾化が進んできた。この読売新聞の世論調査からは、第一段階の原因としては世論の変化が妥当しそうであるが、第二段階の原因としては当てはまらない。

東京大学谷口研究室・朝日新聞社共同調査は、

国政選挙のたびに政治家調査に加えて、有権者調査も行っている。自民党の衆参両院議員の右傾化が進んだ二〇一三年までに限ってみても、有権者の憲法改正と防衛力強化についての平均の政策位置は中央の三に近い数字で、ほぼ横ばいに推移しているのがわかる（図4）。

図4　有権者の政策位置の変化

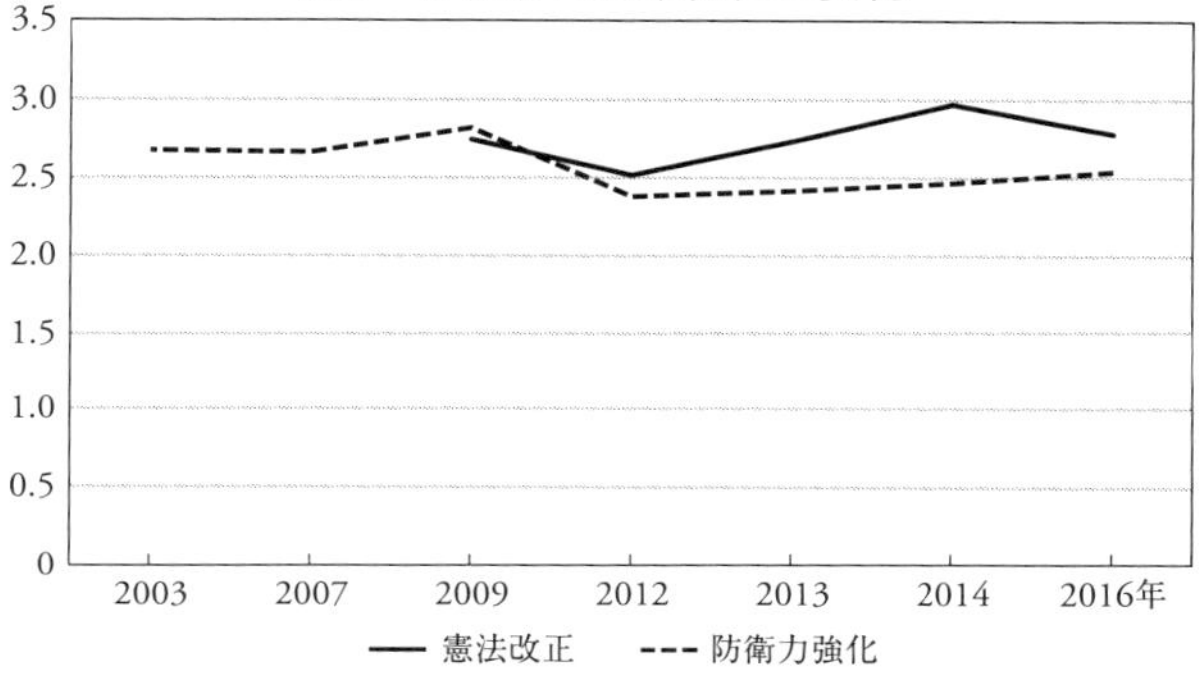

出所：東京大学谷口研究室・朝日新聞社共同調査。

以上から、世論が全体として右寄りに変化し、得票最大化のために自民党も右傾化したということは難しい。[7] 第二・三次安倍政権の下、安倍首相が国政選挙の直前に憲法改正をはじめ「安倍カラー」を抑制し、アベノミクスと呼ばれる経済政策を強調せざるを得ないのも、有権者が右傾化していないことを傍証している。

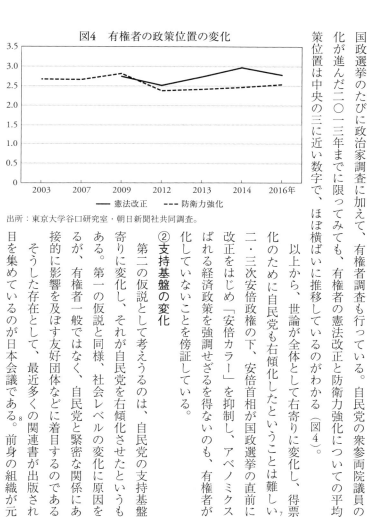

②支持基盤の変化

第二の仮説として考えうるのは、自民党の支持基盤が右寄りに変化し、それが自民党を右傾化させたというものである。第一の仮説と同様、社会レベルの変化に原因を求めるが、有権者一般ではなく、自民党と緊密な関係にあり直接的に影響を及ぼす友好団体などに着目するのである。

そうした存在として、最近多くの関連書が出版され、注目を集めているのが日本会議である。[8] 前身の組織が元号の法制化、国旗・国歌法の制定、教育基本法の改正の推進力となり、今も憲法改正、首相の靖国神社への公式参拝、女系・女性天皇への反対、教育改革などを目指している。政治への影響力も強いとされる。日本会議国会議員懇談会には、自民党を中心に約二九〇名の国会議員が参加している。特に安倍政権とは緊密な関係があり、首相と一九名の閣僚のうち同懇談会から十数人を輩出している。[9]

日本会議の組織的な支柱となっているのは、神社本庁をはじめとする宗教団体である（↓第21章）。戦友会などの旧軍関係団体や日本遺族会は、会員の高齢化などによって動員力が大幅に低下している。それに対応するために一九九七年、「日本を守る国民会議」が、宗教団体などによって構成される「日本を守る会」と合流して、日本会議が設立された。日本会議の事務局を担っているのも、新宗教の「生長の家」の学生組織の出身者からなる日本（青年）協議会である。

それでは、自民党に対する宗教団体の影響力は、本当に高まっているのか。集票力をみると、一九七七年の参議院の全国区では、「生長の家」が全面的に支援し、神社本庁の政治団体である神道政治連盟の一部が推した玉置《たまき》和郎《かずお》が、約一一一万票を獲得している。それに対して、二〇一三年の参議院の比例区で、神道政治連盟や佛所護念会教団が支援した有村治子は一九万票あまりにとどまった。一六年の山谷えり子も二五万票弱である。

有権者が候補者名しか書けない大選挙区制と政党名でも投票できる非拘束名簿式の比例代表制の違いが大きく影響しているとはいえ、自民党を支持する宗教団体の集票力は大幅に低下してい

図5　宗教団体の信者数の推移

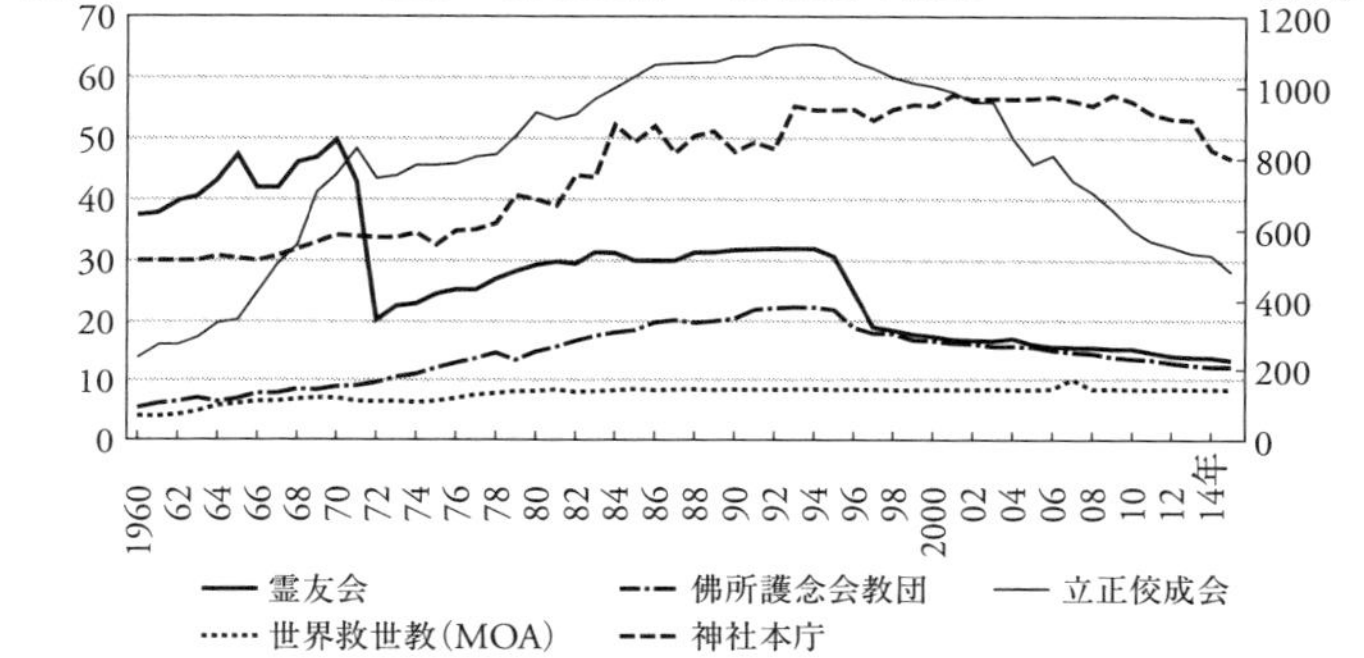

出所：文化庁『宗教年鑑』各年版。注記：神社本庁のみ右目盛り。

るといえる。その原因の一つは、有力な宗教団体の自民党離れである。例えば、生長の家は一九八三年に「生長の家政治連合」の活動を停止し、政治から手を引いた。そのほか、立正佼成会を中心とする新宗連（新日本宗教団体連合会）も、九九年に公明党と連立を組んだことに反発して、おおむね民主党を支援するようになった。

もう一つの原因は、宗教団体そのものの衰退である（図5）。自己申告のため水増しが多いとされる文化庁の『宗教年鑑』の信者数のデータをみても、二〇一五年には最盛期に比べて、霊友会が二七・〇％、佛所護念会教団が五三・八％に落ち込んでいる。神社本庁も八一・七％である。自民党が右傾化した一九九〇年代半ば以降、多くの宗教団体は信者数を減少させている。それは集票力や動員力の減退のみならず、集金力の低下につながっているであろう。

自民党本部の関係者も、次のように証言している。[10]「参議院が全国区の時代は、宗教界全体が上り坂だったけれども、拘束名簿式の比例区の時代は、ほぼ横ばいで、非拘束名簿式の比例区になった二〇〇〇年代以降は、下り坂に入っている。オウム真理教事件による宗教バッシングなども影響を与えた。多くの宗教団体は信者数の減少に見舞われ、会費や寄付が潤沢に集まらなくなった。資金的に苦しくなっていて、コスト・パフォーマンスが悪い政治から手を引いてきている」。

日本会議の影響力の増大ゆえに自民党が右傾化したという見方は、正しくない。神社本庁、霊友会、佛所護念会教団をはじめ、日本会議を支える宗教団体の信者数が減っている以上、その影響力によって自民党が政策位置を変化させたとは考えにくい。日本会議国会議員懇談会の結束力もコアを除いて弱く、日本会議が自民党全体を支配しているといった見方は、根拠の乏しい一種の陰謀論にすぎない。結果として、両者の方向性が一致しているだけとみるべきであろう。

③政党間競合の変化

近年の自民党にとって集票上、重要になっているのは、連立を組む公明党の支持母体として約七〇〇万票を集める能力を持つ創価学会である。ところが、公明党および創価学会は中道的なスタンスをとっており、憲法改正や外交・安全保障政策では民進党に近い。それにもかかわらず、公明党と連立を組んだ一九九九年以降、自民党の右傾化が進んだとすれば、何が原因なのか。

一つの原因は、公明党が自民党との連立や選挙協力を優先し、政策的に妥協してきたことである。公明党も選挙運動を担う創価学会員、とりわけ婦人部の意向を無視することはできない。しかし、かつて自民党と連立を組んだ社会党と比較すると、創価学会が現世利益を重視していることもあって、政策的な自由度が高い。限定的とはいえ、集団的自衛権の行使を容認する憲法第九条の解釈変更を受け入れたのは、そのことを示している[11]（↓第18章）。

だが、こうした公明党のあり方は、自民党の右傾化にとって必要条件にすぎない。より重要な、もう一つの原因は、民主党の台頭である。一九九八年に結成された民主党は、自民党に対抗する二大政党の一角として台頭し、小沢一郎率いる自由党と合流して臨んだ二〇〇三年の総選挙で躍進し、比例代表の議席では自民党を上回った。〇五年の郵政選挙において惨敗したものの、〇九年の総選挙で大勝し、政権交代を果たした。自民党の右傾化は、民主党の台頭と歩調を合わせて進んだのである。

自民党幹事長として二〇〇三年の総選挙で陣頭指揮にあたった安倍晋三は、〇五年に向け、新綱領や改憲案の作成を主導していった。その際、次のように語っている。「今度は総選挙で大きな政党になった民主党に参議院選で挑戦を受けることになります。これを跳ね返すには強靭さを持たなくてはなりません。何かと言えば、多くの国民に共感を持っていただける自民党の理念です。自民党が描く国家像、そういう国で生きたいというものをしっかり示す必要があります[12]」。

野党時代の二〇一〇年の綱領や一二年の改憲案は、日本国憲法に肯定的なリベラル派と目されていた谷垣禎一《さだかず》総裁の下で作成された。谷垣が新綱領のパンフレットに寄せた前書きには、次のように書かれている。「昨夏の総選挙での歴史的大敗の結果、わが党は政権与党の座を降りました。……「自由民主党とはこういう政党である」というものを早く示さなければならないとの思いを強くしておりました。それに対する答えとなるのが、今回採択されたこの新しい綱領です」[13]。

これについて、野田聖子も以下のように証言している。「野党でいると埋没していく。マスメディアの露出もどんどんなくなる。与党と差別化しないといけない。だから政策的に個人重視の民主党に対して、自民党は、国家を基本とする政策を重視するというわかりやすさを出していこうとした。それでかなり右にずれたかなと思います。野党の自民党を一生懸命支えてくれた方たちが、そちらのほうにいたということもあります」[14]。

先述のダウンズの仮説とは違って、現実の政党は得票最大化を目指すだけでなく、他党とは異なる自らの存立根拠を示し、国会・地方議員、党員、友好団体、支持者の結束を固めなければ、持続できない。とりわけ、劣勢の場合にはそうである。旧社会党出身者を含み、日本国憲法を肯定的に捉えるなど自らよりも左に位置する民主党と差異化するため、自民党は右傾化したのである。

政党間競合の重要性は、民主党が登場する以前、細川護煕・羽田孜内閣の連立与党を中心に結成された新進党が二大政党の一角を占め、攻勢をかけていた時期に、自民党が左傾化したことからも傍証できる。当時、軍事的な国際貢献のための憲法改正を唱えていた小沢一郎率いる新進党に対抗して、自民党は憲法改正に消極的な姿勢をとっていたのであり、社会党およびさきがけとの連立に加え、右に位置する新進党との差異化の必要性が、「自主憲法の制定」の党是を事実上棚上げした一九九五年の綱領的文書につながったといえる。

④政党組織の変化

二〇〇九年からの野党時代、リベラル派の谷垣総裁の下で自民党の右傾化が進展したのは確かであるが、党内で駆動力となったのは、〇五年の綱領および改憲案を主導した安倍晋三を会長とする創生「日本」であった。したがって、以上にみた政党間競合の変化に加えて、右派の理念グループの台頭が、自民党の右傾化をもたらした副次的な原因であると考えられる。

ところが、二〇〇〇年代に入って、自民党の内部で右派が多数を占めるようになったと考えるのは正しくない。例えば、一九九五年、自社さ政権の下、日本会議の前身組織の反対キャンペーンを押し切って、衆議院本会議で戦後五〇年の国会決議が可決された際も、自民党では総議員二六九名のうち二一二名が、奥野誠亮《せいすけ》を会長とする反対派の「終戦五十周年国会議員連盟」に加入していた。リベラル派の河野洋平元総裁も、「自民党議員はもともとタカ派が多く、ハト派が比較的多い時でも三割程度だったでしょう」と振り返っている。[15]

そうだとすれば、かつては右派の理念グループの動きを抑えるメカニズムが、自民党の内部で作動していたとみるべきであろう。それは「党中党」と呼ばれた派閥にほかならない。確かに宏池会（岸田文雄派）はリベラル派、清和会（細田博之派）は右派という傾向はみられるが、派閥は本質的に理念や政策の一致に基づく集団ではなく、選挙・資金・ポストなど利益によってつながる国会議員の間の互助組織である。

同一選挙区で同士討ちを生じさせ、派閥を強化した衆議院の中選挙区制が、一九九四年の政治改革によって廃止され、小選挙区比例代表並立制が導入された。また、最終的に九九年の政治資金規正法の改

図6　自民党衆参両院議員に占める無派閥の割合

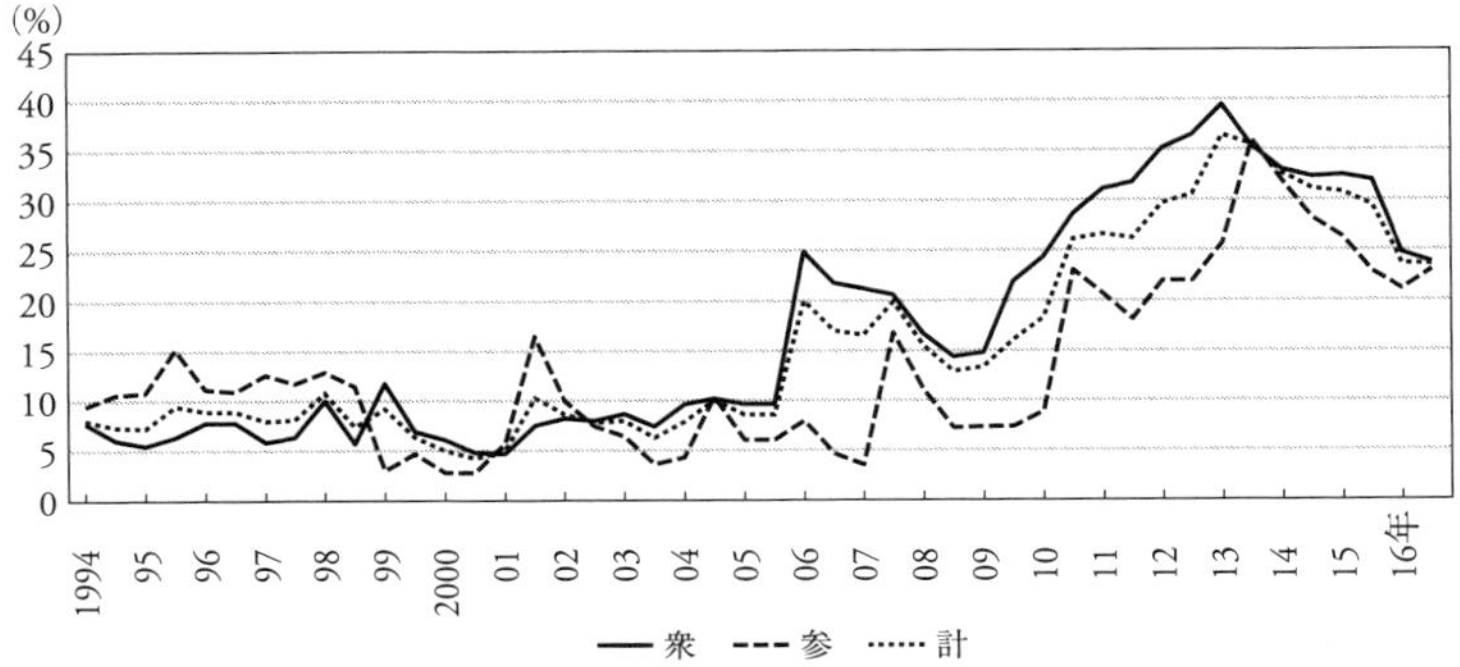

出所：『国会便覧』各号。

正で、派閥の政治団体が企業・団体献金を受けることができなくなった。二〇〇一年に成立した小泉純一郎内閣が派閥を無視した閣僚・党役員人事を行うとともに、郵政民営化など新自由主義的改革を推し進めたことを背景に、派閥の結束力が弱まり、無派閥議員が増加していった[16]（図6）。

派閥の衰退を示す端的な例が、総裁選挙の変化である。かつての自民党の総裁選挙は、派閥の間で争われ、経世会・平成研、宏池会、清和会の三大派閥の領袖が総裁になることが多かった。ところが、小泉政権以降、そうした構図は完全に崩れてしまった。派閥の領袖として総裁になったのは麻生太郎が唯一であり、三大派閥の領袖で総裁になったのは小泉の前任の森喜朗が最後である。二〇一二年の総裁選挙では、最大派閥の清和会から領袖の町村信孝が立候補したが、五名中四位に終わった。この年の総裁選挙で勝利したのが、安倍晋三である。安倍は、同じ清和会から領袖の町村が立候補したにもかかわらず、菅義偉をはじめ「創生」日本の同志たちの後押しを受け、出馬を決意した。麻生太郎率いる為公会や番町研（高村正彦派）の協力、同じく決選投票に残った石破茂への国会議員の反発も有利に作用したが、安倍の勝利は派閥の衰退が右派の理念グループを相対的に浮上させたことを示している。

右派の理念グループにとって派閥の衰退が追い風となっていることは、創生「日本」の源流ともいえる青嵐会が、派閥抗争に巻き込まれて衰退したことからも明らかである。一九七三年に結成された青嵐会は、「角福戦争」のなかで田中角栄派に対抗する福田赳夫派の別動隊とみなされるようになり、中川一郎と並ぶリーダーの渡辺美智雄が、田中の意を体した大平正芳首相によって閣内に取り込まれ、解体した。残った中川らのグループも派閥化せざるを得ず、最終的に福田派に吸収された。[17]

結論

これまでの分析で示した通り、自民党の憲法や外交・安全保障に関する政策位置は、二〇〇〇年代以降、ナショナリズムを強調するという意味で右傾化している。「自主憲法の制定」という言葉に示されるように、方向性としては戦前に回帰するものであるといえる。ただし、それは極めて限定的であり、「戦後レジーム」の枠内での揺り戻しにとどまっている。ましてや軍国主義やファシズムとは全く別物である。

その間、有権者の政策位置は右寄りに変化していないし、日本会議の中心を担う宗教団体の影響力の増大もみられない。自民党の右傾化の原因は、世論や支持基盤の変化ではなく、政策的に左に位置する民主党の台頭であり、副次的には派閥の衰退という政党組織の変化である。

民主党の台頭にせよ、派閥の衰退にせよ、それらの重要な背景となったのは、「政権交代ある民主主義」を目指し、衆議院への小選挙区制の導入を柱とした政治改革である。もちろん、二大政党の一角が新進党から民主党に代わったことを考えると、自民党の右傾化が政治改革の必然的な結果であったとはいえない。だが、その可能性を全くといっていいほど想定していなかったことは、今から振り返れば、政治改革の問題点であった。

その一方で、自民党の右傾化は根が浅いともいえる。世論や支持基盤といった社会レベルの変化に起因していないからである。二〇一二年に復活した安倍政権が、戦後七〇年の首相談話や「従軍慰安婦」に関する日韓合意で、予想に反する柔軟性をみせたのも、そのことに関わっていると考えられる。日本会議の内部では、安倍政権に対する不満が高まっているといわれる。

ところが、野党第一党は依然として、民主党を中心に結成された民進党であり、自民党の左側に位置している。そうである以上、衆議院の小選挙区制を背景として、民進党が二大政党の一角として台頭すれば、自民党は右寄りの姿勢を再び強めていくことが予想される。したがって、自民党の右傾化は、根が浅いとはいえ、長期にわたって持続していく可能性が高い。それが世論から乖離して進んでいるとすれば、日本政治にとって不幸なことといわざるを得ない。

1――代表的なものとして、中野晃一『右傾化する日本政治』岩波新書、二〇一五年。
2――例えば、添谷芳秀、田所昌幸、デイヴィッド・A・ウェルチ編著『「普通」の国 日本』千倉書房、二〇一四年。
3――筆者による自民党史の分析として、中北浩爾『自民党政治の変容』NHKブックス、二〇一四年。以下、歴史的記述について特に典拠を示さない場合、同書による。
4――舛添要一『憲法改正のオモテとウラ』講談社現代新書、二〇一四年、二〇三、二六九頁。
5――同調査のデータは、下記で公開されている。http://www.masaki.j.u-tokyo.ac.jp/utas/utasindex.html
6――アンソニー・ダウンズ『民主主義の経済理論』（吉田精司監訳）成文堂、一九八〇年（原著：一九五七年）。
7――谷口も、より厳密な手法を用いて、二〇〇五年の総選挙以降、自民党の候補者の中央値が右傾化したのに対して、自民党の支持層の中央値は右傾化していないと指摘している。谷口将紀「日本における左右対立（二〇〇三～二〇一四年）―政治家・有権者調査を基に―」『レヴァイアサン』第五七号、二〇一五年、九―二四頁。
8――例えば、菅野完『日本会議の研究』扶桑社新書、二〇一六年ほか。
9――『日本経済新聞』二〇一六年一〇月九日付、一六日付。
10――二〇一六年四月八日、著者によるインタビュー。
11――公明党については、薬師寺克行『公明党―創価学会と五〇年の軌跡―』中公新書、二〇一六年、中野潤『創価学会・公明党の研究―自公連立政権の内在論理―』岩波書店、二〇一六年。
12――野上忠興『ドキュメント安倍晋三―隠れた素顔を追う―』講談社、二〇〇六年、六八頁。
13――https://www.jimin.jp/aboutus/pdf/kouryou.pdf（二〇一七年二月四日最終閲覧）。
14――野田聖子（インタビュー）「人口減少の現実をふまえ、持続可能な安全保障を考えよう」『世界』二〇一四年六月号、五四―五五頁。
15――河野洋平「時代の証言者―保守・ハト派―（九）」『読売新聞』二〇一二年九月二七日付。
16――中北浩爾「衰退する「中道保守」―派閥政治の変様と終焉―」日本再建イニシアティブ『「戦後保守」は終わったのか―自民党政治の危機―』角川新書、二〇一五年、九六―一〇五頁。
17――青嵐会に関しては、河内孝『血の政治―青嵐会という物語―』新潮新書、二〇〇九年。

（なかきた・こうじ　政治学者）

第6章

有権者の「右傾化」を検証する

竹中 佳彦

安倍晋三首相が率いる自民党は、二〇一二年衆議院議員総選挙（衆院選）、一三年参議院議員通常選挙（参院選）、一四年衆院選、一六年参院選と、四つの国政選挙で勝利し、国会で多数の議席を占めている。一六年一二月の時事通信社の世論調査によれば安倍内閣の支持率は四九・二％で、安全保障関連法（平和安全法制）案の衆議院通過（一五年七月）で四割を切った後は持ち直してきている。産経FNN合同、毎日新聞、朝日新聞などの世論調査では同じ時期に内閣支持率が五〇％に達している。

安倍首相は、二〇〇六年発足の第一次内閣では、「美しい国づくり」「戦後レジームからの脱却」を掲げ、教育勅語に代わるものとして占領下に制定された教育基本法を改正し、教育目標のなかに伝統・文化を育んできた「国と郷土を愛する」態度の涵養《かんよう》を盛り込んだり、防衛庁を省に昇格させたり、憲法改正の手続きとして必要な国民投票法を成立させるなどした。一二年一二月の衆院選後に再登板した第二次内閣では、一三年一二月に国家安全保障会議（日本版NSC）の設置、スパイ防止・テロ活動防止のための特定秘密保護法の制定、A級戦犯の合祀によって中国・韓国からの批判を招く靖国神社への参拝を行った。一四年七月に集団的自衛権の行使を認める閣議決定を行うと、同年一二月の衆院選を経て、第三次内閣では、一五年九月、集団的自衛権の行使、他国軍の後方支援、国連平和維持活動(PKO)等での武器使用基準の緩和などを盛り込んだ安保関連法を成立させた(↓巻末年表)。

安倍内閣が展開するこれらの政策は、戦後復興期に戦前体制の是非や再軍備・日米安保体制など安全保障政策をめぐって形成された保守―革新のイデオロギー対立軸上で保守的、あるいは右寄りの立場に基づくものである[1](↓第5章)。それでは、安倍内閣の支持率が高く、国政選挙で自民党が勝利するのは、日本の有権者が「保守化」あるいは「右傾化」しているからなのだろうか。

第二次安倍内閣が登場したとき、『タイム』誌が「日本が右へ向かっている」(Japan Moves Right)と表紙に記したように[2]、中国や韓国だけでなく、欧米にも日本が「右傾化」しているという見方がある。他方、冷戦が終結し、一九九三年に自民党一党優位体制が崩壊した後、日本では、「イデオロギーはなくなった」とか、「対立軸の時代ではない」とか、脱イデオロギー化が指摘されてきた。東京大学谷口研究室・朝日新聞社共同世論調査(以下、東大谷口研・朝日世論調査という)の二〇一二年衆院選および一三年参院選のデータを用いて分析してみると、有権者は中道化=脱イデオロギー化しており、また安倍内閣が展開する政策のなかで有権者の多くが支持しているのは、少なくとも一三年参院選までは経済政策であって、安全保障政策や憲法改正、原発政策ではなく、日本の有権者は「右傾化」してはいないことが明らかになった。[3]

しかしその後も、安倍内閣は国政選挙で勝利し続け、保守的な政策を実現し、内閣支持率は比較的高い水準を維持している。それでもなお、日本の有権者は「右傾化」しているといえないのか。東大谷口研・朝日世論調査の二〇一四年衆院選および一六年参院選のデータなどをもとにこの問題について考えてみることにしたい。[4]

1　安倍首相に対する感情温度

報道機関の調査では内閣支持率や政党支持率が使われているが、学術的な調査では、政治家や政党に対する有権者の好悪の感情を感情温度計で測ることが多い。これは、対象となるものへの好悪を、その感情の度合いに応じて、〇度から一〇〇度までの間の値として被調査者自身に表してもらうものである。被調査者は、対象にとくに好意も反感も持たない場合を五〇度とし、好意が強いほど温度は高く、反感が強いほど温度は低くなるよう選ぶことを求められる。東大谷口研・朝日世論調査における、二〇一二年衆院選以降の国政選挙時の安倍首相および橋下徹前大阪市長、並びに自民党、民主党、および日本維新の会[5]に対する感情温度の平均値を示したのが図1である。[6]

自民党に対する感情温度は、二〇一二年には五一度であったが、一三年には五七度に上昇し、

図1　感情温度の変化（2012年→2016年）

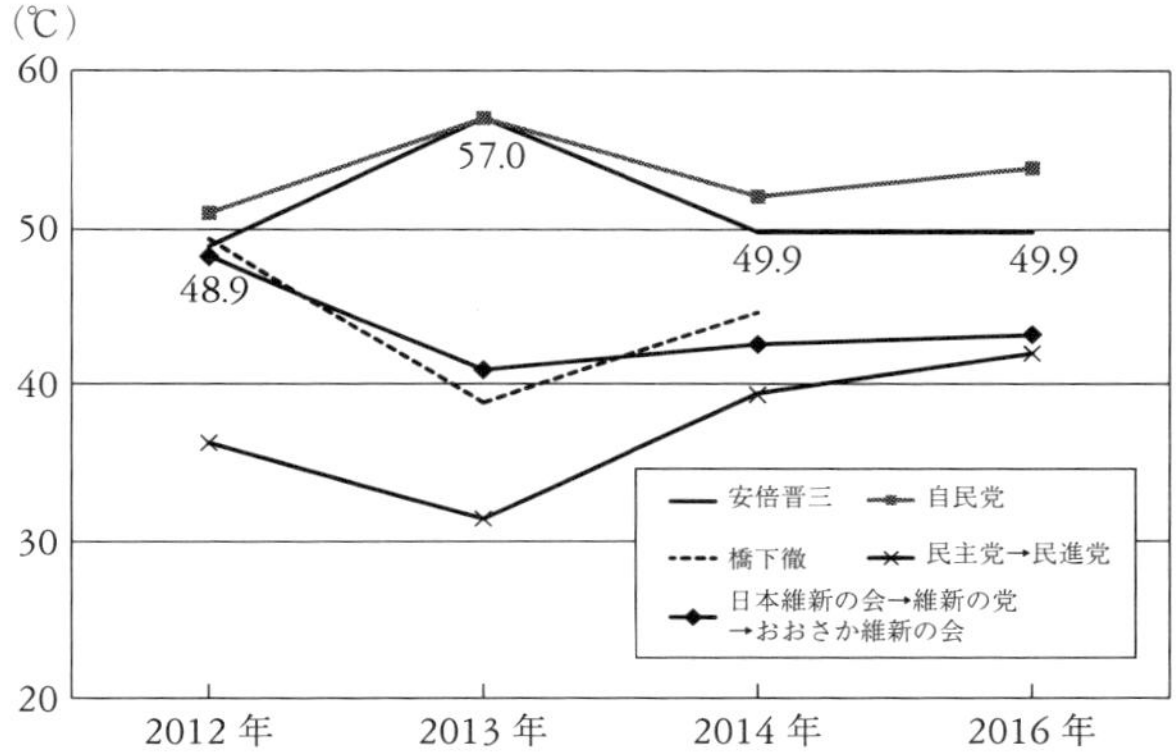

出所：東大谷口研・朝日世論調査.

その後は五二～五四度と、ややよい感情を持たれている。民主党に対する感情温度は、一二年が三六度と低く、一三年にはさらに低下した。その後はいくらか上向きとなり、民進党を結成した一六年には四二度となった。維新に対する感情温度は、一二年には四八度だったが、その後は低下しており、同党に対する支持が広がらなかったことを示している。橋下に対する感情温度は、維新に対するそれと連動している。

これらに対して安倍首相に対する感情温度は、一二年には四九度であったが、一三年に五七度へと好感度が急上昇した。しかしその後は、五〇度付近で推移しており、好感情を持つ人と反感を持つ人が相半ばしている。このように安倍首相に対する感情温度は、報道機関の調査による内閣支持率ほど高いとはいえないが、低いわけでもない。

図2　左—右イデオロギーの分布（2012年, 2016年）

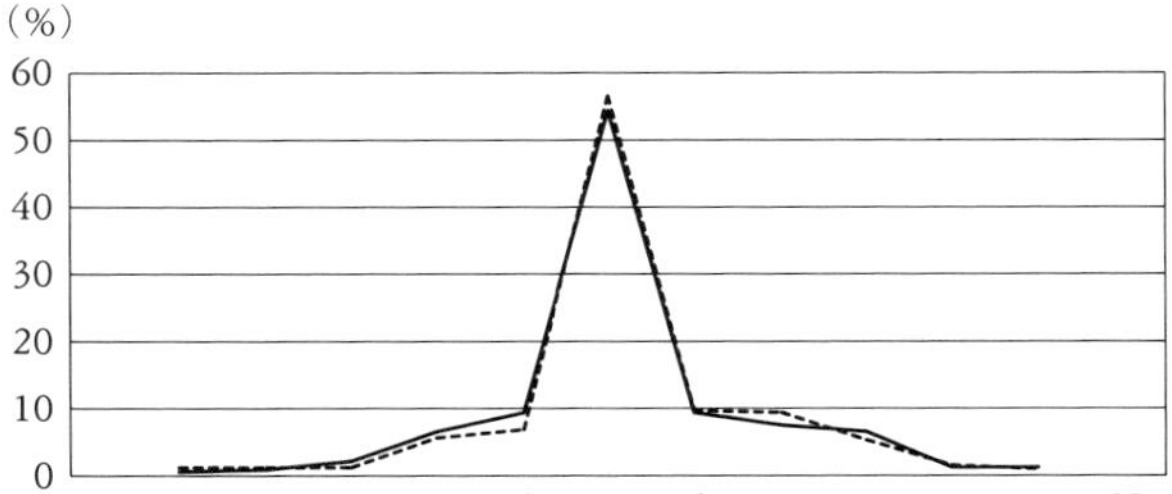

	0	1	2	3	4	5	6	7	8	9	10	*N*
2012 年	1.1	1.2	1.3	5.7	7.0	56.7	9.8	9.5	5.4	1.5	1.0	1,680
2016 年	0.5	0.9	2.3	6.5	9.4	54.4	9.5	7.5	6.5	1.3	1.1	1,270

左　←　イデオロギー　→　右

出所：東大谷口研・朝日世論調査.

2　有権者の「脱イデオロギー化」

有権者が「右傾化」しているのか、「脱イデオロギー化」しているのか、どのようにすれば判定できるだろうか。その一つは、有権者にイデオロギー対立軸上で自己を位置づけてもらい、その分布の形状の変化を見てみることであろう。有権者のイデオロギーの分布が、中央の山頂（峰）を中心に左右に単調に下降する単峰分布であった場合、山が全体的に右の方に移動すれば「右傾化」といえる。これに対して中央の左右両側に一つずつ、二つの山頂がある双峰分布は、左と右の激しいイデオロギー対立があると考えられるが、そのような分布が単峰分布に変わったり、すでに単峰分布をしていた場合に中央付近の山頂がさらに高い形に変わったりすることが一般には「脱イデオロギー化」と考えられる。[7]

東大谷口研・朝日世論調査では、二〇一二年と一六年に、「最も左」を0、「中間」を5、「最も右」を10とする一一段階の左―右のイデオロギー尺度を示し、自分自身の立場が尺度上のどこにあるかを回答させる質問を置いている。図2は、無回答を除き、分布度数を百分率で表したも

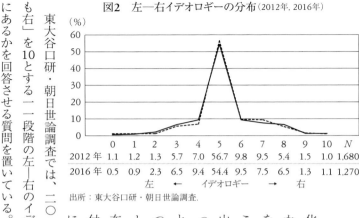

のである。一二年の分布は点線で、一六年の分布は実線で示されている。

　二〇一二年と一六年の分布はほぼ重なっており、四年間に変化は生じていない。いずれの分布も5が最頻値であり、有権者の半数以上が、左―右のイデオロギー尺度上で自分を中間と位置づけている。もっとも、日本の有権者は、「左翼」や「右翼」という言葉によい感情を持っていないため、自己を左や右と位置づけにくいのであろう。[8] いずれにせよ、第二次安倍政権発足時の有権者のイデオロギーは全体として中間が多く、その後も「右傾化」が進んでいるとはいえない。

３　安倍感情温度と左―右イデオロギーの関係

　イデオロギーが右寄りの有権者は安倍首相に好感情を持ち、左寄りの有権者は安倍首相に反感を持っていると予想される。安倍首相への感情温度と有権者の左―右イデオロギーとの関係を示したのが図3である（次ページ）。

　これによれば、二〇一二年から一六年まで、有権者のイデオロギーが左から右になるに従って、安倍首相に対する感情温度がおおむね上昇していることがわかる。二つの変数の関係の強さを示す指標である相関係数は、一二年が〇・三三、一三年が〇・三四、一四年が〇・二七、一六年が〇・三四であった。[9] 相関係数はマイナス1からプラス1までの値をとり、プラス1が完全な正の相関、0が無相関、マイナス1が完全な負の相関を示す。解釈によっていくらか異なるが、一般に絶対値が〇・七〇以上なら高い相関が、〇・四〇以上ならかなりの相関が、〇・二〇以上なら

図3　イデオロギーと安倍感情温度（2012年→2016年）

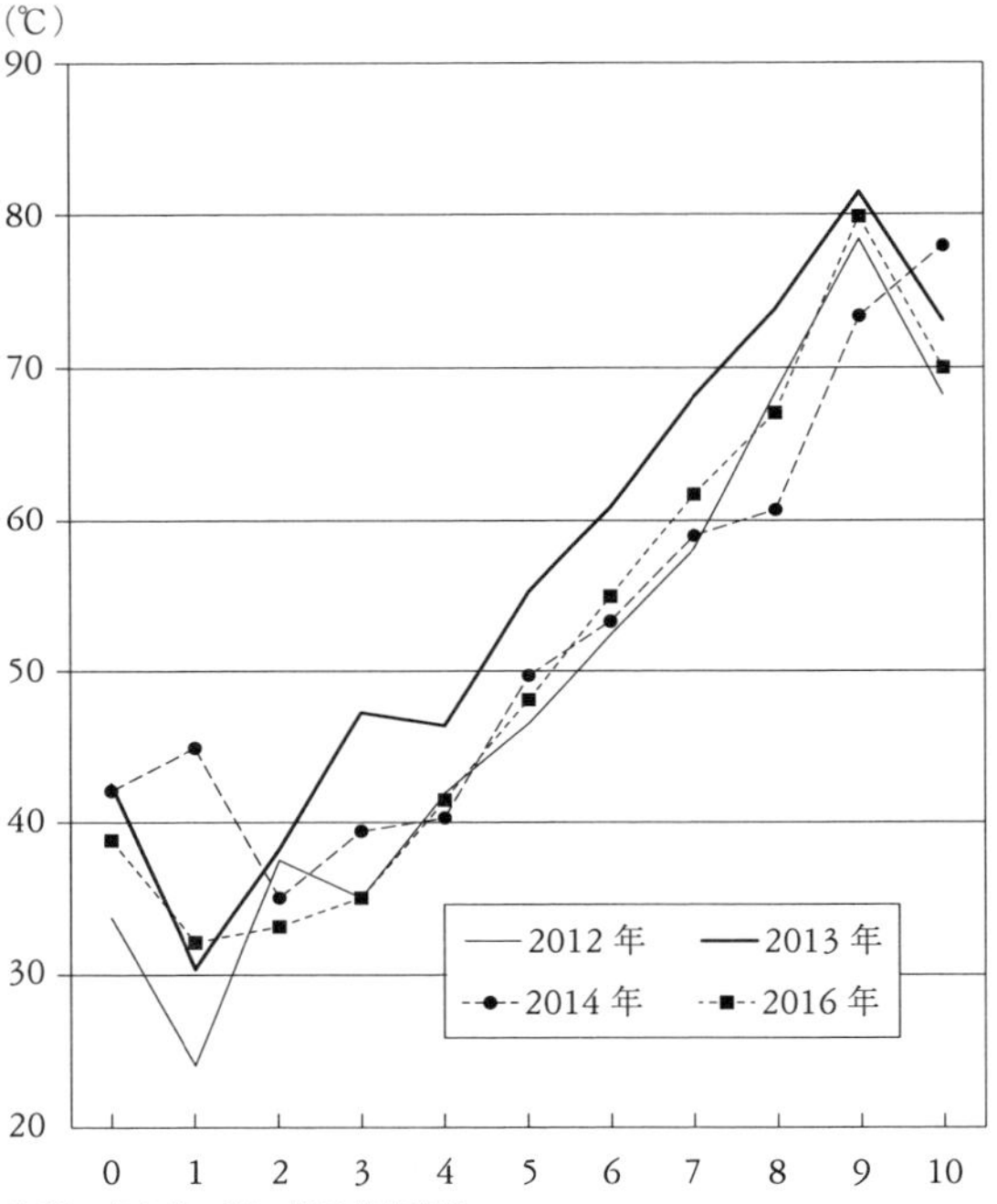

出所：東大谷口研・朝日世論調査.

やや相関があり、それ未満はあまり相関がないとされる。よって、有権者のイデオロギーと安倍首相に対する評価はやや相関があるといえる。

4　政党に対する感情温度、安倍内閣業績評価の相互の関係

表1　政党感情温度,安倍首相評価,イデオロギーの相関行列

	1	2	3	4	5	6	7	8	9	10	11	12
1　自民党感情温度		.54	.33	-.28	-.28	-.37	.85	.67	.59	.47	.65	.44
2　公明党感情温度			.30	-.14	-.02	-.11	.52	.39	.31	.22	.43	.29
3　お維新感情温度				.01	.02	-.03	.40	.30	.29	.31	.29	.22
4　民進党感情温度					.57	.50	-.28	-.32	-.40	-.33	-.31	-.19
5　社民党感情温度						.72	-.27	-.32	-.39	-.36	-.27	-.17
6　共産党感情温度							-.33	-.34	-.40	-.37	-.32	-.19
7　安倍感情温度								.77	.64	.52	.73	.47
8　安倍首相仕事ぶり									.65	.48	.75	.44
9　安保関連法評価										.62	.64	.41
10　憲法改正賛成											.43	.34
11　アベノミクス評価												.52
12　金融緩和策評価												
左—右イデオロギー	.33	.16	.16	-.19	-.30	-.29	.34	.30	.30	.32	.24	.21

出所：東大谷口研・朝日世論調査.

安倍首相に対する感情温度は、左—右のイデオロギーと相関しているが、他の政党に対する感情温度、安倍首相やその政策に対する業績評価とも相関があるだろうか。表1は、二〇一六年参院選時の自民党、公明党、おおさか維新の会、民進党、社民党、共産党の各党に対する感情温度、安倍首相に対する感情温度、安倍首相の全般的な仕事ぶりに対する評価、安保関連法成立に対する評価、憲法改正に対する賛否、安倍内閣の経済政策（アベノミクス）に対する評価、日本銀行の金融緩和策に対する評価、さらに左—右イデオロギーの相互の関係を相関係数で示したものである。絶対値が〇・三〇以上のものは相関関係があると考え、下線を付した。

自民党に対する感情温度と、連立与党の公明党に対する感情温度との相関係数は〇・五四と相関が高い。これは、自民党に好感情を持つ人は公明党にも好感情を持ち、その逆もいえるということを意味している。同様に表を見ると、自民党や公明党に好感情を持つ人は、おおさか維新の会にも好感情を持つことがわかる。これに対して自民党に対する感情温度が高くなると、民進党や社民党、共産党に対する感情温度は低くなっており、逆相関（負の相関）の関係にある。民進党、社民党、共産党に対する感情温度は、相互に相関が高い。ただし公明党やおおさか維新の会に対する感情温度と、民進党、社民党、共産党に対する感情温度との間には相関はあまりない。

安倍首相に対する感情温度は、自民党、公明党、おおさか維新の会に対する感情温度と相関が高く、民進党、社民党、共産党に対する感情温度と逆相関の関係にある。また安倍首相に対する感情温度は、安倍首相の仕事ぶりに対する評価、安保関連法成立に対する評価、アベノミクスに対する評価、金融緩和策に対する評価といった安倍首相やその政策に対する業績評価や、憲法改正という政策争点に対する態度とも相関が高い。安倍首相やその政策に対する業績評価、憲法改正争点態度は、相互に相関が高く、また自民党、公明党、おおさか維新の会に対する感情温度と相関関係があり、民進党、社民党、共産党に対する感情温度と逆相関の関係にある。

ただし公明党感情温度と憲法改正争点態度、おおさか維新の会感情温度と金融緩和策に対する評価は相関の度合いが低い。つまり安倍首相は、公明党やおおさか維新の会の支持者からも高い支持を得ながらその政策を遂行しているが、公明党支持者は憲法改正についてはやや消極的であり、おおさか維新の会の支持者は金融緩和策には消極的な評価しか与えていない。

左―右イデオロギーは、自民党感情温度と相関が高く、社民党や共産党に対する感情温度とは逆相関の関係にあるが、他の政党に対する感情温度との相関は高くない。安倍首相やその政策に対する業績評価、憲法改正争点態度とも相関関係がある。しかし金融緩和策に対する評価やアベノミクスに対する評価はあまり高い相関関係があるとはいえない。左―右イデオロギーと政党感情温度、安倍首相やその政策に対する業績評価との相関係数は、政党感情温度間の相関係数や安倍首相やその政策に対する評価の間の相関係数よりも小さく、政党感情温度、安倍首相やその政策に対する業績評価は、左―右イデオロギーによって強く統合されているとまではいえない。

5　政策争点に対する態度の相互の関係

現代日本にはさまざまな政策争点が存在する。たとえ左―右イデオロギー尺度上の自己の位置を右だとする有権者が増えていなくても、有権者の多くが左―右を理解していないだけであって、防衛力強化や国粋主義的・排外主義的な意見への賛成が増えているとすれば、有権者は右傾化しているといえよう。つまり有権者が「右傾化」しているかどうかを判定するもう一つの基準は、政策争点に対する態度が、全体として保守的な方向に傾いてきていることであろう。

「日本の防衛力はもっと強化すべきだ」という争点に対する有権者の態度は、二〇〇三年から一四年にかけて、賛成・やや賛成が四八％から五三％に増える一方、反対・やや反対が二五％から一六％に減っており、保守的な意見が増大している。これだけを取り上げれば、日本の有権者は右傾化しているということになるだろう。しかし「他国からの攻撃が予想される場合には先制攻撃もためらうべきではない」という争点への態度は、賛成・やや賛成が三四％から二七％に減り、また反対・やや反対は三八％から三六％とあまり変化しておらず、必ずしも保守的な意見が増大しているとはいえない。この二つの争点態度間の相関係数は〇・四八と高い。

この二つのように一〇年以上にわたって調査されている争点態度はほとんどないため、争点態度が「保守化」しているかどうかを直接、検証することは困難である。そこで保守化が進んでいる防衛力強化に対する争点態度と、他の一〇個の争点――北朝鮮に対話より圧力、首相の靖国参拝、道徳教育の充実、公共事業による雇用確保、景気のための財政出動、原発再稼働、小さな政府、永住外国人の地方参政権、外国人労働者、夫婦別姓――に対する態度の間の相関係数を算出した[10]。相関係数の値が大きければ、防衛力強化で保守的な意見を持つ人が、他の争点態度でも保守的な意見を持ち、その逆もいえるということになろう。しかしいずれの争点態度も、防衛力強化と先制攻撃に対する態度間の相関係数の値を下回った。またすべての争点に対する態度について、二〇一六年の左―右イデオロギーの自己位置づけとの相関係数を求めても、防衛力強化の〇・二七が最大で、左―右イデオロギーとの相関はあまりない。

以上の一二個の争点について、保守的な回答と思われるものを5、革新的な回答と思われるものを1として尺度を揃え、争点に対する態度の間に共通の次元が存在するのかどうかを因子分析という手法によって明らかにしてみよう[11]。因子分析とは、複数の変数――この場合は争点態度

表2　有権者の政策争点態度の構造(2014年)

	政策争点	安全保障	日本型システム	外国人問題
1	先制攻撃賛成	.71	.08	-.05
2	防衛力強化	.68	-.06	.01
3	北朝鮮への圧力賛成	.59	.14	.02
4	首相の靖国参拝賛成	.40	-.15	.13
5	道徳教育充実	.27	-.25	-.02
6	公共事業雇用確保反対	.07	.70	.01
7	景気のための財政出動反対	-.01	.64	.00
8	原発再稼働賛成	.26	-.27	-.05
9	小さな政府	.18	.19	.02
10	外国人地方参政権反対	.04	-.04	.77
11	外国人労働者反対	-.08	.09	.57
12	夫婦別姓反対	.09	-.02	.24
因子相関	安全保障		-.46	.27
	日本型システム			.08
	外国人問題			

出所：東大谷口研・朝日世論調査.

――の背後にある隠れた要因――これを因子という――を析出するために用いられる。防衛力強化以外の争点の多くが、防衛力強化と単一の因子を構成していれば、有権者の心理のなかで右傾化が進んでいると判断できよう。

表2は、因子分析の結果を示したものである。表の値は、因子負荷量といって、マイナス1からプラス1までの値をとり、その数値の大きさが関連の大きさを示す。たとえば第1列は、第一因子負荷量を表している。もしこの第一因子に対するすべての項目の因子負荷量が高ければ、すべての争点を横断してある共通の次元が存在すると考えられる。各因子について比較的高い負荷量（〇・三〇以上）を持つ項目の

値を網掛けで示した。

第一因子は、先制攻撃、防衛力強化、北朝鮮への圧力という安全保障の因子であり、首相の靖国参拝も包含していることから、戦前体制・安全保障をめぐる保守─革新のイデオロギー対立軸に近い。道徳教育充実、原発再稼働賛成もこの因子に含まれているように見える。第二因子は、公共事業による雇用確保に反対、景気のための財政出動に反対という従来の日本型経済・財政システムを改革することへの賛否をめぐる争点からなる因子であるが、第一因子とは逆相関であり、日本の保守は日本型システムの維持を志向している。第三因子は、永住外国人の地方参政権、外国人労働者に反対する国粋主義的・排外主義的な因子であるが、他の因子との相関は低く、日本の保守は排外主義と必ずしも連動していない。

このように有権者の争点態度の基底には、防衛力強化を中心とする安全保障の因子が存在するが、その因子によってすべての争点態度を説明することはできない。日本の保守的な有権者は、防衛力強化や原発再稼働、景気刺激策などに賛成しているが、必然的に排外主義だというわけではないのである（↓第4章）。永住外国人の地方参政権に賛成・やや賛成は四二％、反対・やや反対は二三％、外国人労働者受け入れに賛成・やや賛成は三二％、反対・やや反対は二五％と、いずれも反対意見は多数を占めていない。

6　安倍首相に好感情を持つのはどういう人か

安倍首相に対して好感情を持つのはどういう人であろうか。安倍首相に対する感情温度を従属変数とし、性別、年齢、教育程度という社会的属性と、自民党感情温度、安倍首相やその政策（全般的な仕事ぶり、安保関連法、アベノミクス、金融緩和策）に対する業績評価、左―右イデオロギー、憲法改正争点態度を独立変数とする重回帰分析を行った。これは、従属変数の変動が複数の独立変数の変動によってどれぐらい説明できるかを推定する手法である。分析結果を示したのが表3である（次ページ）。

表の第1列の係数は、偏回帰係数といい、当該の独立変数が、他の独立変数の影響を排除したときに、どのぐらい従属変数を変化させるかを示している。値がプラスであれば、独立変数が大きくなるほど従属変数も大きくなり、値がマイナスであれば、独立変数が大きくなるほど従属変数は小さくなる。絶対値が大きいほど、従属変数に対する影響は大きい。ただしこの値で独立変数間の影響度を比較することはできない。アスタリスク（＊）がついているものは、表の第3列の有意確率が小さいものである。有意確率とは、係数の値が信頼できるかどうかを判断するためのもので、小さいほど係数の信頼度は高い。アスタリスクの数が一つであれば九五％以上、二つであれば九九％以上、三つであれば九九・九％以上、係数の値は信頼できると考えてよい。

表中の独立変数で説明力の大きいのは、自民党感情温度、安倍首相の仕事ぶり、アベノミクス評価である。自民党によい感情を持つ人、安倍首相の仕事ぶりやアベノミクスに高い評価を与えている人ほど、安倍首相感情温度が高い。興味深いのは、安倍首相感情温度に対する左―右イデ

表3　安倍感情温度の重回帰分析

	係数	標準誤差	有意確率
定数	-14.75 ***	2.23	.00
性別	-2.35 **	0.71	.00
年齢	-0.59 *	0.23	.01
教育程度	-0.50	0.37	.18
自民党感情温度	0.60 ***	0.02	.00
安倍首相の仕事ぶり	5.57 ***	0.50	.00
安保関連法評価	0.82 *	0.41	.05
アベノミクス評価	2.84 ***	0.51	.00
金融緩和策評価	0.42	0.42	.32
左―右イデオロギー	0.57 *	0.25	.02
憲法改正	1.14 **	0.41	.01
調整済みR^2	0.81		
N	1,196		

*p<.05, **p<.01, ***p<.001.
出所：東大谷口研・朝日世論調査.

オロギーや安保関連法評価、憲法改正の説明力が小さいことである。安倍首相に対する支持は、その経済政策がある程度の実績を上げていることによるのであり、イデオロギー的に右であるとか、安保関連法成立が高く評価されているとか、憲法改正に賛成だとかいうことによるのではない。ただし金融緩和策は有意ではなく、金融緩和策に対する評価は安倍首相に対する支持につながっていない。

なお性別では男性よりも女性が、年齢では高齢者よりも若年者のほうが安倍首相に好感情を持っている。これらの独立変数によって変動しない部分（定数）もあるが、決定係数（R^2）は〇・八一と大きい。決定係数とは、表中の独立変数で従属変数をどれぐらい説明できるのかを示す指標で、0から1までの値をとる。[12]したがってこの回帰分析の結果は、表中の独立変数でかなりの程度、説明されているといえよう。

同じ独立変数を用いて、二〇一六年参院選の比例代表で自民党に投票したのはどういう人であったかを分析してみよう。従属変数は、自民党に投票した人が1、自民党に投票していない人が0という二つの値しかとらず、こういう場合には重回帰分析を用いることができないので、代わりにロジスティック回帰分析という手法を用いる。その結果を示したのが表4である。表の見方は表3とほぼ同様である。

表4　2016年参院選(比例)での自民党投票のロジスティック回帰分析

	係数	標準誤差	有意確率
定数	-5.02 ***	0.64	.00
性別	-0.34	0.18	.07
年齢	-0.05	0.06	.45
教育程度	0.04	0.10	.67
自民党感情温度	0.06 ***	0.01	.00
安倍首相の仕事ぶり	0.10	0.14	.48
安保関連法評価	0.21 *	0.10	.04
アベノミクス評価	0.10	0.13	.41
金融緩和策評価	-0.07	0.11	.54
左一右イデオロギー	0.00	0.06	.97
憲法改正	0.11	0.11	.32
擬似R^2	0.42		
N	828		

*p<.05, **p<.01, ***p<.001.
出所：東大谷口研・朝日世論調査.

表4によれば、自民党への投票を説明する要因は、安倍首相の仕事ぶりやアベノミクス評価ではなく、自民党感情温度と安保関連法成立に対する業績評価であった。重回帰分析の決定係数に相当する指標で、0から1までの値をとる擬似決定係数は〇・四二とあまり高くないが、安倍首相感情温度を従属変数とする分析とは説明要因が異なる。これは、安倍首相に対する支持の高さはその経済政策に基づく部分が大きいが、それが自民党への投票にまでつながっていないことを示している。自民党の二〇一六年参院選での勝利は、自民党の固有の支持

者や安倍首相の年来の主張に共鳴する人たちによって支えられていたのであり、安倍内閣の経済政策をよいと思っている人たちの票を十分に取り込んだ結果ではない。

結び

安倍首相は、安全保障、憲法、教育などの面で、戦後日本の文脈では保守的、あるいは右寄りの政策を追求している。しかし日本の有権者は、左―右イデオロギー対立軸上で中道化しているし、有権者の政策争点態度も、防衛力強化を中心とする安全保障の因子が基底にあるものの、その因子は他の多くの争点態度を包含しているわけではなく、軒並み保守的な意見が増えているわけではない。安倍首相の支持度が高いのは、その安全保障政策や憲法改正、原発政策などよりも、経済政策が高く評価されているからである。安倍首相はそれをよく理解していて、選挙が近づくと経済政策を前面に押し出している。ただ、二〇一六年参院選では、それが自民党の得票につながっていない。安倍内閣の経済政策に好感を持っている人びとは、自民党に代わる政党を見出しておらず、現在の政策展開に大きな不満もないため、棄権を選択している。棄権者が多いがゆえに、選挙で相対的に多くの票を得た自民党が多数の議席を獲得しているというのが実態である。現時点では有権者の意識が「右傾化」していると断定できる証拠はないといわざるをえない。

1――蒲島郁夫・竹中佳彦『現代日本人のイデオロギー』東京大学出版会、一九九六年、第三章。蒲島郁夫・竹中佳彦『イデオロギー』東京大学出版会、二〇一二年、第三章。

2――*Time*, Vol. 180, No. 25, December 17, 2012.

3――竹中佳彦、遠藤晶久、ウィリー・ジョウ「有権者の脱イデオロギーと安倍政治」『レヴァイアサン』五七号、二〇一五年、二五―四六頁。

4――本稿で用いた調査データは、東京大学谷口研究室・朝日新聞社共同調査サイト(**http://www.masaki.j.u-tokyo.ac.jp/utas/utasindex.html**)より入手した。データを収集・公開している各位に感謝申し上げたい。

5――日本維新の会は、橋下徹大阪府知事(当時、以下同じ)が二〇一〇年四月に結成した地域政党・大阪維新の会に、自民党や民主党、みんなの党から離党した国会議員が加わって一二年九月に発足した政党で、同年一一月に平沼赳夫・園田博之らの「たちあがれ日本」と石原慎太郎前東京都知事からなる「太陽の党」が合流した。一三年一月、石原と橋下の共同代表制となったが、大阪維新の会のメンバーと、旧太陽の党のメンバーとの意見対立が絶えず、みんなの党から分裂した江田憲司らの「結いの党」との合流問題で党内対立が深まり、一四年五月、石原と橋下との会談によって分党が合意された。橋下らは、結いの党と合流して同年九月、「維新の党」を結成。石原らは「次世代の党」を結成した。「維新の党」は一五年一〇月、民主党との合流問題で分裂し、民主党と合流しなかった橋下らが「おおさか維新の会」を結成し、一六年八月、再び党名を「日本維新の会」に改めている。「次世代の党」は、平沼・園田の自民党復帰後の一五年一二月、「日本のこころを大切にする党」に改称した。さらに一七年二月、「日本のこころ」に改称した。

6――民主党は、維新の党の一部と合流し、二〇一六年参院選には民進党となっている。日本維新の会は、合流・分裂により、一四年衆院選は維新の党、一六年参院選はおおさか維新の会が調査対象である。大阪市長を辞任した橋下については、一六年参院選は調査対象となっていない。

7――蒲島郁夫「有権者の保革イデオロギーと中曾根政治」『レヴァイアサン』二号、一九八八年、二六頁。前掲蒲島・竹中、一九九六年、二八二―二八三頁。

8――前掲竹中、遠藤、ジョウ、二九―三〇頁。小林良彰慶應義塾大学教授らの「政権交代期における政治意識の全国的時系列的調査研究」(JES V)は、戦後日本で一般的であった保守―革新の一一段階のイデオロギー尺度を用いているが、それによれば、中間の5と回答した割合は、電話調査を除けば二三~三二%であり、日本の有権者にとって、左―右には馴染みがないことが示唆される。もっとも、保革イデオロギー尺度を使っても「保守化」は進んでいない。「投票行動研究会」ウェブサイト（http://www.res.kutc.kansai-u.ac.jp/JES/ichiran.html）参照（二〇一六年一一月二八日最終閲覧）。

9――ただし相関係数の算出に際し、二〇一三年の安倍感情温度は一二年の左―右イデオロギーを、一四年の安倍感情温度は一六年の左―右イデオロギーを用いている。

10――質問文は、「二〇一四年衆院選―一六年参院選世論調査」のコードブックを参照されたい（http://www.masaki.j.u-tokyo.ac.jp/utas/utasv.html）。

11――因子分析にはいくつかの種類があり、どの方法を選ぶかは、データの性格、理論的前提、研究者の好みによって異なる。ここでは主因子法を用い、プロマックス回転させた。主因子法を用いれば、争点を横断して有権者の態度に共通の次元が存在するかどうかが明らかになる。プロマックス回転させることで共通の次元以外の複数の因子を抽出でき、因子間の相関の有無もわかる。

12――重回帰分析は、独立変数の数を増やすと決定係数が1に近づくので、独立変数の数の影響を取り除いた自由度調整済み決定係数が用いられる。自由度調整済み決定係数は、調整の結果、マイナスになることもある。自由度とは、ある変数が自由な値をとることのできるデータの数のことである。n個のデータ$x_1, x_2, \cdots, x_n$があるとき、相互に自由に値をとっていれば自由度はnである。しかしこれらのデータの平均値を変えないようにするという条件をつけると、n-1個の$x_1, x_2, \cdots, x_{n-1}$は自由な値をとることができるが、$n$個めの$x_n$は他のデータによって値が決まってしまうので、この場合の自由度はn-1ということになる。一般にn個のデータの間でk個の条件があるときの自由度はn-kである。

（たけなか・よしひこ　政治学者）

第Ⅲ部　国家と教育

強まる統制、侵蝕される個人

第7章 〈震災後〉の日本におけるネオナショナリズム

マーク・R・マリンズ

宗教的ナショナリズムの興隆は、ここ数十年のあいだに世界中で見られるようになった。日本も例外ではない。ナショナリズム的な運動は、近代化、グローバル化、そして民族的・伝統的アイデンティティの弱化に対する一つの共通した反応に見えるかもしれない。他方で、それぞれの国に固有の要因もある。マーク・ユルゲンスマイヤーは『ナショナリズムの世俗性と宗教性』のなかで、世界中で新たに出現している宗教的ナショナリズムの形態を取り上げて考察した。それによれば、宗教的ナショナリズムは様々な文脈で発生してきたが――たとえば独立後のインドや中東――、それは世俗的なナショナリズムに対する根本的な不満に起因する。世俗的なナショナリズムは「西洋的な国民性のモデル」に基づいており、そこには道徳的あるいはスピリチュアルな価値観が欠落しているという批判が、宗教的ナショナリズムによってなされたのである。[1]

日本では一九四五～五二年の占領期に世俗的秩序が政策的にもたらされたが、それを不適切なものと見なし、神道の「公的」役割を復興もしくは回復しようとする動きは脈々とあった。本章で主張したいのは、ナショナリズムの神道的なバージョン――より正確にいえば、宗教＝政治運動――が、こうした反応から発生・展開したということだ。[2] これは、ユルゲンスマイヤーが取り上げたイスラム的あるいはヒンドゥー的なナショナリズムの表れ方と非常によく似ている。

一九四六年設立の宗教法人・神社本庁（→第17章）は、生長の家などの右派宗教運動などとともに、イシューごとの関連団体を展開し、自民党の政治家と密接に協力しながら、公的な生活と社会制度に「神道的」影響を及ぼし、天皇への支持と皇室の役割を再び強めるための政治運動を行ってきた。[3] こうした運動は、建国記念の日制定や元号法制化などを実現させた一方で、たとえば靖国神社の国家護持法案は頓挫するなど、限られた成果しか生み出せなかった（→第21章）。

だが、その命運は震災後の日本社会の文脈において変化した。一九九五年と二〇一一年の二つの震災以後、日本の政治では右傾化へと向かう重大な転換が生じた。前述の「回復」運動や、愛国心教育、靖国神社、憲法改正に関するネオナショナリズム的政策が、より幅広い支持を集めるようになったのだ。本章ではその動向を論じる。

1　社会的危機とナショナリズムの復活

一九九五年は、様々な出来事が相次ぎ、その後の一〇年～二〇年間のより深刻な議論と衝突の先駆けとなるような年だった。まずは、一月一七日の阪神・淡路大震災。その後、三月二〇日にはオウム真理教による地下鉄サリン事件が起きた。また、同年は第二次世界大戦の終結から五〇年となる節目の年でもあった。当然、戦争の過去をどのように記憶し、祝い、悼むべきかという問題をめぐり、国民のあいだでより深刻な議論と摩擦が起こった。

オウム事件により宗教に対する批判が強まった一方で、逆に、宗教・道徳教育の必要性をより強く主張する論調も現れた。日本の若者があんな教団に巻き込まれたのは、戦後の個人主義的、非道徳的な教育システムのせいであり、若者が「体制」に対して忠実に貢献するようになり、オウムのような異常な宗教団体に引きこまれないためには、公立学校における道徳と愛国心の教育――占領政策の強制的世俗化によって排除されたもの――を復活させることが必要だ、と一部の保守的な評論家や自民党の政治家が主張したのである。

ネオナショナリズムの復活を引き起こす要因となった阪神大震災とオウム事件のタイミングはまた、経済的・政治的な変化と重なっていた。

第一に、これらのトラウマ的な出来事は、経済が衰退し続ける時期のただなかで起きた。日本は戦後経済を見事に再建し、急成長を遂げ、八〇年代には「ナンバーワン」と称えられるまでになった。だが九〇年代初頭にバブル経済が崩壊すると、株価と地価の急激な下落が襲った。

Japan Unbound のなかでジョン・ネイスンは、この状況を次のように論じている。「日本経済が繁栄していたときは、アイデンティティは問題とならなかった。人びとの仕事は保障され、懸命に働けば裕福になれた……。高成長する経済が崩壊した一九九〇年以降、不況が深まるにつれ、自信とプライド、そして目標の感覚さえもが徐々に失われていった。残されたのは不安に満ちた

空虚さであった。それは、己が何者であるかを感じ取りたいという欲求を再び生み出した。日本の新しいナショナリズムは、この欲求とそれに対する応答の表れなのである」[4]。

また、戦後五〇周年を迎えたこの時期、政界ではネオナショナリズム的な反応を引き起こす出来事が進展した。自民党一党支配が揺らいだ三年間（一九九三～九六年）に、過去と向き合おうとする外交が展開したのである。内閣官房長官の河野洋平が「慰安婦」問題の調査を受けて反省とお詫びを表明し（九三年八月四日）、総理大臣の細川護熙は日本がアジアの近隣諸国に対する侵略と植民地化の加害者としての責任を負っていることを公式に認めた（九三年八月二三日）。さらには、総理大臣の村山富市が日本の侵略と植民地支配によって苦痛と損害がもたらされたことを謝罪した。

こうした歴史認識やお詫びは、日本は西洋の帝国主義から「アジアを解放する」ために誇り高く戦ったというような、靖国神社によって称揚され、その軍事博物館である遊就館で鼓吹されている歴史修正主義に対して異議を唱えるものだった。そのため、極端な右派・保守主義者からはこうした「謝罪外交」への批判的反応が噴出した。たとえば極端なナショナリストであり東京都知事であった石原慎太郎は、細川は歴史に無知だから、太平洋における我々の戦いを侵略戦争などと言えたのであり、「痛切な反省と心からのお詫び」という村山のセンチメンタリズムは、我々国民の歴史を冒瀆するに等しいなどと批判した[5]。

社会党委員長を務めた土井たか子は、近年のネオナショナリズムの再燃には、細川と村山の公式声明が許容範囲を超えていると見なす右派の反応という面があることを指摘していた。[6]

2　震災後の文脈におけるネオナショナリズム

一九九五年の社会的危機が起きてからの二〇年間は、日本の宗教＝政治的右翼の復古主義的ヴィジョンを抱く人びとにとって多忙な時期だった。この危機的状況は、ネオナショナリズム的指導者を勢いづけた。彼らの関心と政策案が支持され、ある程度の成功を収め得る新たな環境が生み出されたのだ。[7] 自民党政権が続くなか、愛国心を涵養する公立学校での教育を復活させ強化する法を可決させること、靖国神社への「公式参拝」を促進すること、そして日本の憲法を改正することへの新たな努力が行われたことなどが、明確に跡付けられる（↓巻末年表）。

多くの人びとにとって、こうした動向のうちいくつかは、宗教と関係がないように見えるかもしれない。だが、これらを結びつけてとらえ、神社本庁などの運動目標と照らし合わせて見るならば、これらは明らかに日本社会にとっての市民宗教的ヴィジョンの一部なのだ。例えば愛国心教育は、たしかに宗教的な基盤に直接的に立脚しているとまでは言えないかもしれない。だが安倍晋三首相の例でいえば、神社界の政治団体・神道政治連盟（神政連）の国会議員懇談会の活発なメンバーであり、会長でもある。安倍は二〇〇六年に教育基本法の改正を断行したが、これは明らかに神社本庁が推進する価値観と宗教的信念に根差したものだった。こうした近年の動向に反対の立場に立つ宗教的マイノリティにとっては、このつながりは明白なものなのである。

震災後のネオナショナリズム再燃を測る指標としては、新たな団体の結成を挙げることができる。言及すべき新たな団体の一つは「日本会議」である（↓第21章）。これは、「日本を守る会」と「日本を守る国民会議」が一九九七年に合併して生まれた。その使命は、美しく、独立した日本を再建することにあるという。そこには必然的に、天皇や日本文化へのしかるべき敬意を取り戻すことや、愛国心教育、憲法改正、首相らによる靖国神社公式参拝への支援などが含まれる。日本会議は全国規模で約四万人ほどの会員のネットワークを有していると主張し、また数百人からなる国会議員懇談会もある。彼らは北海道から沖縄に至る各地に置かれた支部と結び付き、幅広い支持基盤となっている。

過去の数十年間、宗教界と政治界の指導者らは、占領期以前の社会秩序における中心的要素を復活させようと努力を重ねてきた。靖国神社の振興は国内外で物議を醸すことが明らかになり、憲法改正への努力も、二〇一二年末に自民党が政権に戻り、安倍首相が権力を手中にしたことでようやく再開したにすぎない。だが、復古的目標のうち愛国心教育に関わるものは、法案が国会で可決され、すでに実現しているのだ。そして、新たな法律や規則も施行されている。それでは、自由や人権を公的に抑圧する制度が再び戻ってきたということなのだろうか。以下で、より焦点を絞って考察してみよう。

3　愛国心教育

震災後の日本では愛国心教育が復活していったが、それには一九九九年可決の「国旗国歌法」が密接に関係する。二〇〇六年の教育基本法改正も同様である。この改正の結果、愛国的道徳教育が再び公立学校に導入されたのだ。君が代と日の丸は長年にわたり使われてきたために、日本国のシンボルとして広く受け入れられてはいるが、それまではどの内閣もこの二つを国旗・国歌として公式に認めたことはなかった。文部省は五八年にはすでに、学習指導要領において公立学校に対し、日の丸を掲げ、公式の学校行事（入学式と卒業式）で君が代を歌うことを「望ましい」としていた。だがこうした「ソフト」なガイドライン下では、実施率もさほど高くはなかった。[8]

政治指導者の中には、公的機関における日の丸と君が代の使用をめぐる問題を解決するには、それらを「公式」に認める法律を国会で可決する必要があると考えた者もいた。一九七四年に田中角栄はこうした法制化に関心を示していたが、それが実現するにはさらに二〇年以上を要したわけだ。国会による法制化は、一九九九年、小渕恵三首相の任期中のことだった。当時この法律は国会で論議の的となったが、小渕首相は、たとえ法案が可決されたとしても、公的機関において強制されることは決してないと説明した。[9]

そのような「保証」にもかかわらず、著名な知識人や、プロテスタント諸教派、ローマ・カトリック教会などのキリスト教会の代表者たちは、この法律に対して深刻な懸念を表明した。たとえば法律が可決されるわずか四日前に、日本カトリック正義と平和協議会とプロテスタントのいくつかの団体は、首相や自民党、連立与党の公明党の国会議員に宛てて共同声明を発表し、法案に対する強い反対を表明した。[10] もし法制化がなされれば、それは間違いなく強制や、憲法で保障された個人の人権と思想・良心・信教の自由の侵害につながると、声明は述べた。とりわけ懸念されたのは公立学校の教員に関してであった。彼らは、自分の意志に反して日の丸と君が代の儀礼的使用を率先して行わせられる可能性があったからである。

こうした宗教的マイノリティの懸念は正当なものであったことが、やがて明らかになった。法制化は、一部の政治家と教育者の立場を強化する結果となった。彼らは、重要な学校の式典において全ての教職員が国旗の前で国歌を歌い、生徒たちに模範を示すようにさせることが自らの責務だと考えていたのだ。文部省からはただちに指示が出され、公立学校の年中行事表とカリキュラム、特に入学式と卒業式のなかで、これらのシンボルがどう使用されるべきか定められた。ほどなくしてこの新政策は、二つの主要都市での公立学校制度において厳格に施行された。その際に独裁的なリーダーシップを発揮したのは、当時の東京都知事だった石原慎太郎と大阪府知事の橋下徹だった。

当初は国内の様々な学校で、教員と生徒の双方からこの新たな政策に対する抗議がなされた。左派的な日本教職員組合（日教組）のメンバーのなかには、これらのシンボルを学校で用いるのはふさわしくないと主張する者がいた。その理由は、これらは戦時中の日本で教員と生徒の双方を動員するために用いられたから、というものであった。日教組のメンバーの多くは国旗と国歌を公立学校に再び導入しようとする動きに対して積極的に抵抗し、「教え子を再び戦場に送るな」というキャッチフレーズのもとで団結した。実は文部省からの「指導」が強化される以前から、一九八九年のガイドラインに従わなかった多くの教員に対し懲戒処分がなされていた[11]。

二〇〇三年一〇月二三日以降、東京都の教員に対して同じような処分を科すという圧力が強められた。その日、都教育委員会は全教職員に対し、入学式と卒業式において生徒に日の丸の前で君が代を斉唱させるよう指令を出し、それに従わなければ懲戒処分を行うと述べたのだ。

このような文部省の政策を施行した人びとにとって、最大の関心は学校共同体における社会的調和（和）を保つこと、そして愛国心と祖国への誇りを促進することにあった。そこに参加することを拒否した教員は、「わがまま」で個人主義的すぎると見なされた。少数派の教員――左派的な日教組のメンバーか、クリスチャンなど――にとって、この政策は日本が右傾化していく兆候であり、戦時中の強制的な教育政策への回帰を表すものだった。

この新たな愛国的儀礼を課した人びとは、それを宗教的なものとは見なしていない。儀礼に参加した経験を通して、幸福感と日本の誇りを感じた人びともいるかもしれない。だが参加を強制された人びとはそれを抑圧的なものととらえ、戦時中の政策と結びつけた。戦時中はまさに、教育勅語に対する崇敬の儀礼、国歌の斉唱、神社参拝への参加が義務付けられていたからである。

命令を遵守しないことによる懲戒処分が広範囲に及ぶことを予想して、二二八名の教員が自らを守るため、都教育委員会に対して予防訴訟を起こした[12]。彼らの見方によれば、この政策は良心の自由を保障する憲法一九条の明確な侵害であった。訴訟は裁判所に対して以下の点を要請した。(一)教員には国歌を歌う義務や責務はないことを明確に示すこと、(二)教育委員会に対し、一〇月二三日の声明で示された懲戒処分を遂行しないよう命じること、(三)学校行事で音楽教員に国歌のピアノ伴奏が強制されないよう保証すること。原告はすぐに四〇一名にまで増えた。教員たちは、石原都政の教育委員会のもとで何が起こるかを明確に見通していたのだ。

二〇〇四年三月、東京都の公立学校の約一八〇名の教員が、前述の愛国的イベントに従わず、生徒を適切に指導しなかったとして、懲戒を受けた。〇六年、東京地裁の判決により、これらの教員の権利が憲法によって守られることが一時的に再確認された。九月二一日、同地裁裁判長は、都教委の命令は無効との判決を下した。同裁判長は、日の丸と君が代が日本の帝国主義と軍国主義の「精神的支柱」として遠くない過去に使われていたことを認めた。そして、これらのシンボルが「現在においても、国民の間で中立的な価値が認められたとは言えない」とし、こうした文脈に基づき、意に反して教員に君が代を歌わせ、伴奏をさせることは、思想・良心の自由を侵害していると結論づけたのだ。

4　教育基本法の改正

石原都知事と都教委が、教員たちを支持した二〇〇六年の東京地裁判決に対し控訴したのは驚くべきことではない。だが、原告らは落胆することになる。一一年三月三〇日、最高裁は、学校行事で教職員に対し、日の丸の前で起立し、君が代を斉唱するように命じることは、違憲には当たらないと判断したのである。この判決は、明らかに〇六年の教育基本法の改正と関係がある。この改正により、公教育の中心的要素として愛国的道徳教育が「復活」し、公立学校で国旗と国歌を用いることが正当化されたからである（→第8章）。

教育基本法を改正しようとする運動は、一九六〇年代に始まった議論にまで遡る。だが、最終的に改正法案を国会で押し通したのは、ナショナリストの指導者として知られ、神政連と日本会議の国会議員懇談会のメンバーでもある安倍晋三首相だった（当時の安倍内閣閣僚の一八人中一二人が後者のメンバーでもあった）。しかし、安倍の戦略は多数の人びとを遠ざけさせた。たとえば政府は同法改正への大衆の支持を取り付けようとするなかで、多くの専門家と市民から意見とコメントを募った。さらに改正案について議論をするため、「タウンミーティング」さえ開催した。結局、それは本当の「デモクラシー」の実践ではないことが明らかになった。ハーダカは次のように報告している。[13]「二〇〇六年後半、政府がエージェントに報酬を渡し、これらのタウンミーティングで改正案を支持する発言をするように仕向けていたことが明らかになった。安倍首相と他の閣僚は謝罪し、給与を国庫に返還した。しかし安倍首相は、改正それ自体は問題ではないと断言し、政府はその公布を推し進めた」。

教育基本法改正のための行き過ぎた行為のみならず、国民年金制度に絡む問題の発覚、スキャンダルや汚職疑惑などが原因となって安倍政権は崩壊し、二〇〇七年九月に辞任した。にもかかわらず、安倍はある種の道徳的・愛国的教育を行う、より規制された教育制度という「成果」を残した。安倍とその支持者たちは、これこそが「美しい国、日本」の礎になると堅く信じている。だがそれを批判する人びとは、憲法が保障する個人の人権が侵害されたと考える。教育基本法の改正により、教育制度は人びとの個性を育成しようとするものから、国策に従属する人間の養成を目指すものへと根本的に転換したというのである。深刻な社会的影響がそこにはある。

国旗国歌法と同様に、多くの人びとはこうした愛国的儀礼を、宗教的に中立であると受け取るかもしれない。だがそれを推進した人々は、宗教法人靖国神社への公的な支援も同様に強めようとしている。そのために彼らは、政権関係者らの公式参拝を推進し、公立学校での教材を開発してきた。二〇〇七年、教育基本法の改正が国会で可決された直後に、文科省の援助のもとで、『誇り』と題されたアニメＤＶＤが公立学校に配布された。これは文科省の「新教育システム開発プログラム」の一環として、公益社団法人・日本青年会議所（ＪＣ）が作製したものである。二月から六月にかけて、全国九三カ所でＤＶＤの上映が予定された。このＤＶＤには次のようなシーンがある。戦没した兵士の霊が女子高校生の前に現れ、靖国へと招く。そして祖国を愛し、守るために死んでいった人びとを思い出すように、と伝えるのである。このＤＶＤ全体の本質は、靖国神社の附属博物館である遊就館が提示しているような、歴史修正主義的な歴史を宣伝することにある。〇七年三月一七日、共産党議員の石井郁子は、この保守的なＤＶＤに関して安倍首相に質問し、批判した。批判の矛先は、文科省の援助のもとでこのようなＤＶＤが作成され、配布されることを可能にした安倍の政策にまで及んだ。[14] この批判には効果があったようで、その後公共の場での上映は行われなくなったという。

公立学校の教員に対する懲戒処分も引き続き行われた。二〇一一年六月三日、大阪府議会は君が代条例を可決した。府の公立学校の全教職員に対して、公式学校行事で起立し、君が代を斉唱することを命じた条例であった。この条例は、橋下徹府知事が議会で強引に通過させたものだったが、大阪維新の会と日本会議のメンバーから強力な支援を受けていた。橋下は自らの意見に反対する人びとに対して不寛容で、自分の考えを効果的に宣伝し敵対者をけなすためにソーシャルメディアを使った。大阪府で君が代条例が議論の的になっていたとき、マスコミ慣れした橋下は、一一八万人のフォロワーに向けて次のメッセージをツイッターで発信した。

バカ教員の思想良心の自由よりも、子どもたちへの祝福が重要だろ!だいたい、公立学校の教員は、日本国の公務員。税金で飯を食べさせてもらっている。国旗、国歌が嫌なら、日本の公務員を辞めろって言うんだ。君が代を起立して歌わない自由はある。それは公務員以外の国民だ。[15]

橋下指揮下の大阪府で可決されたこの条例は、もちろん文科省からの指示を強化するものだった。だが、まもなくそこには、従わない人びとへの処罰をより明確に示す決定が付け加えられた。東京と大阪で強硬路線が取られた結果、多くの教員たちは懲戒処分を受け、罰金を科せられ、停職させられたり、別の学校へ再配置されたりした。橋下によれば、憲法によって保障された個人の人権は公務員には適用されないのである。

君が代の歌詞は、天皇と皇室を称揚するものだが、石原は二〇一四年のインタビューのなかで、皇室に対する敬意をほとんど持っておらず、君が代を歌うときでさえも、自分で作った歌詞を歌っていることを以下のように明らかにしている。「いや、皇室にはあまり興味ないね。僕、国歌歌わないもん。国歌を歌うときはね、僕は自分の文句で歌うんです。「わがひのもとは」って歌うの」[16]。ここからわかるのは、石原は単なる独裁的指導者にすぎず、国歌も社会のコントロールのための道具として用いていたということである。

皮肉なことに、自民党の政治家とその支援団体のネットワークが、学校におけるこの種の課題を実現させていくなかで、天皇は反対の意思を表明した。天皇は、まさにこの「復古」計画全体の存在理由《レゾンデートル》であったにもかかわらず、である。二〇〇四年、都教委のメンバーに学校での国旗・国歌の使用について話しかけられた天皇は、「やはり、強制になるということではないことが望ましい」と答えたのだった[17]。だが、これまで見てきたように、ネオナショナリストたちは天皇への忠誠を表明しているにもかかわらず、公立学校における強制をし続けている。

自民党の極右勢力と皇室との間にギャップが広がっていることが露呈したのは、愛国心教育の問題に限らない。天皇自身の行為――一九七八年にA級戦犯が合祀されて以降、靖国神社には参拝していない――や、近年の天皇や皇太子の発言は、いずれも戦中の近隣諸国の苦痛を思い起こそうとする意図、そして「平和憲法」に対する深い賛意を表している。これは、安倍首相とそれを支持する修正主義的な人びとのネオナショナリスト的課題とは対立するものである。よって、右翼的な自民党と皇室との明確な断絶を解決するための方策として、宮内庁の存在感が増し、それは主に高齢化した天皇の公務負担の軽減というかたちで進みつつある。

5　三・一一以後の展開

二〇一一年に起きた想定外の三つの災害——地震、津波、原発事故——は日本国民に衝撃を与え、与党・民主党の統率力を圧倒した。この災害の規模と中央政府による対応の不十分さは、結果的に自民党の復権を助けた。

二〇一二年一二月、安倍首相のもとで自民党が権力を取り戻した結果、ネオナショナリスト的な課題が改めて浮上することになった。すなわち、愛国心教育の強化、靖国神社の振興、そして憲法改正への尽力である。神政連副会長の後藤俊彦は、同団体の月刊誌『意《こころ》』のなかで安倍と自民党の政権復帰を歓迎し、日本の再生と復古のために必要な指導者がとうとう現れた、と希望を顕《あら》わにした[18]。一方で後藤は、自民党の復帰は人びとが自民党を本当に信頼し、そこに希望を見出したからではなく、むしろ民主党の徹底的な失敗と人びとの失望が原因だと認識している。しかし後藤は、安倍が神道界の価値観を真に共有しており、公的領域におけるその復活のために尽力してくれるだろう、と付け加えたのである。

安倍の統率下での自民党の復権以後、神政連への支持は高まり続けているようだ。一九八四年には、神政連に所属している国会議員は四四名にすぎなかった。だが、二〇一三年後半には二〇四名に増え、一四年には二六八名に達した。これは国会議員の総数七二二名のうち、三七％を占める。神政連国会議員懇談会のメンバーは、閣僚にもしばしば見出せる。一二年の安倍内閣では一四名（七三・七％）、一五年の内閣では一九名中一六名にまで増えた（八四・二％）[19]。多くの閣僚は、他の多様なネオナショナリスト団体にも属している。一二年の内閣について入手可能なデータによれば、一三名（六八・四％）が日本会議国会議員懇談会に所属し、一二名（六三・二％）が憲法調査推進議員連盟に属していた。後者は憲法改正、特に九条改正の促進のために一九九七年に設立された団体である。さらに一五名（七八・九％）は、八一年設立の「みんなで靖国神社に参拝する国会議員の会」の会員であった。

右傾化として見逃せないのは、靖国神社に八月一五日に参拝する国会議員の増加である。その数は、二〇一二年の五五名から一三年の一〇二名へと、およそ二倍に達した。安倍は第一次政権の任期中に靖国へ参拝することは避けたが——後に彼はその判断を悔やんだ——、一三年一二月二六日に参拝を行った。この参拝に対して、国内外問わずいくつかの深刻な反響があった。韓国と中国は強い非難を表明したが、予想を超えてアメリカも「失望」を公式に表明した。安倍の靖国神社にまつわる問題は、当面消えることはないだろう。一四年四月には、安倍の靖国参拝に関して、大阪と東京の市民団体の八〇〇名超の原告が政府に対して訴訟を起こした。その内容は、参拝が憲法で保障された政教分離を侵害しており、それによって被った精神的苦痛の補償を求めるというものだ。[20]

第二次安倍政権の当初の目玉政策は日本経済を復活させることにあったが、彼の課題が「アベノミクス」以上のものであることは最初から明白だった。安倍にとって何より重要な目標は、国民の誇りを取り戻し、「美しい国」――ベストセラーとなった安倍の著書のタイトルにもある――を創り出すことにある。多くの演説で、そのウェブサイトで、また著書などで述べているように、日本の真の独立と戦後レジームからの脱却は、ただ戦後の憲法を改正することによってのみ果たされる、と安倍は信じている。[21] そのプロセスを進めるために、安倍は二〇一三年の五月には九六条の改正を提案した。この試みは頓挫したが、九六条改正で狙ったのは、憲法改正の発議を国会議員の三分の二の承認ではなく、過半数の承認によって可能にし、改憲へのハードルを下げることであった。そして、一六年の参議院選挙を経て、衆参両院において改憲勢力が三分の二を超えた現在、改憲の企てはさらに前進しているようである。

安倍とその支持者にとっては、「平和憲法」の主柱たる憲法九条の改正が中心的目標の一つであろうが、自民党は多岐にわたる改正案を提示している。[22] それに対して、様々な宗教団体の指導者たちが深刻な懸念を抱いている。すでに見たように、愛国心教育に関する政府の政策に抗議したのは、先細りしつつある左翼、日教組のメンバー、そしてわずかな宗教的マイノリティにほぼ限られていた。しかし改憲案に関しては、より深刻な抵抗に直面することになるだろう。国旗国歌法と教育基本法改正の影響を踏まえ、より多くの宗教団体が自民党による第二〇条と第八九条の改正案に懸念を抱いている。現行憲法の当該条項では政教分離を明確に規定し、信教の自由を保障しているからである。自民党の改憲案は、伝統的な靖国神社の地位と扱いについての重大な問題を含んでおり、宗教的マイノリティへの公的な抑圧につながる可能性があるのである。

＊

戦後日本社会の多元主義的な性格を考慮すれば、神政連、日本会議、自民党指導者らによって進められたネオナショナリスト的政策が、多くの知識人、教員の労働組合、様々な宗教指導者と団体による幅広い抵抗にあっていることは当然だ。一九九五年にオウム事件が起きたときには、異常な新宗教の出現が危機感を高めた。二〇年が経ち、むしろ公的制度を通じた信教や思想・良心の自由の抑圧、愛国的儀礼への強制参加が懸念される事態となった。ここには明らかに二つの価値観の衝突がある。一つはグローバル市民社会の価値観であり、それは個人の権利と自由を優先する。もう一つは一部の政治指導者や宗教指導者が抱いているもので、それは個人の権利を国家や団体の要請に従属すべき副次的なものと見なす。一九九五年と二〇一一年の二度の災害の後にネオナショナリズムに基づく政策が推し進められてきたことを踏まえ、さらに自民党憲法改正草案における第二〇条や第八九条の改正案を考慮すると、東京都や大阪府ですでに進められてきたような抑圧が全国的に展開されていくことを宗教的マイノリティやその他の人びとが恐れることも理解できよう。なぜなら政治指導者と宗教＝政治団体が――神道と日本のアイデンティティに関する自らの本質主義的理解に基づき――公的制度を作り変えようとしているからである。

1——M・K・ユルゲンスマイヤー『ナショナリズムの世俗性と宗教性』(阿部美哉訳)、玉川大学出版部、一九九五年(原著:一九九三年)。

2——本章の議論は、以下の論考を下敷きとしている。Mullins, Mark R. 2012. "The Neo-nationalist Response to the Aum Crisis: A Return of Civil Religion and Coercion in the Public Sphere?" *Japanese Journal of Religious Studies* 39/1: 99-125. Mullins, Mark R. 2016. "Neonationalism, Politics, and Religion in Post-disaster Japan." In *Disasters and Social Crisis in Contemporary Japan: Political, Religious, and Sociocultural Responses*, eds. Mark R. Mullins and Koichi Nakano. Basingstoke/NY: Palgrave Macmillan Press, 107-131.

3——Breen, John and Mark Teeuwen. 2010. *A New History of Shinto*. Chichester: Wiley-Blackwell. ほかを参照。

4——Nathan, John. 2004. *Japan Unbound: A Volatile Nation's Quest for Pride and Purpose*. Boston: Houghton Mifflin Company, p.119.

5——石原は二〇〇一年八月に靖国神社を参拝したあと、この発言を行った。前掲 Nathan、一七〇頁参照。

6——Doi Takako. 2007. "Key Note Speech." In the Report Inter-religious Conference on Article 9 of the Japanese Peace Constitution, 29 Norember–1 December, 23-34.

7——Seraphim, Franziska. 2006. *War Memory and Social Politics in Japan, 1945-2005*. Cambridge: Harvard University Asia Center. などを参照。

8——戦後日本における日の丸と君が代の歴史については、田中伸尚『日の丸・君が代の戦後史』岩波新書、二〇〇〇年、などを参照。同書掲載の一九八五年、九二年、九九年の文部省統計を見ると、国旗国歌の使用・斉唱に関するガイドラインに従う学校の割合が増えていることがわかる。

9——一九九九年六月二九日、衆議院本会議における発言。

10——一九九九年八月九日の「日の丸・君が代の法制化に抗議する声明」に参加したプロテスタント団体は、エキュメニカルの日本キリスト教協議会、日本福音同盟、日本キリスト教会、日本キリスト改革派教会である。

11——一九九〇年には、従うことを拒否したという理由で一一八名の教員が、また九一年にはおよそ二二〇名の教員が懲戒処分を受けている。新岡昌幸「学校における「日の丸」「君が代」問題の憲法・教育法学的検討—「囚われた」子どもの人権保障のために――」『北大法学研究科ジュニア・リサーチ・ジャーナル』一〇号、二〇〇四年、二三五―二六四頁、を参照。

12――同訴訟については、「日の丸・君が代」不当処分撤回を求める被処分者の会・「日の丸・君が代」不当解雇撤回を求める被解雇者の会編『良心的「日の丸・君が代」拒否――教育現場での強制・大量処分と抗命義務――』明石書店、二〇〇四年、ならびに、君が代強制反対キリスト者の集い編『信仰の良心のための闘い――日の丸・君が代の強制に抗して――』いのちのことば社、二〇一三年、九―四二頁、などを参照。

13――Hardacre, Helen. 2011. "Revision of Administrative Law as Shortcut to Constitutional Revision." In *Japanese Politics Today: From Karaoke to Kabuki Democracy*. Eds. Takashi Inoguchi and Purnendra Jain, 201-217. New York: Palgrave Macmillan.

14――『しんぶん赤旗』二〇〇七年五月一八日付に同DVDを批判的に論じた記事がある。

15――二〇一一年五月一九日のツイート。https://twitter.com/t_ishin/status/71106747380674561（二〇一六年一二月二九日最終閲覧）。

16――石原慎太郎「芥川賞と私のパラドクシカルな関係」『文學界』二〇一四年三月号、四一七頁。

17――『朝日新聞』二〇〇四年一〇月二九日付。

18――『意』一八四号、二〇一三年二月、一―二頁。

19――神政連国議懇メンバーについては、「子どもと教科書全国ネット21」サイト http://www.ne.jp/asahi/kyokasho/net21/top_f.htm（二〇一六年三月二九日最終閲覧）を参照。

20――『毎日新聞』二〇一四年四月一二日付、『朝日新聞』二〇一四年四月二二日付。

21――安倍のウェブサイト中の「基本政策」ページを参照 http://www.s-abe.or.jp/policy/consutitution_policy（二〇一六年一二月二九日最終閲覧）。

22――自民党憲法改正草案（二〇一二年四月）を参照 https://www.jimin.jp/activity/colum/116667.html（二〇一六年一二月二九日最終閲覧）。

（Mullins, Mark R.　宗教社会学者）

翻訳：齋藤公太

第8章　教育基本法「改定」とその後

大内　裕和

1　教育基本法の成立と「改定」前の動き――一九八〇年代まで

敗戦後の一九四七年三月三一日に公布施行された教育基本法は、戦後教育の成立において画期的な意味をもっていた。[1]教育基本法は、戦前の天皇制教育、超国家主義・軍国主義教育を支える役割を果たした教育勅語を否定し、戦後の日本国憲法との強い一体性を特徴としている。

一九五五年における左右社会党の統一と自由民主党の結成によって、五五年体制が成立した。自由民主党が戦後の日本国憲法と教育基本法の「改定」を打ち出し、社会党が日本国憲法と教育基本法を擁護するという対立構図が明確となった。

自民党政権は、教育基本法を基本理念とする戦後教育政策の転換を図った。例えば一九五六年には、地方教育行政の組織及び運営に関する法律案を野党、日教組、世論の強い反対を押し切って成立させ、教育委員の公選制は任命制へと変更された。教育長任命に際しては、市町村教育委員長は都道府県教委の承認を、都道府県教育委員長については文部省の承認をそれぞれ得なければならないという点で、教育行政における地方分権の原則は崩され、中央集権体制が整備された。また、戦前の行政による教育内容への介入に対する反省として、一九四七年から「試案」として出されていた学習指導要領は、一九五八年には「試案」という言葉が削除され、教科書など教育内容に対する拘束力は強化された。

このように自民党政権は個別法規や行政措置、答申などをとおして教育基本法の理念の現実化を妨げてきた。しかし、この時期には教育基本法そのものを「改定」することはできなかった。教育基本法「改定」を阻止していたのは、戦後の平和憲法を擁護する政治勢力や運動の力であった。特に一九六〇年の日米安保条約改定に反対した安保闘争は大きく盛り上がり、安保条約の改定を阻止することはできなかったものの、岸信介首相を退陣に追い込んだ。

その後に政権に就いた池田勇人首相は「寛容と忍耐」を政治理念として掲げ、国民所得倍増計画を示した。池田の登場は「政治の時代」を「経済の時代」へと移すと同時に、自民党政権の憲法に対するスタンスの変化を示すこととなった。政権与党の自民党は「自主憲法の制定」という党の方針を変えたわけではないが、池田首相が誕生した一九六〇年代以降、「自分の任期中には改憲を行わない」と首相が明言することが恒例となった。安保闘争の盛り上がりを受けて、憲法「改定」に手をつけようとすれば、自民党政権そのものが危機に陥ると考えたからである。

また、教育基本法の理念の空洞化を進める政府に対して、教育基本法の理念を実現する運動も一定の成果を上げていた。なかでも、教育に対する「不当な支配」を禁じた教育基本法第一〇条

（教育行政）は、教科書検定裁判や文部省が一九五六年から六五年にかけて実施した全国中学校一斉学力調査の是非が問題となった学力テスト裁判などにおいて、国家・政府による介入から教育現場の自由を守る積極的役割を果たした。

特に、家永教科書裁判では、一九七〇年の東京地裁（裁判長・杉本良吉）において、文部省による教科書検定は国家による教育介入であるとして原告勝訴の判決が出された。そこでは教育行政は教育の外的事項については条件整備の責務を負うが、教育の内的事項（教育の内容）については権力的に介入することは許されない、とする教育基本法第一〇条の趣旨が生かされている。

こうして一九六〇年代から七〇年代にかけて教育基本法「改定」への動きは沈静化した。

一九八〇年代に入って、教育基本法「改定」に強い意欲をもっていたのが、中曾根康弘政権（一九八二～八七年）であった。中曾根は「戦後教育の総決算」を唱え、その具体策として八四年に臨時教育審議会（臨教審）を設置した。

中曾根は教育基本法「改定」論者として知られており、臨教審第一回総会における内閣総理大臣の挨拶においても「我が国固有の伝統的文化」や「日本人としての自覚」など、教育基本法への批判を念頭においた発言をしている。また臨教審委員のなかには、教育の目的に「宗教心」「国を愛する心」「伝統文化の尊重」の三項目を付け加えるべきだとする、実業家であり政治家でもあった有田《ありた》一寿《かずひさ》をはじめ、教育基本法「改定」を主張する委員が数多く参加していた。

しかし、臨教審設置法におけるこの法律の目的には以下のように書かれていた。

社会の変化及び文化の発展に対応する教育の実現の緊要性にかんがみ、教育基本法（昭和二二年法律第二五号）の精神にのっとり、その実現を期して各般にわたる施策につき必要な改革を図ることにより、同法に規定する教育の目的の達成に資するため、総理府に、臨時教育審議会（以下「審議会」という。）を置く［傍線：筆者］。

この傍線部が、教育基本法「改定」に対する歯止めになった。この文言が入ったことは、当時の議会内外での教育基本法「改定」に反対する勢力の強さを示している。こうして一九八〇年代においても教育基本法「改定」が具体的に提起されることはなかったのである。

2　転換期となった一九八〇年代後半以降——教育基本法「改定」まで

一九八九年のベルリンの壁崩壊と米ソ冷戦の終結は、それを前提としていた日本の五五年体制にも大きな影響を与えた。九一年のソ連邦の解体は特に、社会主義を理念に掲げる野党第一党の社会党を大きく揺さぶった。

また一九八九年には、社会党を支えてきた労働組合のナショナルセンター（全国中央組織）である総評（日本労働組合総評議会）が解散した。官公労を中心とする総評に所属していた組合の多くは、民間企業労組が主導する連合へと合流することになった。社会党は最大の支持団体を失った上に、細川護熙連立政権が実施した九四年の小選挙区制導入への対応をめぐっての対立や政界再編のなかで、民主党、社民党、新社会党へと分裂した。社会党の分裂によって、戦後長期間にわたって教育基本法を擁護し、その「改定」に反対していた政治勢力はとても小さくなった。

米ソ冷戦の終結は、日本周辺のアジア諸国にも大きな影響を与えた。冷戦終結にともなって進んだアジア諸国の民主化は、それまで抑えられていたアジアの民衆の日本に対する戦争責任追及の動きを可能にした。

一九九一年八月、日本軍の犠牲となった元「慰安婦」として、金学順《キムハクスン》が初めて名乗りをあげた。日本政府はみずからの責任を否定していたが、九二年に日本軍による慰安所設置・慰安婦募集の統制を示す公文書資料が発見されるにおよんで見解を訂正し、当時の宮沢喜一首相が韓国の盧泰愚《ノテウ》大統領に謝罪した。この動きは一方で、アジア太平洋戦争の侵略性や加害性を認めようとしない極右勢力から強い反発を生み出すことになった。

その反発が噴出するきっかけとなったのは、一九九三年八月一〇日に細川護熙首相が記者会見で、アジア太平洋戦争について「私自身は侵略戦争であった、間違った戦争であったと認識している」と発言したことにある。同月、自民党において歴史認識の見直しを目的とする「歴史・検討委員会」が発足した。九三年に初当選したばかりの安倍晋三が、委員に抜擢されている。

こうした動きに加えて一九九五年一月、東京大学教育学部教授である藤岡信勝が「自由主義史観」研究会を発足させた。この研究会は左派の「コミンテルン史観」「東京裁判史観」と右派らの「皇国史観」「大東亜戦争史観」の双方を乗り越える歴史観をつくり出すという主張を行っていたが、その内実は南京大虐殺や「従軍慰安婦」に加えられた暴力の存在を否定あるいは過小評価する歴史修正主義であった。

この自由主義史観研究会は、教科書を批判するばかりでなく、自ら歴史教科書をつくると宣言し、一九九七年一月に「新しい歴史教科書をつくる会」（以下、「つくる会」）を結成した。同会は研究者ばかりでなく、多様なメンバーによって構成されていた。特に人気漫画家であった小林よしのりの参加は、この思想や運動を大衆化する上で大きな役割を果たした。

こうした歴史修正主義や国家主義的な教育を求める動きが広がる中で、主たる攻撃対象の一つとなったのが、戦前の国家主義に基づく教育からの脱却を目指して制定された教育基本法であった。二〇〇〇年四月には「新しい教育基本法を求める会」（以下、「求める会」）が設立された。求める会は同年九月一八日に「新しい教育基本法を求める要望書」を森喜朗首相に提出した。

その内容は六項目にわたっており、以下のような内容であった。

（1）伝統の尊重と愛国心の育成　（2）家庭教育の重視
（3）宗教的情操の涵養と道徳教育の強化　（4）国家と地域社会への奉仕
（5）文明の危機に対処するための国際協力　（6）教育における行政責任の明確化

「求める会」には、理事に西尾幹二（「つくる会」名誉会長）、事務局長に高橋史朗（「つくる会」副会長）が就任するなど、つくる会の主要人物や周辺メンバーが多数参加している。「つくる会」による新しい歴史教科書を作成する運動と、教育基本法「改定」との深いつながりが分かる。

さらに同会のメンバーを中心として、二〇〇三年一月二六日、「『日本の教育改革』有識者懇談会」（民間教育臨調）が発足する。会長に西澤潤一（「求める会」会長）、運営委員長に高橋史朗（「つくる会」副会長、「求める会」事務局長）が就任するなど、役員体制は「求める会」を引き継いでおり、それに加えて多くの右派文化人や財界人、マスコミ関係者が代表委員として参加している。国家主義や歴史修正主義の運動が、教育基本法「改定」に照準を合わせたことが分かる。

この運動を支えていたのが、草の根右派組織の「日本会議」である。「日本を守る国民会議」と「日本を守る会」が合流して、一九九七年五月三〇日に結成された。「日本を守る国民会議」は、一九七〇年代の「元号法制化運動」などに取り組んだ団体が発展改組して八一年に結成された団体で、政財界、学会などの代表者が集まった。それに対して七四年に主として右派系の宗教団体が中心となってつくられたのが「日本を守る会」である。

日本会議の結成とほぼ同時に、「日本会議国会議員懇談会」が発足している。日本会議の特質は草の根の運動団体であると同時に、政治に直接的な影響力を行使できる点にある。

日本会議の設立大会の前日、一九九七年五月二九日に日本会議国会議員懇談会の設立総会が開かれた。この設立総会に参加した国会議員は、代理出席を含めて合計で一一五人に達した。発足からわずか半月で入会者数は二〇四人に達している。超党派の組織であるが、入会者の大多数は自民党議員が占めている。会長は島村宜伸《よしのぶ》（当時、自民党衆議院議員）、幹事長は平沼赳夫《たけお》（当時、自民党衆議院議員）、事務局長には小山孝雄（当時、自民党参議院議員）が就任した。

日本会議の影響力はその後、大きく増すことになる。そこには自民党の体質変化があった。戦後長い間自民党は、党内にそれぞれ力を持つ派閥の存在とイデオロギーや政策の多様性を特徴としていた。改憲よりも経済政策を重視し、中国など近隣諸国との良好な外交関係を重視するハト派の派閥と、自主憲法制定を主張し、日米同盟関係や防衛力の増強を重視するタカ派の派閥が存在していた。そして自民党は両者のバランスの上で長期政権を維持してきた。

ハト派の代表的な派閥は、一九五七年に池田勇人元首相が結成した「宏池会」である。吉田茂の流れを汲むこの派閥は保守本流を自任し、大平正芳や宮沢喜一ら多くの首相を輩出した。

田中角栄がつくった派閥も政策的にはハト派に近く、田中自身が日中国交正常化を実現したこともあって、親中派議員が多い。改憲よりも公共事業などの予算配分に強い影響力を持つ族議員を多く抱えており、「現実主義的ハト派」とも呼べるだろう。だが、一九八五年に竹下登を中心とするグループが田中に反旗を翻して「創政会」(のちに経世会)を結成したため分裂した。橋本龍太郎、小渕恵三、羽田孜《つとむ》、小沢一郎、野中広務《ひろむ》らが属した。

それに対して、タカ派派閥の代表格は「清和会」である。吉田茂に反対する「反吉田勢力」が源となっており、福田赳夫が一九六二年に「党風刷新連盟」を結成した。福田は七九年には清和会を結成した。清和会には自主憲法制定を主張するタカ派色の強い議員が多く所属している。森喜朗、小泉純一郎、福田康夫、安倍晋三ら、近年の首相の多くが清和会出身者である。

この複数派閥による多様性を特徴としていた自民党の体質を変化させたのが、第一に一九九四年の小選挙区制の導入であった。これによって、党執行部の影響力が強まり、自民党の中央集権化が進んだ。その結果、各派閥の力は以前よりも弱くなった。

第二に、ハト派派閥とタカ派派閥のバランスが崩れ、タカ派派閥の力が強くなった。ハト派派閥を代表する宏池会は、二〇〇〇年に森喜朗内閣に対して不信任案を出そうと加藤紘一が仕掛けた「加藤の乱」が失敗し、党内での力を失った。田中派の流れを汲む「現実主義的ハト派」の経世会も、小沢一郎とその仲間たちの自民党離脱によって、影響力を低下させた。

ハト派派閥の影響力低下により、自民党内でタカ派派閥の力は大きくなる。近年の首相の多くが清和会の出身者であることは、そのことを明確に示している。党内でタカ派の力が強まることは、日本会議の自民党への影響力が増すことを意味した。社会党の分裂によって護憲勢力の力が弱まったことと結びついて、教育基本法や憲法「改定」への動きが二〇〇〇年代に加速した。

二〇〇〇年一月　憲法調査会発足
　　　　三月　教育改革国民会議発足[2]
　　　一二月　教育改革国民会議最終報告
　　　　　　　教育基本法の見直しと教育振興基本計画の推進が盛り込まれる
二〇〇一年一一月　文部科学省「新しい時代にふさわしい教育基本法と教育振興基本計画の在り方について」の審議を中央教育審議会に一年をめどに諮問
二〇〇二年一一月一日　衆院憲法調査会が中間報告書を提出

一四日　中央教育審議会から中間報告が出される
二〇〇三年三月二〇日　「新しい時代にふさわしい教育基本法と教育振興基本計画の在り方について」答申提出

憲法と教育基本法の「改定」への動きが、ほぼ同時に進んでいることが分かる。

政府レベルの動きに合わせて、日本会議は活発に行動した。二〇〇〇年四月に「新しい教育基本法を求める会」を設立し、〇三年一月に「『日本の教育改革』有識者懇談会」（民間教育臨調）を立ち上げる際に、日本会議は主要な役割を果たした。

二〇〇三年三月に中教審答申が出ると、日本会議はこれを大きなチャンスと捉え、「国民運動」を展開した。中央で「国民運動」組織を立ち上げ、神社本庁などの協力を得て各地で集会を開き、地方議会での決議や署名集めを行う。そして日本会議に協力的な議員が議員連盟を発足させて、政府や与党を突き上げる。この活動によって、二〇〇四年一一月までに教育基本法改正を求める署名は三五〇万人を突破し、改正に賛同する国会議員は三八〇人、地方議会での改正要求決議採択も三三都府県二三六市区町村に達した。

教育基本法「改定」の焦点は「愛国心」の扱いであった。二〇〇三年三月の中教審答申で「愛国心」については、「日本の伝統・文化の尊重、郷土や国を愛する心と国際社会の一員としての意識の涵養」という表現となっていた。

この答申を受けて自民党と公明党の与党協議が始まった。公明党は「国を愛せというのは統治機構を愛せということになり、国家主義の復活になる」と反発した。二〇〇四年六月の与党中間報告では、自民党が「国を愛する心」であったのに対して、公明党は「国を大切にする心」とする両論併記が行われた。与党間の合意が形成されなかったのである。

これに対して日本会議を代表とする右派にとって、教育基本法に「愛国心」を明記することは絶対に譲れない一線であり、「愛国心」明記へ向けての運動が盛んに行われた。

日本会議をはじめとする右派の運動、そして二〇〇五年九月の総選挙での自民党圧勝によって、公明党の抵抗も困難となった（↓第18章）。〇六年四月に「我が国と郷土を愛する」という表現で、自民党と公明党の与党案がまとまった。そして、〇六年一二月一五日、日本会議との連携によって自民党内で頭角をあらわした安倍晋三政権下で教育基本法「改定」が行われた。

3　教育基本法「改定」の内容

ここでは教育基本法「改定」の内容を検討する。改定前と改定後を区別するために、改定前の教育基本法を「一九四七―教育基本法」、改定後の教育基本法を「二〇〇六―教育基本法」と明記することとする。

最初に教育理念についてである。一九四七―教育基本法第一条では教育の目的が次のように定められている。

一九四七―教育基本法第一条（教育の目的）

教育は、人格の完成をめざし、平和的な国家及び社会の形成者として、真理と正義を愛し、個人の価値をたつとび、勤労と責任を重んじ、自主的精神に充ちた心身ともに健康な国民の育成を期して行われなければならない。

このように「個人の価値」が、尊重されるべき重要な理念として規定されている。これに対して二〇〇六―教育基本法第一条は次のようになっている。

二〇〇六―教育基本法第一条（教育の目的）

教育は、人格の完成を目指し、平和で民主的な国家及び社会の形成者として必要な資質を備えた心身ともに健康な国民の育成を期して行われなければならない。

ここでは「真理と正義を愛し、個人の価値をたつとび、勤労と責任を重んじ、自主的精神に充ちた」という部分が削除され、代わりに「として必要な資質を備えた」という文言が盛り込まれた。これは「教育の目的」の重大な転換を意味している。

一九四七―教育基本法は個人を基盤として、個人の人格の完成と発展を目指すことが規定されている。それに対して二〇〇六―教育基本法では「国家及び社会の形成者として必要な資質を備えた」国民の育成が、「教育の目的」とされている。

ここで教育は誰のためにあるのか、という教育の主権をめぐって根本的な変化が起こっていることが分かる。一九四七―教育基本法が、日本国憲法第二六条「教育を受ける権利」に基づいて、教育を子どもたち一人ひとり、個人のためにあるものと規定しているのに対し、二〇〇六―教育基本法は、国家にとって有用な人材を育成することを目的として定めているからである。

二〇〇六―教育基本法における、「個人の価値」の尊重から国家優先の構造への転換は、第二条の変化を見ると一層よく理解できる。

一九四七―教育基本法第二条（教育の方針）

教育の目的は、あらゆる機会に、あらゆる場所において実現されなければならない。この目的を達成するためには、学問の自由を尊重し、実際生活に即し、自発的精神を養い、自他の敬愛と協力によつて、文化の創造と発展に貢献するように努めなければならない。

教育の目的を達成するための一定の方向性や原則がここでは定められている。「学問の自由」を尊重し、「自発的精神」を養うという原則を守らなければならないのは国家・政府である。国家権力を規制し、個人の自由を守るという立憲主義の原則に立った条文である。しかし二〇〇六―教育基本法ではこの「教育の方針」が「教育の目標」へと変えられている。このことは、第一条（教育の目的）との関係で重要な影響をもたらすこととなる。

二〇〇六―教育基本法第二条（教育の目標）では「豊かな情操」「道徳心」「勤労を重んずる態度」「公共の精神」「我が国と郷土を愛する」態度など、五項目にわたって数多くの徳目が定められている。「教育の目的」である「人格の完成」のために「必要な資質」の中身が、達成すべき具体的な「目標」＝徳目として列挙されているのである。

一九四七—教育基本法の「教育の方針」が、「人格の完成」へ向けて「学問の自由」や「自発的精神」など自由な教育活動を保障しているのに対して、二〇〇六—教育基本法の「教育の目標」は「人格の完成」の具体的中身を国家が定め、強制する内容となっている。国家が守らなければならない原則としての「教育の方針」から、個人が達成しなければならない徳目＝「教育の目標」へと第二条は一八〇度その原理を変えてしまっているのである。

この点をおさえると、二〇〇六—教育基本法で最も大きな議論となった「教育の目標」の第五項の意味も明確となってくる。第五項は次のようになっている。

二〇〇六—教育基本法第二条（教育の目標）

五　伝統と文化を尊重し、それらをはぐくんできた我が国と郷土を愛するとともに、他国を尊重し、国際社会の平和と発展に寄与する態度を養うこと。

二〇〇六—教育基本法では国家にとって有用な人材となるために「必要な資質」として、「国を愛する態度」が定められている。それが目標に達しているのかどうかを判定・評価する権利は国家の側にある。愛国心を持つことの是非は、ここでの問題ではない。「国や郷土を愛する」態度が教育の場で一律に強制され、その態度の良し悪しが評価されることが問題なのである。

このように「個人の価値」の尊重を基盤とする一九四七—教育基本法から、国家にとって有用な人材育成を目指し、「国や郷土を愛する」態度を強制する二〇〇六—教育基本法へと教育理念が大きく転換していることが分かる。

次に教育行政の項目である。一九四七─教育基本法の第一〇条は次のようになっている。

一九四七─教育基本法第一〇条（教育行政）

教育は、不当な支配に服することなく、国民全体に対し直接に責任を負つて行われるべきものである。

二　教育行政は、この自覚のもとに、教育の目的を遂行するに必要な諸条件の整備確立を目標として行われなければならない。

この条文は、教育行政が教育内容に介入することは「不当な支配」であり、教育行政は教育の目的を遂行するための「諸条件の整備」を行うこととしている。教育行政からの教育内容の自由を定めると同時に、教育行政の役割を明確に限定している。戦前の教育が、政府・行政など国家権力によって強固に支配されていたことに対する強い反省に基づき、教育内容と主権者との関わり、教育行政と教育現場との関係を明確に規定した条文である。

これに対して、二〇〇六─教育基本法第一六条「教育行政」の条文を見てみよう。

二〇〇六─教育基本法第一六条（教育行政）

教育は、不当な支配に服することなく、この法律及び他の法律の定めるところにより行われるべきものであり、教育行政は、国と地方公共団体との適切な役割分担及び相互の協力の下、公正かつ適正に行われなければならない。

ここでも「教育は、不当な支配に服することなく」という文言は残されている。しかし、その後の一九四七―教育基本法にある「国民全体に対し直接責任を負つて行われるべきものである」という部分が削除されている。一九四七―教育基本法は、教育内容への教育行政による介入を禁じるとともに、教育が主権者である国民に対して責任を負っていることを明記している。

しかし、二〇〇六―教育基本法では主権者である「国民」が削除され、その代わりに「この法律及び他の法律の定めるところにより行われる」が書き込まれた。教育内容の法定化が可能となるとともに、法律で定めれば、教育行政が教育内容に介入することが可能となる危険性が高まったことになる。

また、この条文では「教育は」の後に「教育行政は」というもう一つの主語が登場する。主権者である「国民」は削除され、教育行政は「公正かつ適正に」行われなければならないとなっており、一九四七―教育基本法で教育行政の役割を明確に限定した第二項が完全に削除されていることから、法律に定められた教育行政による教育内容への介入は適法であり、教育内容への主権者や教職員組合、市民団体などの参加や関与が抑圧される危険性は高い。

二〇〇六―教育基本法は、理念の点でも制度の点でも、一九四七―教育基本法が重視していた個人や主権者の教育を受ける権利よりも、国家・政府による教育内容への介入や管理・統制が強まる内容となっている。

一九四七―教育基本法や現行日本国憲法の理念とは矛盾する二〇〇六―教育基本法が成立した以上、憲法で保障された「教育を受ける権利」を擁護するためには、この二〇〇六―教育基本法とどう向き合っていくのかが重要な課題となる。
二〇〇六―教育基本法は、日本国憲法と形式的な関係については断絶していない。そこで、上位法である日本国憲法や教育に関する国際条約等に則り、二〇〇六―教育基本法の条文一つひとつを吟味し、よりよい解釈をしていくことは可能である。
二〇〇六―教育基本法の抱える問題点を冷静に捉えながら、その条文について立憲主義的解釈を行い、日本国憲法や子どもの権利条約に基づき、子どもの学ぶ権利を保障する実践を行っていくことができるかどうかが問われている。

4　教育基本法「改定」後

教育基本法「改定」を実現した安倍政権は、二〇〇七年通常国会で、教育関連三法案に加えて「日本国憲法の改正手続に関する法律」いわゆる改憲のための「国民投票法」を成立させた。「教育の憲法」と呼ばれる教育基本法の「改定」に続いて、この国民投票法を成立させたことは、公約である「任期中の改憲」へ向けて安倍政権が着実なステップを踏んでいたことを示している。

しかし、安倍政権の改憲へのもくろみは、大きな壁に阻まれることとなる。橋本龍太郎政権以降に本格的に進められ、小泉政権以降に加速度を増した構造改革による「貧困と格差」の拡大と社会矛盾の激化は、多くの人々の目に明らかとなった。二〇〇六年以降には「格差社会」や「ワーキングプア」、「ネットカフェ難民」などの言葉が、新聞・テレビなどマスコミでも頻繁に使用され、若年層の貧困化や地方の衰退が広く知られることとなった。

格差社会の深刻化に最も影響を受けたのは、当時野党第一党だった民主党であった。二〇〇六年に民主党代表となった小沢一郎は、それまでの構造改革推進を止め、新自由主義によって生み出された「格差」や「地方切り捨て」への批判を強めた。〇七年七月の参議院選挙においては「国民の生活が第一」をスローガンに掲げ、憲法「改定」を当面棚上げにした。構造改革と軍事大国化を批判する方向での路線転換を行ったのである。

この参議院選挙で小沢民主党は六〇議席を獲得し、参議院第一党となった。安倍自民党は大敗北となり、その後の政権運営に苦しんだ安倍は退陣に追い込まれた。安倍政権の「任期中の改憲」は挫折したのである。その後の福田政権や麻生政権においても自民党の支持率は回復せず、二〇〇九年の衆議院選挙で大敗し、民主党への政権交代が実現した。

しかし、民主党は鳩山政権による沖縄普天間基地移設の失敗、菅直人政権における唐突な消費税引上げとTPP参加の提案、野田政権による民主党マニフェストの全面放棄、税と社会保障の一体改革、消費税増税の決定などによって、急速に支持を失っていった。

そして二〇一二年の衆議院選挙で自民党が勝利し、第二次安倍政権がスタートした。第二次安倍政権の掲げた「教育再生」とは、構造改革の再起動と憲法「改定」を支えるためのものとして位置づけられている。

構造改革の再起動として、政権は発足当初から「教育再生実行会議」を立ち上げ、グローバル競争大国の担い手としての人材養成を目指した。その焦点となったのが大学改革である。

大学改革においては、グローバル改革に積極的に順応する大学執行体制の構築が目指された。学長体制強化と並んで教授会の権限縮小、経営協議会の学外委員の増加などであり、そのための学校教育法改定や国立大学法人法改定が二〇一四年通常国会で行われた。

また憲法「改定」に向けて、具体的には「尖閣諸島や竹島が日本の領土であることの教科書への明記」や「道徳の教科化」などが課題とされた。

二〇一四年一月一七日に、文部科学省は教科書で近現代史を扱う際に政府見解を明記することを求める内容に検定基準を改定した。そして一五年三月二七日、文部科学省は、「特別の教科」として格上げする小中学校の道徳について新たな学習指導要領を告示した。教科書に基づく授業が行われるのは小学校では一八年度、中学校では一九年度からである（→第9章）。

教授会権限の縮小、教科書検定基準の改定、道徳の教科化は、改定教育基本法の具体化であり、二〇一四年七月一日の集団的自衛権行使容認の閣議決定と連動している。米軍との共同軍事行動が可能な「国民」形成と憲法「改定」を目指して、教育における新自由主義と国家主義の強化が進んでいる。

二〇一二年一二月の第二次安倍内閣では、閣僚一九人のうち日本会議国会議員懇談会の加盟議員は一二人で、全閣僚に占める比率は六三％、一四年に発足した第二次安倍改造内閣は、閣僚一九人のうち日本会議国会議員懇談会の加盟議員は一五人で、全閣僚に占める比率は実に八〇％近くに達する。さらに官房副長官や首相補佐官といった官邸スタッフについては、全員が同懇談会のメンバーで占められている。安倍政権における日本会議の影響力の大きさは明らかだ。

日本会議は、教育基本法「改定」を憲法「改定」への前哨戦と位置づけていた。安倍政権と日本会議が全力を注いでいるのは、戦後体制の核心である現行日本国憲法の「改定」である。日本会議は「美しい日本の憲法をつくる一〇〇〇万人賛同者」署名の拡大運動を推進している。

二〇一五年の通常国会では、集団的自衛権の行使容認の閣議決定に基づく安保関連法案に対して、巨大な反対運動が行われた。安保関連法案は成立したものの、憲法特に九条改定に反対する世論は広がっている。軍事大国化を目指すのか、九条を生かしていくのかが、大きな争点である。「日本の右傾化」の延長上に、安倍政権と日本会議が目指す憲法「改定」が行われるか否かが、当面最大の政治的課題であることは間違いない。

1――本章の議論の前提として、教育基本法「改定」の動きと問題点を詳しく論じたものに、大内裕和『教育基本法改正論批判―新自由主義・国家主義を越えて―』、白澤社、二〇〇三年、ならびに、大内裕和・高橋哲哉『教育基本法「改正」を問う―愛国心・格差社会・憲法―』、白澤社、二〇〇六年、などがある。

2――同会議は、一九九〇年代における教育荒廃に対する社会の強い不安感を背景に、小渕恵三首相が私的諮問機関として発足させた。

（おおうち・ひろかず　教育社会学者）

第9章

国に都合のいい子、親、教師をつくる教育政策

杉原 里美

二〇〇六年九月、安倍晋三首相は、第一次安倍政権が発足した時の所信表明で、子どものモラルや家庭の教育力の「低下」を指摘し、こう述べている。「家族、地域、国、そして命を大切にする、豊かな人間性と創造性を備えた規律ある人間の育成に向け、教育再生に直ちに取り組みます」――。その言葉は今、狙い通りに実行されているようだ。国や共同体に対して従順な、規律ある子どもと親、教員をつくるための教育政策が、着々と進められている。

道徳の教科化、強まる国の関与

文部科学省は二〇一八年度から、現在は「教科外の活動」と位置づけられている小中学校の道徳を「特別の教科」に格上げする。小学校では一八年度から、中学校では一九年度から教科としての授業が始まる。一七年春の教科書検定では、従来から話題になっている社会科の検定に加え、各教科書会社が出してくる道徳の教科書の内容や、文科省の検定意見に注目が集まるだろう。

第一次安倍政権はまず、二〇〇六年末に、「教育の憲法」といわれる教育基本法を大幅に改正した。基本理念に、「豊かな情操と道徳心を培う」「伝統と文化の尊重」「国を愛する態度」などをうたい、「家庭教育」の項目も新設した（↓第8章）。首相肝いりで設置された「教育再生会議」の分科会は〇八年三月、道徳を「徳育」として教科にする方針を打ち出した。だが、文科相の諮問機関「中央教育審議会」（中教審）では、「教科の範囲でやることには無理がある」「一方的に教え込むことが、道徳教育の充実につながるとは思えない」など異論が相次いだ。結局、〇七年九月に安倍首相が辞任したこともあり、教育再生会議は失速し、教科化は見送られた。

ところが、二〇一二年一二月、安倍首相が返り咲き、第二次安倍政権が発足する。

今度は「教育再生実行会議」が設置され、二〇一三年二月、いじめ問題の解決のために「規範意識」などが必要だとして、道徳の教科化を提言。第一次政権と違って、教育再生担当相の下に置かれた中教審は、翌年一〇月、「特別の教科」への位置づけを答申した。答申では、内容を体系的なものに改善することや、検定教科書の導入が求められた。一方、数値での評価は適当でないとして、指導要録には成長の様子などを文章で記述することが提案された。

二〇一七年二月に示された小学校学習指導要領の改訂案「特別の教科　道徳」には、「伝統と文化の尊重、国や郷土を愛する態度」「規則の尊重」など二二もの「徳目」が定められ、学年ごとに身につける内容が示されている。たとえば、一年では「家族など日頃世話になっている人々に感謝すること」（感謝）、五、六年では「働くことや社会に奉仕することの充実感を味わうとともに、その意義を理解し、公共のために役に立つことをすること」（勤労、公共の精神）など心の在り方まで規定しているものも少なくない。

　実際に、道徳の教科書は、どのような内容になるのだろうか。文科省が二〇一四年度から全国の小中学校に配っている道徳の副教材『私たちの道徳』に、そのヒントを見つけることができる。「この国を背負って立つのは私たち。私たちの住むふるさとには、伝統や文化が脈々と受けつがれている。それらを守り育てる使命が私たちにはある」――。『私たちの道徳』（小学校五・六年）の単元「郷土や国を愛する心を」の一文だ。「法やきまりを守って」では、「だれかが一方的に自分の権利ばかりを主張して義務を果たさなかったり、一方的に義務だけをおし付けられたりするようなことがあったら、どうなるでしょうか」と問いかける。一見、権利と義務は同等のように書かれているが、社会の中で守るべききまりが強調されている。「自由とは何だろう」と問いかけ、考えさせる体裁を取りながら、「自由は「自分勝手」とは違う」という見解も書かれている。『私たちの道徳』は副教材であり、国定の教科書ではない。だが、二〇一四年当時の下村博文文科相は、その活用を強く要請している。現場に使わせたい教材なのだろう。文科省は、従来は検定で不合格になっても七〇日以内に再申請すれば合格が可能だったルールを変更し、翌年度に再検定するようにした。民間の教科書会社は不合格を避けるためにも、国が作った『私たちの道徳』を参考にし、各社ともよく似た内容になっていくのではないだろうか。文章とはいえ、教員は子どもの内面を評価することになる。子どもたちは、教科書の「正しさ」を受け入れやすい。

将来、政治に疑問を感じたとしても、「自分勝手」なことは言えなくなるかもしれない。

さらに、教科書会社に対しては、国の意向に沿った教科書になるように、様々なルール変更が行われている。

文科省は二〇一三年一一月、新しい教科書検定基準を公表した。この新基準では、検定の不合格要件として「改正教育基本法に照らして重大な欠陥がある場合」が新たに追加された。また、未確定な学説などを記述する際はバランスが求められるとし、政府見解や確定判例がある場合は記載を求めた。近現代史で近隣諸国への配慮を求める「近隣諸国条項」の削除は見送ったが、当時の下村文科相は、国が作る学習指導要領の解説に、尖閣諸島や竹島を「我が国固有の領土」と明記する方針を打ち出し、実質的に骨抜きにされた。新基準に沿って検定が行われた一六年度の中学校の教科書では、従軍慰安婦や東京裁判などの記述に関し、「政府の統一見解が盛り込まれていない」などとする検定意見がついた。これらは、教科書会社を萎縮させる効果も十分あったのだろう。検定での修正だけでなく、教科書会社が自ら訂正を申し出たり、道徳的な題材を他科目の教科書に盛り込んだり、「伝統文化」の強調が目立ったりするようになった。

自治体で使う教科書を決める教育委員会の制度的な見直しも進められている。

二〇一五年四月からは、都道府県知事や市区町村長などの首長と教育委員会が教育政策を話し合う「総合教育会議」が自治体に置かれることになった。教育への首長の関与が強まり、教科書採択などにも意向を反映しやすくなっている。これに先だって、一四年六月には、安倍政権の

「教育再生」を支持する首長らが「教育再生首長会議」（会長＝松浦正人・山口県防府市長）を結成した。教育再生首長会議は一五年と一六年、一七年の一月、官邸に安倍首相を表敬訪問している。その際、安倍首相は、総合教育会議の役割の重要性に触れ、「今年度から各自治体に置かれている総合教育会議などで、皆様方がしっかりとリーダーシップを発揮していただけることを期待したいと思います」（一六年一月）などと述べている。

教育・教科書の「下から」の右傾化

教育再生首長会議は、育鵬社の教科書づくりと採択支援を進める「日本教育再生機構」（理事長＝八木秀次・麗澤大学教授）とつながりが深い。安倍首相は、自民党が野党時代の二〇一一年五月の集会で、「私は、新しい教育基本法の趣旨に最もかなった教科書は、育鵬社の教科書であると確信しております」と明言し、たびたび広報誌『教育再生』にも登場している。教育再生首長会議は、育鵬社の教科書採択を支援するためにつくられた団体ともいえる。一六年度の中学校教科書の採択では、「安倍政権の下で教育委員会制度の改革などが進み、改正教育基本法の理念を現場まで浸透させる環境が整った」（『教育再生』二〇一五年一〇月号、八木の発言）中で、育鵬社のシェアは、歴史六・二％、公民五・七％になった。前回は四％前後だったため、八木は「躍進と言っていい結果」と総括している（同前）。

日本教育再生機構は二〇〇六年、「新しい歴史教科書をつくる会」（つくる会）から分派した。

つくる会は一九九六年一二月、藤岡信勝・東大教授、西尾幹二・電気通信大教授、漫画家の小林よしのりなど右派の文化人や学者を中心に結成された（肩書は当時）。九七年度の中学校の歴史教科書すべてに従軍慰安婦に関する記述が登場するのを受けて、その削除を求める運動などを展開した。このときの教科書検定では、歴史教科書に従軍慰安婦の記述が残った一方、多様な家族像などに触れた家庭科教科書は、四冊も不合格になった。教科書への右派の批判は、社会科だけではなく、家庭科にも向けられているのである。

この「つくる会」の結成は、教育をめぐる右傾化の動きを活発にした。こうした「市民運動」に呼応するかのように、国会では、一九九七年二月、「日本の前途と歴史教育を考える若手議員の会」（代表＝中川昭一、事務局長＝安倍晋三、幹事長＝衛藤晟一）が発足。同年五月には、主に宗教者からなる「日本を守る会」と、右派活動家や学者からなる「日本を守る国民会議」が統合して「日本会議」（塚本幸一初代会長）が誕生した。ほぼ同時期に、衆参の国会議員らが「日本会議国会議員懇談会」をつくり、教育は、憲法、外交と並んで重要なプロジェクトの一つとして位置づけられた。「日本を守る会」などは一九七〇年代から、テーマごとにフロント団体をつくり、大会を開いたり全国キャラバンを展開したりしていたが、日本会議と日本会議国会議員懇談会の連携で、運動はより体系化され、その理念を政策として実現しやすくなったといえる。二〇〇七年には、日本会議地方議員連盟も発足し、地方議員と連携する態勢も整えられている。

日本会議の前身の一つ、「日本を守る国民会議」は、教科書の自主編纂《へんさん》にも取り組んでいる。

高校の歴史教科書の発行だ。一九八六年に初めて検定合格した『新編日本史』は、中国や韓国からの反発を招き、合格後四回にわたって修正が行われた。ただ、実際に採択した自治体は少なく、初年度は三四校・八〇〇〇部にとどまった。日本会議になってからも高校の歴史教科書をつくっているが、シェアはほとんど伸びていない。

一方、「つくる会」が発行する中学校の教科書も苦戦している。二〇〇六年には、強硬路線の藤岡と現実路線の八木が対立して分裂。つくる会の教科書（自由社）のシェアは低いままだ。ただ、前述の通り、八木が関与している育鵬社の教科書採択は漸増している。

「つくる会」や「日本教育再生機構」、「日本会議」は、それぞれ別の団体だ。しかし、人物に着目してみると、似通った思想を持っていて、時には連携しながら動いていることが分かる。

「つくる会」副会長を務めたことがある高橋史朗・明星大特別教授は、日本会議の政策委員だ。日本教育再生機構理事長の八木も、「つくる会」の会長だったことがあり、現在は神道政治連盟の政策委員を務める。第二次安倍政権で、高橋は、内閣府の男女共同参画会議の議員に就任。表舞台に出てきた。八木は、教育再生実行会議の委員や法務省の検討会の委員を歴任している。二人とも安倍首相に近く、政策に影響を及ぼすことができる立場になっている。

日本会議の事務総局も、右派政治家の「黒子」として、政策提言をしている。二〇〇三年から〇四年にかけては、日本会議国会議員懇談会と合同役員会を開くなどして、教育基本法の改正案づくりを進めた。署名集め、地方議会での決議、全国キャラバンの三点セットで「国民運動」に注力し、〇六年末の法改正を後押しした。

それだけではない。日本会議は、安倍政権の「教育再生」の枠組み作りそのものにも、大きな影響を与えた可能性がある。

二〇〇四年、超党派の議員連盟である「教育基本法改正促進委員会」の勉強会と、「日本の前途と歴史教育を考える国会議員の会」の会合で、日本会議の椛島有三《かばしまゆうぞう》事務総長が、サッチャー首相による英国の教育改革を見習うべきだと提起。これをきっかけに、日本会議国会議員懇談会の平沼赳夫会長（当時）が、「英国に教育改革調査団を派遣すべきでは」という提案をして、「平沼英国教育調査団」が結成された（中西輝政監修『教育正常化への道―英国教育調査報告―』ＰＨＰ研究所、二〇〇五年）。日本会議のサイトにある年表には、同年一〇月、「日本会議と日本会議国会議員懇談会が合同で英国教育視察団を派遣、調査活動を実施」と記載されている。

英国調査団に派遣された議員は、古屋圭司（自民）、下村博文（自民）、亀井郁夫（自民）、山谷えり子（自民）、松原仁（民主＝当時）、笠浩史《りゅうひろふみ》（民主＝同）の六人だ。一週間にわたって、英国の教科書会社やシンクタンク、教育水準局などを視察している。

彼らが評価しているのは、サッチャー元首相が手がけた英国の教育基本法改正、歴史教科書の改革、道徳教育の推進、全国統一学力テストの実施と公開などで、これらは現在、安倍政権で進められている「教育再生」の施策と重なる内容を持つ。

国は家庭教育にどこまで介入するのか？

「家庭教育」も、「教育再生」を特色づける重要なキーワードの一つだ。英国調査団のメンバーだった山谷えり子議員は、前掲『教育正常化への道』の中で「宗教教育の充実と家族強化の試み」の章を担当。日本の家庭科教科書や性教育を批判し、英国で一九九八年に制定され、非行少年の親に責任を問う「子育て命令」を評価していた。二〇〇六年の教育基本法改正では、家庭教育は保護者に第一義的責任があると明記された。条文には、国や自治体が家庭教育支援の情報を提供することが盛り込まれ、国が家庭教育に関与する余地が生じている。学校や地域を通じて家庭を掌握し、国にとって望ましい家庭教育を啓発する態勢が整ったといえるだろう。

第一次安倍政権下の二〇〇七年、当時首相補佐官だった山谷が担当する教育再生会議の分科会は、高橋史朗を招き、「親学《おやがく》」について話し合った。高橋によると、「親学」は、中曾根康弘元首相の諮問機関だった臨時教育審議会の最終答申（一九八七年）に盛り込まれた「親となるための学習」に起源があるという。発案したのは、共立女子大名誉教授の木村治美で、〇六年発足の「親学推進協会」の初代会長も務めている。高橋も当時、臨教審の専門委員に抜擢されていた。

高橋が唱える親学の特徴は「主体変容」という考え方にある。「責任を他に転嫁しない、自分が変われば周りが変わるという考え方」だという。親学では「親が変われば子どもも変わる」などと使われる。つまり、子どもの悪い行為を変えようと思えば、まず親が改めなければならない――といった自己啓発に近い。子育ての悩みも、国や社会に責任を転嫁せず、親自身が自らの行動を振り返ってみようというわけだ。子育ての環境整備から目をそらすことができるため、国にとっても都合のいい考え方といえるだろう。

教育再生会議は、「親学」の検討後、「保護者は子守歌を歌い、おっぱいをあげ、赤ちゃんの瞳をのぞく」などの子育て提言を出そうとして批判を受け、撤回した。だが、「親としての学び」という文言は報告に盛り込まれた。二〇一二年春には、超党派の国会議員による「親学推進議員連盟」（会長＝安倍晋三）が発足。高橋を招いた勉強会などを開いて、「家庭教育支援法」の制定を目指した。同じころ、大阪維新の会が大阪市議会に提出しようとしていた「家庭教育支援条例」の案が明らかになった。高橋が提供したその「たたき台」に「わが国の伝統的子育てによって発達障害は予防できる」などの記述があったため、「非科学的だ」と批判を浴びて、議連の活動は衰退した。ところが、同年一二月には、熊本県が全国で初めて家庭教育支援条例を制定。鹿児島、静岡、岐阜などでも相次いで制定され、「親の学び」「親になるための学び」が盛り込まれた。いずれも発達障害には言及せず、高橋の「親学」色は薄まっているが、岐阜県は、祖父母の役割まで条例で定めている。

二〇一六年一〇月、ついに「家庭教育支援法案」（未定稿）が、自民党の部会に提出された。法案は、基本理念として、子に「生活のために必要な習慣を身に付けさせる」「国家及び社会の形成者として必要な資質が備わるようにする」ことなどを掲げた。さらに、「地域住民の責務」として、国や地方公共団体の家庭教育支援の施策に協力するよう努めなければならないとされた。

同月、教育再生実行会議も再開し、家庭や地域の役割をテーマに議論を始めた。家庭ごとに異なる教育方針に、国はどこまで踏み込むのだろうか。

強まる教員統制

さらに、教員への管理も強まっている。

改正教育基本法一六条には、教育は、「この法律及び他の法律の定めるところにより行われるべきもの」と明記され、実質的に、教員の法令遵守義務が定められた。二〇一七年二月には、「法的拘束力がある」（文科省）とされる学習指導要領の改訂案が公表された。そこでは各教科の目標と取り扱う内容、指導計画が細かく規定されており、記述も大幅に増えた。道徳科についても、「徳目」すべてを取り上げる年間指導計画の作成が求められている。

教員が行う授業の裁量の幅も狭められている。自民党は二〇一六年六月、公式ホームページで教育現場での「政治的中立を逸脱するような不適切な事例」を募るアンケートを始めた。アンケートには「与野党を含め、特定政党への投票呼びかけがあった」「安全保障関連法、憲法について偏った説明をした」などの例が寄せられたという。ここでいう「政治的中立」が何を指すのか。その基準を決めるのは、政府にほかならない。自民党は、教員の「政治的中立性」確保のために、都道府県ごとに違う懲戒規定を一律にし、処分を厳しくする方向で検討している。将来的には、教員免許の国家資格化や、国公私立すべてに共通する教員の理念を規定する立法措置を講じることなども議論するという。教員は、ますます息苦しくなるばかりだろう。

一方、国家主義的な教育が行われるような改革がなされても、対抗できるような勢力は見当たらない。安倍首相は「日本教職員組合」を敵視するが、その組織率は、すでに二〇％台に低下している。他方で、「親学」や領土・領海教育を推進し、安倍首相が応援メッセージを寄せる教員団体「ＴＯＳＳ」には一万人の会員がいるという。教員の発言力が弱まり、忙しさも増す中で、教員の間では、政府に対する不満よりも保護者に対する不満が高まっているように見える。

保護者は仕事で忙しかったり、ひとり親が増えたりして、学校や教育改革に関心を持つ余裕がないことが多い。そうした環境の中で家庭教育が強調され、宿題の丸付けが親に任されるなど家庭の負担が増えつつある。こうした流れが強まれば、家庭の所得や文化的資本の多寡によって、学力の格差が大きくなってしまう。二〇一七年二月、家庭教育支援法案は修正されたが、地域住民が、国や自治体の施策に協力するという規定は残った。特定の政治的意図を持った「地域住民」が学校や家庭を監視するようになっても、教員や親が反論することは難しいだろう。

安倍政権の「教育再生」は、子ども、親、教員それぞれの内面までも統制しようとしている。

日本会議前会長の三好達《とおる》は、教育基本法改正を振り返って、雑誌『正論』（二〇〇七年一一月号）でこう述べている。「今の日本人のままでは適正な憲法改正はできない。まず教育基本法を改正し、国民意識を立て直した上で憲法改正に臨むべきだ」――。

（すぎはら・さとみ　朝日新聞記者）

第Ⅳ部

家族と女性

上からの押し付け、連動する草の根

第10章　重要条文・憲法二四条はなぜ狙われるのか

清末　愛砂

1　明文改憲をめぐる近年の動き

二〇一六年七月の参議院選挙の結果、保守改憲派議員が議席の三分の二を占めることになった。衆議院ではすでに、自民党をはじめとする政権与党の議員が議席の三分の二を得ている。自民党は結党以来、憲法改正または自主憲法の制定を党是としてきた。日本国憲法の改正に際しては、憲法九六条一項に基づき、第一段階として各議院の総議員の三分の二以上の賛成による国会発議が必要となる。よって現在の状況は、これまで一度も改憲を経験していない日本国憲法の明文改憲に向けた最初の関門をクリアーする条件が整ったということを意味する。

参議院選挙後の同年九月下旬に開会された臨時国会中に、両議院で憲法審査会[1]が再開され、改憲に向けたより現実的な動きが始まった。二〇一七年以降の国会では改憲審議が急速に進められることになろう。また、第一次安倍内閣時代の〇七年五月に国民投票法がスピード審議で可決成立している。その意味では、改憲に向けた具体的手続[2]に関する法整備も終わっている。

保守改憲政党のみならず、明文改憲を求めて組織的に粘り強い運動を続けてきた「日本会議」やそのフロント団体等の民間の保守改憲勢力にとって、こうした事態は、日本国憲法施行以来の千載一遇の好機として映っているであろう。したがって、保守改憲勢力がこのチャンスを逃すはずはなく、今後は各議員（国会と各地方議会）への呼びかけや、国会発議後の国民投票を見据えた上での国民への働きかけをますます活発化させていくであろう。

日本会議はその設立以来、全国各地に支部や女性部（日本女性の会）を設置し、改憲の声を広めるために各地で講演会・学習会の開催等の啓蒙活動を積極的に展開してきた。また、日本会議国会議員懇談会（同会内に憲法改正プロジェクトもある）や日本会議地方議員連盟も設立されており、安倍晋三首相を含む与野党（主には自民党）の議員がともにメンバーとなっている。第三次安倍（改造）内閣も前者のメンバーで占められていた。[3] 同会議の活動の特徴の一つは、国と地方レベルの双方が連動する形で運動を進めながらも、とりわけ憲法改正を求める意見書を各地方議会で採決させる等の手法を用いて地方での運動を盛り上げることで、国レベルに影響を与える方法をとっていることにあろう。「愛国心」をその条項に盛り込むための二〇〇六年の教育基本法の改定（→第8章）もいわば改憲の前哨戦として、同様の方法で国民運動を展開した。

日本会議のフロント団体「美しい日本の憲法をつくる国民の会」（共同代表三名のうち二名は日本会議の名誉会長の三好達と同会長の田久保忠衛が務める）は、例えば二〇一五年一一月一〇日に日本武道館で開催された「今こそ憲法改正を！　一万人大会」[4] のような大規模集会を開催するほか、一〇〇〇万人賛同者拡大運動を進めるためのキャラバン隊を全国派遣している。[5] この一万人大会には、安倍首相がビデオメッセージを発する形で登場した。憲法九九条の憲法尊重擁護義務を課せられている者が、基本的人権の制約につながりかねないような改憲を求める民間の任意団体のイベントに出演しアピールすること自体、立憲主義の観点から大いに問われるべき行為である。

　では、これらの改憲勢力は憲法をどのように変えようとしてきたのであろうか。日本会議新憲法研究会が二〇〇一年二月に発表した改訂版「新憲法の大綱」（前身の日本を守る国民会議が一九九三年に発表した同大綱改訂版）をみると、[6] そのエッセンスが浮かび上がる。主要な論点を挙げると、①天皇を元首かつ象徴とする立憲君主制の導入、②内閣総理大臣を最高指揮者とする国軍の設置、③自助努力と自己責任に基づく権利の行使、および新しい人権や義務の導入、④情報の開示に関する権利、および国家による防衛・外交・公安上の秘密保護義務、⑤国家による家族の尊重と保護、⑥学校教育における国家責任、⑦内閣および首相の権限の強化、⑧非常事態条項の新設、⑨内閣への改憲の発議権の付与となる。

　自民党は、二〇〇五年一〇月に「新憲法草案」を、一二年四月に「日本国憲法改正草案」を発表した。日本会議の改訂版「新憲法の大綱」のエッセンス——とりわけ、国軍の設置、家族の尊重、緊急事態条項の新設——は、後者に通底している。緊急事態条項の新設については、一一年三月の東日本大震災や一五年一一月のフランスでの同時多発テロ等を利用して、安倍内閣が一五年末以降その議論を再活性化させていることから、最初の明文改憲で大きな焦点となることが予想される。また、二四条（家庭生活における個人の尊厳と両性の本質的平等）の改憲についても、近年でいえば〇〇年代前半の自民党の改憲論議で強く主張されたものであり、特に日本国憲法改正草案に明示されたことから大きな焦点の一つになるであろう。九条改憲による国防軍の設置は国民からの強い反発も想定できることから、最初の明文改憲の対象にはならない可能性もあるが、将来的には大きなターゲットとなろう。

本稿ではこれらの中で、長年にわたり保守改憲勢力が狙ってきたにもかかわらず、日本社会のジェンダー意識の低さゆえに社会的注目度が極めて低い憲法二四条に焦点をあて、その意義と改憲をめぐる動きについて議論を進める。

2　憲法二四条、その革命的インパクト

①憲法二四条の誕生

憲法二四条の原案は、ＧＨＱ（連合国最高司令官総司令部）民政局の女性スタッフ、ベアテ・シロタ・ゴードンにより提案された。彼女がヴァイマール憲法や北欧諸国の憲法、ソ連憲法等をモデルに作成した人権関連条文案のうち、現行の二四条に相当する一八条は次の通りであった。

家庭は、人類社会の基礎であり、その伝統は、善きにつけ悪しきにつけ国全体に浸透する。それ故、婚姻と家庭とは、法の保護を受ける。婚姻と家庭とは、両性が法律的にも社会的にも平等であることは当然であるとの考えに基礎をおき、親の強制ではなく相互の合意に基づ

き、かつ男性の支配ではなく両性の協力に基づくべきことを、ここに定める。

　これらの原理に反する法律は廃止され、それに代わって、配偶者の選択、財産権、相続、本居の選択、離婚並びに婚姻および家庭に関するその他の事項を、個人の尊厳と両性の本質的平等の見地に立って定める法律が制定さるべきである。[7]

　天皇主権国家であった大日本帝国では、その体制を維持する手段として、家族構成員の婚姻や養子縁組に対する同意権、居所指定権、家籍変動同意権等の大幅な権限（戸主権）を、家族法を構成する明治民法（戦後の大改正以前の民法の親族編・相続編）に基づいて戸主（原則直系の長男単独の家督相続の対象。女性を家督相続権から完全に排していたわけではないが、基本的に嫡出でない男子も含め男子優先）に認める家制度が導入されていた。家は、同帝国の土台を構築する一つひとつの細胞として位置づけられ、同一戸籍内に編入された家族構成員は戸主の支配下に置かれた。帝国の土台が崩れないよう、戸主にはその細胞を統制する役割が扶養義務とともに付与されていた。この支配体制の中で女性は下位に置かれる一方、夫には妻の財産管理権が付与され、子の親権も原則として父に付与される等（夫権）、夫婦間でも不平等な関係があった。明治民法を基にする家制度は、男性支配を法的に構築するものであった。この点に鑑みると、「個人の尊厳」と「両性の本質的平等」を謳ったベアテ草案一八条は、大日本帝国の抑圧体制の元凶の一つを解体しようとする画期的な内容を持っていた。

　ベアテ草案はその他、妊婦および乳児を保育中の母に対する保護、嫡出でない子に対する法的差別の禁止、長男の単独相続権の廃止、児童労働の禁止、女性の専門職や公職への就任権、男女の同一労働同一賃金、児童に対する無償医療等を含む幅広い人権規定からなっていた。

オーストリア生まれのゴードンは、著名なピアニストであった父が東京藝術大学教授を務めていた関係で、若い頃に約一〇年間日本に滞在していた。後にGHQ民政局スタッフとして日本国憲法草案の起草にかかわることになったとき、女性が抑圧される姿を日本滞在中に目にしたことから、女性の状況を改善するには「女性の権利をはっきり掲げなければならない」「女性が幸せにならなければ、日本は平和にならない」と考えたという。[8] そうした経緯から、ベアテ草案には女性の人権に関連する各種の条文が含まれていた。同草案の多くはGHQ案から削除される中で、憲法二四条の原型となったベアテ草案一八条はGHQ案二三条として残った。

GHQ案に基づき「憲法改正草案要綱」が作成されたが、途中で二三条が大幅な削除対象となったこともあった。また、当時の日本政府が憲法改正で最も重視したのは天皇制の維持（国体の維持）であり、天皇主権国家を支える家制度の廃止は国体の維持を危うくしかねないことから、廃止の意思を持っていなかった。[9] しかし、結果的に現行の二四条とほとんど同一のものが憲法改正草案要綱二二条として入り、条文化された「憲法改正草案」が帝国議会で審議されることになった。

衆議院の審議では、国体の維持の観点から家制度の廃止を懸念する声が保守勢力から出された。一方、社会保障（社会権）の観点から、家族の保護条項の導入を求める声も出された。このように、保守派と社会権推進派の双方から要請が出されたが、結果的に「左右両派の攻勢に対する妥協として、個人尊重主義を基礎とした画期的な憲法二四条が成立[10]」することになった。

②憲法二四条の意義

上記の経過を通して成立した憲法二四条は、次のように規定されている。

①：婚姻は、両性の合意のみに基いて成立し、夫婦が同等の権利を有することを基本として、相互の協力により、維持されなければならない。

②：配偶者の選択、財産権、相続、住居の選定、離婚並びに婚姻及び家族に関するその他の事項に関しては、法律は、個人の尊厳と両性の本質的平等に立脚して、制定されなければならない。

これに基づき、明治民法の大改正が一九四七年に行われ、家制度が廃止された。このときに、憲法二四条の趣旨につながる形で新民法の解釈基準として「この法律は、個人の尊厳と両性の本質的平等を旨として、解釈しなければならない」（二条）ことが追加された。また、同改正の結果、成年者の婚姻に際して、当事者以外の同意は不要となった。夫に認められていた妻の財産管理権も廃止され、また子に対する夫婦の共同親権（離婚後は父母のどちらかによる単独親権）が規定された。同改正により、民法上のジェンダー差別がすべてなくなったわけでないが（例えば、婚姻適齢規定における男女差、女性のみの再婚禁止規定）、少なくとも男性支配と対になる女性の抑圧を生み出してきた家制度を廃止できたという点において、二四条の大きな意義の一つを見出すことができる。

戦後の憲法学界は、憲法二四条が「個人の尊厳」と「両性の本質的平等」を謳っていることに着目し、その意義は、消極的な意味で自由権と平等権の保障にあるとし、それが通説となっていた。[11] 家制度の廃止が社会の民主化と平等化を促すとともに、女性の権利を保障するという解釈である。[12] しかし、同条の意義はけっしてその点に留まるものではない。

日本を含む世界各地で一九七〇年代に繰り広げられた女性解放運動は、家族内の性別役割分担を前提に、資本主義の発達とともに歴史的に形成されてきた〈近代家族〉を問題化した。その視点は、女性学・ジェンダースタディーズの影響もあり、とりわけ八〇年代後半に、通説をはるかに超えた憲法二四条の積極的解釈をもたらした。同条が規定する個人の尊厳と両性の本質的平等を「近代家族に刻印されてきた性別役割分担論の克服」[13]を目指すものとして再評価する試みが始まったのである。それは、男性支配により決定づけられる性別役割分担が、女性を家の中に囲い込み、家事や育児・介護を担うケア要員に仕立て上げ、性的従属を強いてきたことに着目し、家制度の廃止のみでは根絶し得なかったジェンダー差別やDV等の、家族内のジェンダーに基づく暴力を克服するための根拠条文として同条を位置づけるものであった。[14]

このような積極的解釈の延長線上に、憲法二四条を日本国憲法の平和主義を構成する重要条文の一つとして位置づけることもできる。軍事主義の維持と拡大には、公的に理想とされる家族像に基づく〈家族秩序〉を国民国家内で形成することが往々にして求められる。その点に鑑み、上から強権的に押し付けられる、家制度に象徴される特定の家族像を否定し、かつジェンダーに基づく差別や暴力を否定した条文としてとらえると、憲法九条（戦争の放棄、軍備及び交戦権の否認）と一体化したものとして、解釈できるのである。[15] また、大日本帝国の軍事主義や植民地支配を支えた家制度を廃止したことをもって、多数のアジア諸国の人々に甚大な被害をもたらした同帝国の歴史への反省に立った日本国憲法の平和主義のあり方を示す条文とも言えよう。

日本国憲法前文第二段は、国民のみならず全世界の人々が「ひとしく恐怖と欠乏から免かれ、平和のうちに生存する権利を有すること」を掲げている。つまり、戦争や武力行使により生命を脅かされない生命権、および貧困等の構造的暴力から解放されるための社会権等から、平和的生存権が構成されている点に注目するときに、九条とともに平和主義を構成する二四条が、社会権の重要条文である二五条（生存権）と密接な関係を有するものととらえることができる。

以上で述べたように、憲法二四条は歴史的経過とともに複数の意義を持つ条文として（再）評価されてきた。一方、保守改憲勢力にとって同条の成立は、自らが固持してきた思想とそれに基づく体制を完膚なきまで否定する革新性を有するがために、とうてい受け入れがたい「革命的インパクト」を与えるものであったに違いない。その大きな反動が、次から述べる保守改憲勢力による同条攻撃として現在まで続いている。

3　狙われる憲法二四条——保守改憲政党・勢力による攻撃

サンフランシスコ講和条約の発効により〈主権〉が回復されると、保守改憲政党による再軍備化の要請を含む日本国憲法批判が始まった。その最初のものが、一九五四年一一月に保守政党の自由党（保守政党の日本民主党と五五年に合流し、自民党が結成された）憲法調査会が発表した「日本国憲法改正案要綱」である。その中では、家制度の復活は否定しつつも、夫婦とその子から成る家族を標準家族とし、それらを中心に構成される血族共同体の保護と尊重、および親への孝養義務の導入が求められた。これは憲法二四条への明確な批判であった。また、社会が異なる人格を有する個人から成ることを前提とする日本国憲法の〈個人主義〉批判でもあった。

自民党結成後も同党を中心に保守改憲政党は、個人主義批判と家族の尊重を求める家族主義の観点から日本国憲法批判を続けており、現在にいたっている。それでもなお現在まで改憲されずにきた主たる理由は、二大政党をなす自民党と社会党（後に「社民党」に改称）が長年対立し、保守改憲派が各議院で三分の二の議席を獲得できない状態が続いたからである。

ここで、憲法二四条と密接に結びついている家族法改正にかかわる動きを紹介しておきたい。一九九〇年代に試みられた婚姻・離婚関係の民法改正の動きに対する神社本庁や日本を守る国民会議等の民間保守改憲勢力による激しいバッシングである。これらの勢力は夫婦間で別姓を認めると家族の絆が壊れると主張し、選択的夫婦別姓制の導入案に対し強い批判の矛先を向けた。

そもそも夫婦別姓制は、日本と文化圏が近い国々を含む世界各国の法制度とその運用からしても、家族の崩壊を導く要因とは言い難い。しかし、組織的に行われた反対署名活動や地方議会での反対決議採択運動等の結果、一九九六年二月に法務省法制審議会が選択的夫婦別姓制の導入を含む民法改正案要綱を決定したにもかかわらず（法制審議会の決定がなされると、通常は閣法として国会上程される）、国会上程にはいたらなかった。近時にいたるまで、野党は選択的夫婦別姓制に関する民法改正案を何度も共同提出してきたが、国会閉会により廃案になる状況が続いている。一方、民間保守改憲勢力による選択的夫婦別姓制攻撃は、現在まで執拗に続けられている。

二〇〇〇年代に入ると、両議院に憲法調査会が設置されたこともあり、自民党による憲法二四条批判が活発になった。自民党政務調査会・憲法調査会憲法改正プロジェクトチームは〇四年六月、改憲に向けた「論点整理」[16]を発表した。そこでは、憲法が掲げる国家像として「国民誰もが自ら誇りにし、国際社会から尊敬される「品格ある国家」」が謳われ、そのために「国と国民の関係をはっきりさせるべきである。そうすることによって、国民の中に自然と「愛国心」が芽生えてくる」と主張されている。これに従えば、国民の愛国心を駆り立てることに憲法の役割があることになる。それは公権力から介入されない自由を出発点とし、公権力の暴走を防ぐことで基本的人権の尊重を護るための手段として憲法を位置づけてきた立憲主義の意義を否定することになる。

さらには、「家族や共同体が、「公共」の基本をなすものとして、新憲法において重要な位置を占め」ることがふさわしいとされ、こうした考え方を踏襲する形で、前文には「社会を構成する重要な単位である家族に関する文言を盛り込むべき」、「利己主義を排し、「社会連帯、共助」の観点を盛り込むべき」との意見が出されている。個人が社会の中心となることを否定し、家制度時代のように家族や共同体を重視する発想は、人類の経験と知に基づいて基本的人権の保障を発展させてきた日本を含む国際社会の歴史に鑑みると、明らかに後退を意味する。

日本国憲法三章の国民の権利及び義務に関する各論のうち、家族関連のものとしては、家族の扶助義務や国家責務としての家族の保護規定の導入のほか、憲法二四条にも直接言及し、「婚姻・家族における両性平等の規定（現憲法二四条）は、家族や共同体の価値を重視する観点から見直すべき」との意見が出されている。

憲法二四条見直し論は前述のように、日本国憲法制定以来、保守改憲勢力が持ち続けてきた同条への反発からなされる反撃である。とりわけ看過できないのは両性の平等をターゲットとした点である。大日本帝国時代の家制度はジェンダー不平等に基づく秩序の形成を強制するものであったが、見直し論はそれを彷彿させる。保守改憲勢力にとっては、同条はいまだに受け入れがたいものであり続けているのだろう。その長年の鬱積が、同条攻撃の際に用いられる「利己主義」「個人主義」「家族や共同体の破壊」「家族の絆の破壊」といった常套句を生み出してきた。

自民党が論点整理を発表すると、二四条改憲を懸念する声がフェミニストの間で高まり、二四条改憲反対キャンペーンが展開された。その後は自民党のトーンが下がり、二〇〇五年一〇月発表の「新憲法草案」では同条のタイトルのみの変更となった。[17] しかし、同条改憲の目論みが消え去ったわけではなかった。一二年四月、下野していた自民党は〇四年の論点整理をそのまま反映させた「日本国憲法改正草案」を決定したのである。

4　自民党の「日本国憲法改正草案」の登場

①改正草案における二四条改憲案

自民党の日本国憲法改正草案の特徴は、軍備や武力行使につながる安全保障体制の強化、愛国心の強制、家族主義、人権条項の制限にある。家族関連条項を除き、これらの特徴を示すものとしては、①天皇の元首化〔一条〕、②国旗・国歌の明記とそれに対する国民の尊重〔三条〕、③二章の章題の変更（「戦争の放棄」から「安全保障」へ）、④戦力の不保持の削除、自衛権の明記、および国防軍の保持〔九条二項、九条の二（新設）〕、⑤「個人」ではなく「人」としての尊重、および国民の権利の制限事由たる「公共の福祉」の「公益及び公の秩序」への変更〔一三条〕、⑥「公益及び公の秩序」の下での表現の自由の制限〔二一条二項〕、⑦国家の未来と教育の連結化、および国家による教育環境の整備〔二六条三項〕、⑧緊急事態条項の新設〔九章〕、⑨国民の憲法尊重義務〔一〇二条一項〕等を挙げることができる。[18]

家族関連条項は、憲法前文と二四条の修正を連動させることで、愛国心と家族主義を強く打ち出す内容となっている。まずは前文からみていく。現行の前文を完全削除した前文案では、「日本国民は、国と郷土を誇りと気概を持って自ら守り、基本的人権を尊重するとともに、和を尊び、家族や社会全体が互いに助け合って国家を形成する」ことが盛り込まれている。それによって、国民による国・郷土の防衛に並び、和に基づく家族と社会との助け合いによって形成された国家像が理想として描かれているのである。だが、一つの人格を有する個人を無視した国家観の強制は、基本的人権の核となる思想・良心の自由に反し、基本的人権の尊重とは言えない。しかも、「国と郷土を誇りと気概を持って自ら守」るということは、具体的に考えれば、徴兵制の導入に結びつきかねない(現行憲法では苦役からの自由を規定する一八条等により導入できない)。

次に二四条であるが、「家族は、社会の自然かつ基礎的な単位として、尊重される。家族は、互いに助け合わなければならない」の新設(一項案)が提案されている。この発想は、家制度の根底に流れる考え方と同じである。

「社会の自然かつ基礎的な単位」について、自民党は世界人権宣言一六条三項も参考にしたと説明する。[19] しかし、世界人権宣言同条一項は、何ら制限を受けることなく家族を形成する権利を規定しており、同条二項は婚姻が当事者間の自由で完全な合意のみで成立することを規定している。それを大前提とし、だからこそ同条三項で「社会の自然かつ基礎的な単位」である家族は社会や国家による保護を受ける権利を有すると明記されている。同宣言一六条の趣旨は一項から三項を一連のものととらえて理解されるべきものであり、一元化された国家像を意味するものではない。自民党案はその文脈を無視し、自らの主張に都合よく文言を取り出しているにすぎない。

また、前文案にもみられる〈家族の助け合い〉の発想は、次の三つの観点から問題がある。一つ目に、家族構成員間の支配関係から生じるＤＶ等の暴力を覆い隠す可能性である。暴力を受け続けた被害者は自尊心を傷つけられ、あるいは恐怖のあまり逃げる気力を奪われ、逃げたとしてもその後の生活や子の養育等に見通しが持てないことから、家を出る決心ができない場合が多い。家族の助け合いは、極限状態に置かれた被害者が家を出るという決意をする際の障壁になりかねず、またそうすることをようやくの思いで選んだ者が家族の破壊者とみなされる可能性がある。

二つ目に、国家を支える家族が崩壊しないように、助け合いの名の下で家族内の監視体制を強化することにもつながる。三つ目に、公的な社会保障の削減を正当化する危険性がある。少子高齢国家である日本では、介護を必要とする人口の増加を今後も避けることができない。公的な社会保障の充実が求められるが、その財政負担を減らすために家族の助け合い（家族への負担）が持ち出されることになろう。この場合、新自由主義的な規制緩和のもとで広がる介護ビジネスが提供する各種のサービスを、一定の所得がある家族は利用できるが、それができない家族は社会保障の削減により最も大きな打撃を受ける。

このように、家族の助け合いは美徳のようで、実のところ私たちの首を絞めかねないものなのである。自民党は、家族のありかたに国家が介入する意図はないと説明する。[20] しかし、その意図がどうであれ、このような文言は義務条項および人権制約の原理として機能しうるものである。

次に二四条二項案（現行の一項）と三項案（現行の二項）をみる。現行の二四条一項では婚姻の成立は両性の合意のみに基づくと規定しているが、自民党案では「のみ」が消されている。また、現行同条二項は、個人の尊厳と両性の本質的平等に基づいて「配偶者の選択、財産権、相続、住居の選定、離婚並びに婚姻及び家族に関するその他の事項」の立法がなされると規定している。しかし、自民党案では「配偶者の選択」と「住居の選定」が削除されている。これは、婚姻に対する他からの介入の余地を与え、配偶者選択の自由が奪われることにつながる。家制度時代の反省ゆえに規定されている個人の選択の否定であり、世界人権宣言一六条の趣旨にも反する。住居の選定の削除も、DV等から逃れるために家を出たい被害者の意思の否定につながりかねない。

②自民党案に呼応する民間保守改憲勢力

自民党の日本国憲法改正草案のうち、とりわけ二四条案に対して民間保守改憲勢力はいかなる反応を示してきたのであろうか。ここでは、「美しい日本の憲法をつくる国民の会」幹事長であり、日本会議の関連団体である「「二一世紀の日本と憲法」有識者懇談会（民間憲法臨調）」の事務局長を務める百地章（日本大学法学部教授）が監修したブックレット『女子の集まる　憲法おしゃべりカフェ』（明成社、二〇一四年）の三章から、その反応をみていこう。同ブックレットは、二〇代の大学生とフリーター、四〇代の既婚女性二名、元憲法学の大学教員で喫茶店のマスターをしている六〇代男性による会話形式のものである。

まず、改正前の民法九〇〇条四号ただし書（嫡出でない子の相続分を嫡出の子の相続分の二分の一と規定。二〇一三年一二月改正）に対する最高裁違憲決定（本ブックレットは「判決」と表記）を、「日本の結婚制度を根幹から揺るがす」と批判している。その上で、事実婚の割合が高いフランスやスウェーデンでは嫡出でない子の数が多いため、嫡出であるか否かにかかわらず子には同等の権利が与えられているが、日本ではその数が少ないため、同決定は「日本の実情に即して」いないと結論づける。法律婚主義への強いこだわりと少数者への差別意識がむき出しとなっている。

後半では一九六〇年代の米国で、若年妊娠による貧困シングルマザー世帯と幼児虐待が増加したのは、個人主義と女性解放運動の影響によると説明し、九六年のクリントン大統領（当時）の演説を用いて、強い家族を持つことが強い国家を形成すると訴える。すなわち、強い国家の根幹には家族の絆があり、それを育むために、献身的に育児を担う母親が求められるというわけである。

この後、人々が社会保障制度に頼るのは、家族や地域の絆・つながりが弱くなったためであるが、国家がすべての人をケアするのは難しいという会話が展開される。そして最後に憲法二四条批判で終わりとなる。そこでは「残念ながら両性の「合意のみ」によって成立した結婚は「合意のみ」によって気軽に破局を迎えやすいもの」と断定されている。この主張の根拠はさておき、自由な婚姻の権利を認めていなかった家制度の否定という歴史的な経緯に対する反撃を、不特定多数の人々に受け入れやすくするために皮肉なまでに気軽な表現で描いている。「憲法学者によっては憲法二十四条は「近代家族を崩壊させる要素を含んでいる」と述べるくらいです」とも書かれているが、そのような主張をする憲法学者が極めて少ないことも指摘しておきたい。

以上でみてきたように、民間保守改憲勢力による憲法二四条批判は、二〇一二年の自民党による日本国憲法改正草案に見事に呼応しているのである。

5　愛国心にくすぐられた家族主義からの脱却

明文改憲の動きが加速度を増している現在、二四条がその主たる標的となっている理由をもう少し掘り下げて考えてみたい。

一つ目に、多数の人々が憲法二四条に基づく家族法（民法四編・五編）に依拠して生活しているにもかかわらず、同条は広く知られていないため、改憲のハードルが低い。これは九条改憲阻止を主な運動目的とする各護憲運動・平和運動関係者の間でも然りである。本稿で触れたように二四条は九条と並び、憲法上の平和主義を構成する重要条文である。護憲運動が明文改憲を阻止したいのであれば、二四条に対する意識を高め、その価値をアピールしていく必要もあるだろう。「家族の絆」や「家族による助け合い」という言葉を耳にすれば、家族主義に影響された日本社会ではおそらく多数が疑問視せずに改憲の必要性を認める可能性があるからである（↓第21章）。

二つ目に、憲法二四条と緊急事態条項新設の同時改憲・加憲の意味について述べたい。保守改憲勢力は、大日本帝国時代と同様に家族主義と強い愛国心に支えられたナショナリズムの連結化を図りながら、経済面のみならず安全保障面からも〈強い国家〉を構築するための改憲を進めたいと考えている。そのためには、国家を支える家族の崩壊を防ぐための監視・統制体制を、二四条改憲により作りだすと同時に、特定秘密保護法等の既存の治安立法に加え、憲法内に緊急事態条項を導入することで、社会全体の監視・統制体制の強化が必要だと考えている。これらがセットになったとき、保守改憲勢力が強く望んできた〈強い国家〉再生の夢の一部がかなう。

二〇一六年一一月に行われた米国の大統領選では、共和党のドナルド・トランプが勝利した。この勝利は保守改憲勢力にとって追い風となるものであった。なぜなら日本が米国と肩を並べて米国中心の世界の安全保障体制に寄与すること（→第1章）、および自国の防衛力の増加がさらに求められる可能性を意味するものであったからだ。そうなれば、それを利用して改憲の正当性を国民に強く訴えることができるようになる。このような状況下で、愛国心にくすぐられた家族主義から脱却するのか、それとも強い国家論に追従することで自らの権利を手放すのか。そのどちらかになるかは、一人ひとりが自らの権利と将来の生活を主体的に考えるか否かで決まるだろう。

1——一九九九年の国会法改正に基づき、二〇〇〇年に両議院に憲法調査会が設置された。その後、〇七年の国民投票法の制定とそれを受けてなされた国会法改正により同調査会の後身機関の憲法審査会が設置された。同審査会は憲法改正原案、日本国憲法改正発議または国民投票に関する法案等を審査・提出できる。
2——国民投票は国民投票法二条一項に基づき、憲法改正のための国会発議の日から六〇日以後一八〇日以内に実施される。国会法六八条の五の一項に基づき、国会での改憲案の最終可決により国会発議とされる。
3——青木理『日本会議の正体』平凡社新書、二〇一六年、四八—四九頁。
4——https://kenpou1000.org/news/post.html?nid=48#sub-form（二〇一六年一一月二六日最終閲覧）。
5——https://kenpou1000.org/news/post.html?nid=54（二〇一六年一一月二六日最終閲覧）。
6——https://www.nipponkaigi.org/opinion/archives/8502（二〇一六年一一月二六日最終閲覧）。
7——植野妙実子『憲法二四条　今、家族のあり方を考える』明石書店、二〇〇五年、二〇—二一頁。
8——ベアテ・シロタ・ゴードン（構成・文：平岡磨紀子）『（新装版）１９４５年のクリスマス—日本国憲法に「男

女平等」を書いた女性の自伝—』柏書房、一九九七年、一五三頁、一五九頁。

9——若尾典子「女性の人権と家族—憲法二四条の解釈をめぐって—」『名古屋大学法政論集』二一三号、二〇〇六年、一二八頁。

10——辻村みよ子『憲法と家族』日本加除出版、二〇一六年、八三頁。

11——憲法学界による二四条の通説的解釈は、法学協会編『註解 日本国憲法（上巻）』有斐閣、一九四八年、を参照。

12——前掲若尾、一三二—一三四頁。

13——若尾典子「家族と人権—「家族」神話からの解放—」石埼学・遠藤比呂通編『沈黙する人権』法律文化社、二〇一二年、一〇七頁。

14——前掲若尾、二〇〇六年、一四〇頁。

15——前掲若尾、二〇〇六年、一四〇頁。君島東彦「「武力によらない平和」の構想と実践」『法律時報』七六巻七号、二〇〇四年、八〇頁。中里見博「ジェンダーが揺さぶる憲法構造の変容」『法律時報』七三巻一号、二〇〇一年、五九頁。

16——http://www.shugiin.go.jp/internet/itdb_kenpou.nsf/html/kenpou/chosa/160805jiimin.pdf/$File/160805jiimin.pdf（二〇一六年一二月二六日最終閲覧）。以下、同論点整理からの引用は本資料に基づく。

17——http://www.s-abe.or.jp/wp-content/uploads/constitutiondraft.pdf（二〇一六年一二月二六日最終閲覧）。

18——自由民主党『日本国憲法改正草案（現行憲法対照）』、二〇一二年。以下、同草案からの引用は本資料に基づく。https://jimin.ncss.nifty.com/pdf/news/policy/130250_1.pdf（二〇一六年一二月二六日最終閲覧）。

19——自由民主党『日本国憲法改正草案Q＆A（増補版）』二〇一三年、一六—一七頁。https://jimin.ncss.nifty.com/pdf/pamphlet/kenpou_qa.pdf（二〇一六年一二月二六日最終閲覧）。

20——前掲自由民主党、二〇一三年、一七頁。

（きよすえ・あいさ　家族法・憲法学者）

第11章

結婚、家族をめぐる保守の動き

斉藤 正美

二〇一二年に上梓した山口智美・荻上チキとの共著『社会運動の戸惑い—フェミニズムの「失われた時代」と草の根保守運動—』では、〇〇年代前半から半ばにおける草の根保守運動の、フェミニズムへの攻撃を取り上げた。[1] このとき保守派がターゲットにしたのは、「ジェンダーフリー」[2]、男女共同参画条例、性教育、同性愛・両性愛などであった。そこでのフェミニズムと保守派の抗争は、（フェミニズム側からは）「ジェンダーフリー・バッシング」、あるいは「バックラッシュ（反動）」と呼ばれた。詳しくは後述するが、一九九〇年代までは自民党自らが推進してきた男女共同参画政策を、安倍晋三・山谷えり子ら自民党国会議員らが攻撃対象にしてきたのであった。この時期には、日本会議や宗教保守勢力、保守系地方議員らも、男女共同参画条例や性教育について攻撃を加えていた。

『社会運動の戸惑い』においては、二〇〇〇年前半から中盤までの、保守派とフェミニズムのさまざまな係争を取り上げた。その中には、「新生佛教教団」や「統一教会（現・世界平和統一家庭連合、以下、家庭連合）」など宗教右派の動きもあった。[3]本稿ではそのうち、家庭連合系の動き、なかでも結婚ならびに家族をめぐる動きに焦点を当てていく。それに加えて、国の政策や地方自治体の動きなどを検討する。

結婚、家族というテーマが「右傾化」とどう関係するのかと疑問に思う方もあるだろう。だが、これらの領域は、個人の権利や自由、社会的差別と平等、国家の権限や社会秩序に密接に関わってくる。例えば政治学者の中野晃一は『右傾化する日本政治』の中で、ここ三〇年ほどで「不平等が拡大し」、「個人の権利や自由が制限され、代わりに国家の権威や権限が拡張されるように」なったという。[4]こうした転換は政治主導で引き起こされ、揺り戻しを受けながらも相互が補完しあい連携を強める中で進展している、と中野は述べる。

そこで本稿では、個人の権利や自由に直結する社会的制度である結婚や家族に焦点を当て、国家の権威や権限が拡大する中で、どのように個人の権利や自由が制限されているのかを見ていきたい。そして、草の根保守がそうした動きにいかに関与し、それが安倍政権の政策・動向とどう連動しているのか、「反動」とは見えづらい状況の中でどのように右傾化が進んでいるのかを、渋谷区の条例をめぐる係争や、福井市での婚活推進策、家庭連合の活動などを事例としつつ明らかにしたい。自民党・安倍政権の政策というマクロレベルと、地域における保守、具体的には家庭連合の草の根的な動きというミクロレベルの双方向からとらえていく。

1　ジェンダーと家族をめぐる安倍政権の政策展開

二〇〇五年四月、自民党は座長に安倍晋三幹事長代理、事務局長に山谷えり子参議院議員という形で、「過激な性教育・ジェンダーフリー教育実態調査プロジェクトチーム」（自民党ＰＴ）を立ち上げた。座長となった安倍は、「ジェンダーフリー」や男女共同参画政策、性教育などへの「バックラッシュ」においてリーダー的役割を果たしていた。当時の安倍は、「（男女共同参画社会）基本法そのものに、暴走する状況を生み出す何か、ある種のＤＮＡが埋め込まれているのではないか」（『産経新聞』二〇〇五年六月六日付）などとし、男女共同参画政策に対し著しく批判的であった。自民党ＰＴは、専用のウェブサイトを作成するとともに「過激な性教育・ジェンダーフリー教育実態調査」を実施し、シンポジウムなどを開催、盛んに反フェミニズム運動を展開した。国会では地方の事例を、地方議会では国会の議論を紹介するなど互いに参照し合いながら、「反ジェンダーフリー・過激性教育」の流れをつくっていった。

　その内容は、「ジェンダーフリー」教育とは、「男らしさ、女らしさなど性差を否定・解消しようとするものだ」、「男でもない女でもない、雌雄同体のカタツムリをめざしている」、「マルクス主義に基づいた革命戦略である」、「過激な性教育・ジェンダーフリー教育の実例が三五二〇も存在する」などの流言を含む激しいものであった。[5] その際、保守言論は、ネットや雑誌媒体を中心に活発に動き、統一教会（当時）系の『世界日報』も大きな役割を果たした。

二〇〇六年九月、安倍は首相の座についた。第一次安倍内閣では、「戦後レジームからの脱却」「美しい国づくり」をスローガンとした。〇六年一二月に憲法改正を視野に入れて行われたという教育基本法改正では、男女共学の条項を削除し、保護者が子の教育について第一義的責任を有するとする家庭教育の条項を置いた。安倍内閣は、「新しい少子化対策」（〇六年六月）として、〇七年度には「家族の日」や「家族の週間」を制定するなど、家族の重要性を認識させる動きを見せた。このような動きによって「国の家庭への介入」が目に見える形となった。これは、家族政策における大きな転換点であった。

二〇一二年一二月に始まる第二次安倍内閣では再度、本格的に「少子化対策」に取り組んだ。一三年五月、安倍首相肝いりで設置された「少子化危機突破タスクフォース」は、「生命と女性の手帳」（女性手帳）の導入を検討した。女性の晩婚や晩産を食い止めるために妊娠適齢期を啓蒙しようとしたが、世論の反発で立ち消えになった。同年六月に結婚、妊娠、出産支援の取り組みを決めるなど、結婚促進へとその政策軸を転換した。一五年三月には少子化社会対策大綱が閣議決定され、「結婚、妊娠・出産、子育ての各段階に応じた切れ目のない取組」と「地域・企業など社会全体の取組」を両輪とする、政府主導による結婚奨励策、いわゆる「官製婚活」事業の推進に道を開いた。その政策の検討会では、若い年齢での結婚・出産を実現するために、教育の中で、「妊娠適齢期等に関する正しい知識」提供、「希望に応じて若い時期に結婚できるよう「子供を持つ時期を含めた」ライフデザイン形成などが提言された。また、全国の自治体に「縁結びおせっかいさん」などの結婚相談員を置いたり、お見合いのための結婚マッチングシステムを普及させたりしている。

このように二〇一二年以降の安倍内閣は、少子化対策として結婚支援に乗り出し、「早く、多く子を産む」ことを促す政策に舵を切ったのである。これらの政策は、女性を子産みの道具としかねず、戦前のように、国家が家庭や家族への介入を深めたことを意味している。

第三次安倍内閣は、二〇一六年六月にニッポン一億総活躍プランを閣議決定し、「若者たちの結婚や出産の希望を叶える子育て支援」として「希望出生率一・八」を打ち出した。これにより、内閣府に検討会が設立されるなど、婚活事業の推進に大々的に取り組むようになった。一三年度には「地域少子化対策強化交付金」が創設され、毎年約三〇億円規模の予算が、全国の地方自治体の婚活事業などにばらまかれた。これらの予算により、独身者向けセミナーの開催、出会いイベントや婚活パーティなど、行政主導の結婚支援策が全国で繰り広げられている。

また自民党は、稲田朋美政調会長（当時）の指示により、二〇一六年二月、LGBT[6]について「性的指向・性自認に関する特命委員会（委員長：古屋圭司）」を設置し、同年五月に基本的な考え方を発表した。六月には『性的指向・性同一性（性自認）の多様性って？――自民党の考え方――』を刊行した。このパンフレットは「同性婚」や「パートナーシップ制度」に慎重な姿勢を示す一方、「カムアウトする必要のない、互いに自然に受け入れられる社会」を目指すと言ったり、「性的指向・性同一性（性自認）の多様性を受容することは、性差そのものを否定するいわゆる「ジェンダーフリー」論とは全く異なる」などと述べたりしている。しかも、具体的な生活上の困難や差別への制度的な対応などには手を付けておらず、LGBT問題に取り組んでいるということをアピールするだけのものであった。なお、自民党のLGBT問題への一見、積極的に見える対応については、二四条改憲論（→第10章）への誘導として使われる怖れなども指摘されている。[7]

二〇一七年度最初の通常国会では、「家庭教育支援法」が上程される運びと報道されている。それは自民党の改憲案とも符合し、「改憲への布石」ではないかとメディア等で指摘されている。家庭を国家に貢献する子を育てる場とするなど、第二次安倍政権以降、家族に介入する政策が目立つようになっている。

2　渋谷区条例に対する家庭連合の反対運動

二〇〇三年一二月、宮崎県都城市が策定した「男女共同参画社会づくり条例」は、「性別又は性的指向にかかわらずすべての人の人権」を尊重するという表現を用いて性的少数者の権利擁護を明文化した全国初の条例であった。都城市は人口一三万人（当時）の地方都市だが、旧統一教会と『世界日報』はこの条例に対する反対運動を展開し、この条例案は激しい批判にさらされた。それでも僅差で可決され、制定に至った。ところが〇六年の町村合併に伴い、この条例から「性別又は性的指向にかかわらず」という文言が削除され、画期的な内容を失ってしまった。[8]

それから約一〇年後の二〇一五年三月三一日、東京都渋谷区は「渋谷区男女平等及び多様性を尊重する社会を推進する条例」を可決した。[9]この条例には、任意後見契約や準婚姻契約書などの公正証書を区に提出した同性カップルに対し、区がその関係性を証明する証明書を発行することも含まれる。[10]一五年二月、この条例に反対する運動に乗り出したのが、家庭連合の有志であった。[11]

渋谷区の条例に対して、なぜ反対運動を展開したのか、家庭連合広報局長の鴨野守と同局渉外部長の澤田拓也に尋ねる機会を得た。[12]真っ先に挙げた理由が、「地元だから」というものだった。家庭連合は、渋谷区松濤に本部を置いている。元『世界日報』記者の鴨野は、かつてジェンダーフリーバッシングで活躍した人物であるが、二〇一五年二月一四日付『朝日新聞』がこの動きを取り上げたのをみて、朝日新聞はこの条例を積極的に応援するつもりだと思ったという。鴨野は危機感を募らせ、信者もチラシを作り配布するなど大々的に反対運動を展開した。

渋谷区の条例に対する家庭連合の考えは、二〇〇三年ならびに〇六年における都城市条例反対運動に関し鴨野が主張していたことと共通点があった。二〇〇三年八月三〇日付『世界日報』は、山本彰による「条例が成立すれば都城市は全国から同性愛者が集まる〝同性愛解放区〟になりかねない」との批判記事を掲載した。鴨野にしても、「同性愛・両性愛はけしからん」「同性愛は「病気」であるから、元通りに治せばよい」と断言するほどの否定派であった。渋谷区の場合も、一五年二月二四日付で『世界日報』は、「渋谷区の同性愛結婚相当条例案に社会規範差し置いて賛成する朝毎」との批判記事を掲載。同性愛者は「従来、変態（性的倒錯）、異常性欲とされてきた」だけでなく、フリーセックスのためにＨＩＶ、エイズのほか様々な感染症を広めかねず、

「条例が制定されれば、同性愛者にやさしい街というので、全国から同性愛者が移住してくるに違いない」と警告した。都城の時と同様のレトリックを使っていたのである。家庭連合による文書「ＬＧＢＴについて」によれば、「同性愛・両性愛行為は、聖書の教えに背くことになるから「罪」として禁止」されているのだ。

一方で、同じ文書には、トランスジェンダーについて、それは「医学上の問題であり」「容認しています」と書かれている。この件について、鴨野に話を聞いてみた。「実は教会の中にもそういう（性同一性障害の）青年がいる、苦しんでいると聞いて、ただ病気だといって片づけられないんですよ。教理上、男は女と結婚しなさいと言われている人にとって、それはつらいことです」。続けて鴨野は、「ただ、けしからんでは反発を招くだけ。同性愛者であるということで差別されるのであればそうした差別については反対する」と述べた。都城の時は、トランスジェンダーなどの個人の権利は守るべきだとまでは言ってはいなかった。

同性愛についてどう考えるか、今度は澤田に聞いてみる。「私たちの中ではまだリアリティがなく、まだまだ途上です」と言う。反対という点では都城の時と変わらないが、総じて表向きは少しトーンダウンした印象だった。

もちろん、家庭連合の教義は、「神様の理想を具現化する場として、結婚と家庭を最も重要視している」る（家庭連合サイト：結婚と家庭[13]）。「結婚とは男女によるものであって、それはその間でしか子供が生まれないからだ」（『世界日報』二〇一五年一〇月二四日付）という八木秀次麗澤大教授の主張は、教団の同性愛批判の核心とも合致するだろう。「神が創造した家族の形は、男と女。そういう（同性同士が築く）発展性のない家族、子孫が残らない家族の形というのは神の意志にも反している」と鴨野は語り、家族という制度を守るために、同性婚制度には強く反対すると語った。前出の八木は、アパートの入居など個別具体的な問題に対応せずに、「同性カップルを「結婚に相当する関係」と認める」のは、「小さなところで解決できる問題を大きな問題に仕立て上げ、社会の原則自体を大きく変えようとする」、「左翼運動の常套手段」だと批判した[14]。

以上を総合すると、「子を産む可能性がない」ような「同性カップル・同性婚」が、急速に社会に認められつつあると家庭連合は考え、危機感を募らせていることが分かるだろう。

家庭連合本部の、道路に面した外壁には、映像を流すスクリーンが新たに設置され、家庭連合が行っている祝福結婚などのPRを動画で流していた。祝福結婚とは、国際合同祝福結婚式を通じた、教団の信者同士の結婚のことだ。スクリーンを見て祝福結婚に参加する人がいるのか、広報局の二人に聞いてみた。「（一般の人が）ネットでいろいろ調べ、祝福結婚について本部に訪ねてこられます。勉強を始められて、すでに祝福まで受けられた方もいらっしゃいます。やっぱり今、結婚はなかなか難しいですから（祝福結婚への関心も高まっている）」と澤田は述べた。その澤田の名刺には、妻とのツーショット写真と、合同結婚式に参加した年月、子どもの性別と人数までが記され、祝福結婚と子どもを重視する考えがよく表れていた。

こうした家庭連合の結婚至上主義と子だくさんの家庭を理想とする家族観は、安倍政権とそれに追随する地方自治体の「結婚いいね！キャンペーン」（福井県）や、出生率の向上を目的とする「世話やきキューピッド事業」（鹿児島県）、「富山の結婚、妊娠・出産、子育て応援宣言！とみいくフレフレ」サイト（富山県）などの婚活支援策の方向性とも呼応していよう。

3　婚活政策と結婚教育――福井市議の活動

次に、国が進める婚活支援事業を、地方の現場からとらえ返してみたい。

福井県は、婚活先進県とみなされている。二〇一一年から「従業員（男女を問わず）が当該企業在職中にもつことが見込まれる子どもの数」を「企業子宝率」という指標で表すようにしたり、独身者が結婚について相談できる既婚者の「縁結びさん」を職場に置く事業など、他に先駆けて企業を巻き込んだ結婚支援事業を数多く行っている。[15] 私が一六年一一月に訪ねた際、福井県庁玄関には、「プロポーズ　ハイかＹＥＳで答えてね。」等と書かれた三枚の結婚応援ポスターのパネルが飾られ、「結婚いいねふくい」キャンペーンを県庁を挙げて行っていた。「ふくい結婚応援企業が一〇〇社到達！」という、企業の営業成績表のようなボードまで展示されていた。同県福井市では、男女共同参画も、今や、男女共同参画・少子化対策室という組織に編成されており、県と同様に、婚活を含む少子化対策に力を入れている。

こうした結婚政策に対して、独自の視点で福井市に提案をしているのが、自民党所属の市議会議員、近藤實である。近藤は以前より会社員の傍ら『世界日報』に寄稿したり、家庭連合会系の集会に参加するなどしており、おそらく家庭連合の信者だろう。さらに、「頑張れ日本！全国行動委員会」福井県支部[16]の顧問も務めている。近藤は二〇〇〇年代半ばには、特に男らしさ女らしさなどを重視すべきだという考えから、「ジェンダーフリー」政策に対して明確に異議申し立てをするなど草の根保守活動を熱心にしていた。

二〇〇六年、自身の立場とは異なるにもかかわらず、男女共同参画の推進活動に協力する福井県男女共同参画推進員に応募し、委員になると、県生活学習館のジェンダー関連図書一五〇冊以上を「男女共同参画に相応しくない」と苦情申し立てをした。これに対して、対象となった図書の著者、上野千鶴子らが福井県で集会を開き、県に対し情報公開請求を申請するなどの行動を起こした。近藤のこうした動きは、前述の自民党ＰＴなどによる、男女共同参画政策批判に呼応するものであった。

近藤は二〇一五年四月、稲田朋美衆議院議員の応援を得て六〇歳で市議に初当選。このときは、当選者三二人中、二八番の得票数であった。現在は、議会を中心に、結婚、家族に関する問題提起を行っている。近藤が最も力を入れて主張しているのは、学校教育に「結婚は幸せ」という結婚教育を導入することである。一五年六月の議会では、「国や県や市が進めている少子化対策は一番重要なことが欠落している」とし、「第一は、子どもたち、中学生、高校生、大学生に結婚が大切であること、幸せなことであるということをしっかりと伝えること」、「第二は、若い人たちの正社員としての雇用を確保することと賃金をふやすこと」が重要だと述べている。さらに近藤は、少子化対策としての結婚ではなく、「人生を幸せに生きるために大切なこととして結婚がある」と強調している。その上で、市で新たに中学校向けの家庭科の副読本を作成することを提案している。

二〇一六年一一月、福井市内で近藤に会った際には、『結婚物語A』『結婚物語B』という自家製の冊子を見せてくれた。副読本のモデルとして作成したもののようだった。表紙には、「結婚とは二人の男女が長い時間をかけて描いているこの世に残すたった一つの物語である。幸せな結婚に必要なのは、「良い人を見つける」ことではない。「自分が良い人になる」ということだ」とある。これは、結婚及び結婚生活を崇高な宗教実践ととらえる家庭連合の教えと一致しており、近藤にとっては宗教的な実践とも言えるだろう。[17]

だが、結婚を絶対視するこうした教育を義務教育に取り入れることで、その場にいる可能性の高い同性愛・両性愛者の児童・生徒や、異性同士が築く家庭とは異なる家庭環境にある児童・生徒、さらには教育に携わる教職員をも追い詰めることになりかねない。それだけでなく、個人の自由であるはずの結婚を強要することにも結びつく可能性がある。

二〇一五年六月の議会で近藤は、渋谷区の同性パートナーシップ条例について触れ、福井市では導入しないようにと申し入れをし、市の理事から同意を引き出している。同月の議会では「ゼロ歳児保育や一、二歳児保育をこれ以上推進することは非常に危険です。小さな幼児は母親が育てるべき」と主張してもいる。晩婚化・非婚化対策についても、「男女には適切な役割分担がある」と、性別役割分業を固定化するような意見を述べている。近藤によるこれらの提案は、結婚に絶対的な価値を置くもので、福井県が進める結婚支援政策よりもさらに一歩踏み込んでいる。それゆえ福井市当局も、「結婚に対するポジティブな考えだけを取り上げ」ることは「多種多様な家庭環境がある現状」に鑑みて適切ではない（内田高義教育長）とし、これまでのところ同意していない。このように近藤は、結婚至上主義、純潔教育、性別役割分担、母性の強調など、一定の枠内にある家族像を学校教育に取り入れるべきだと主張し、この考え方に基づいて活動を続けているのである。

二〇〇〇年代半ばの近藤の活動は、当時の安倍ら自民党の主張や活動と一致していた。結婚教育を義務教育に取り入れるという、福井市議になってからの近藤の主張も、結婚・妊娠・出産・子育て教育をはじめとする情報提供や、「どのような相手を選び、何人子供を持つか」など、自らの人生設計を早い段階で考えさせるといった、安倍政権が推進する政策と基本的な発想を同じくしている。

4　家庭連合の家族観——富山でのフィールドワークから

二〇一六年九月に私は、富山県高岡市郊外にある家庭連合の高岡家庭教会[18]で行われた定例の日曜礼拝に初めて行ってみた。九割以上が女性で年齢も六〇歳以上が多いようだった。賛美歌、説教、ビデオの上映と続き、そこでは何度も、家庭を守ることの大切さ、家庭の平和が即国家の平和につながっていることが述べられていた。

正面のスクリーンには、故文鮮明の妻韓鶴子の活動が映像で流される。その映像では鶴子は信徒から「真のお母様」と呼ばれ、夫を支える妻の役割が称揚されていた。最後に参加者は昼食を一緒に食べることになっており、女性たちが準備していた。教会の中では、画に描いたような性別役割分業が実践されていた。

以前、鴨野広報局長と高岡家庭教会長ら関係者に話を聞いた際には、家庭連合では、家族や家庭を大事にと言っているが、全国に赴任する教会長などの職員の場合、子どもの教育などの理由で単身赴任も少なくないと言っていた[19]。その一方で、女性の職員は家庭が大事だから転勤はさせていないという。やはり、「家庭＝女性が守る」という考えが見て取れる。

礼拝の終わりに、「壮年街宣」を午後から駅前で行うという告知があった。その際、中国・北朝鮮の脅威を訴えるビラを配布するという。改憲も訴えるのかと聞くと、「当然それもやりますよ」と言った。変えるのはどの条文ですかと聞くと、「前文と、九条と二四条」と即答した。「二四条をどう変えるのですか」とさらに聞くと、「家族条項を入れます」と言って急いで街宣に出かけていった。家庭崩壊を危ぶみ、制度としての婚姻を守るという宗教上の思想と、反共のために戦うという行動がスムーズに連携していた。

同じ時期に私は、富山市内で開かれた「富山大学ＵＰＦ[20]同窓会」にも行ってみた。富山大学出身の家庭連合の同窓会と、平和大使協議会ならびに一般ゲストが参加する講演会を兼ねた催しであった。私が高岡家庭教会に行った際に、富山大学ＯＢの徳野英治家庭連合会長も来るからと誘われたのだった。会場には親に連れられた子など大学生三名を含め、四〇～五〇人が参加していた。

自民党の富山県議会議員も参加していた。平和大使協議会会長として韓国に行った際の報告を行った県議は、「家族の価値を求めて」という題の講演もする予定だった。レジュメでは盛大に家族の話をすることになっていたが、実際はリオオリンピック、富山の政治などが中心で、最後になって、「男女共同参画、男女平等、知る権利と、「権利、権利」ばかり言う。学校でも子どもの権利などと権利を主張することが蔓延しているのは問題だ」とか「家族のかけがえのない命を生ききる。しっかりと生ききる。大枠は家族だが、旦那と奥さん、合和して暮らすことが大事。そういうことが地域を明るくする、犯罪がなくなる」と述べ、「少子化、結婚しない、子ども産まないのが多い」と危機感を語った。徳野会長は、「殺人事件の五三・五％（二〇一三年）が親族間のものである。家族とはなんぞやを考えていかねばならない」と話した。

私には、家庭連合のアイデンティティである結婚や婚姻制度を称揚し、確認する場と感じられた。異性との結婚を望まない者、そもそも独身主義の者、また（身体的理由や自由意志により）子どもを授かることのない者が、その場にいるかもしれないという発想は見出せなかった。

おわりに

二〇〇〇年代前半に、男女共同参画に関して激しい反動が社会の表面に浮かび上がった。当時の安倍晋三は自民党の一員として草の根運動や保守言論などと連動した反動的な動きをつくった。
一方、二〇一二年に第二次安倍内閣が発足して以降、安倍は以前の自民党PT時代のように男女共同参画などへの直接的な攻撃は行わず、「女性が輝く」や「女性活躍」を主張し、一六年には女性活躍推進法を制定した。だが、それらの政策は、性別役割分業を問い直したり、性差別を解消したりすることがまったくない。それればかりか、労働者派遣法など労働法制の改悪を推し進めている。

その一方で、子育て・介護については、社会化（社会全体で取り組むこと）がまったく不十分なまま、家庭の自助努力という、女性をあてにする家族政策の色合いを強めている。少子化対策に名を借りた婚活支援政策は、結婚、妊娠、出産支援などを通して、国家による家庭への介入を強めることに寄与している。官製婚活の全国への浸透度合いは、戦中の「結婚報国」や「産児報国」[21]の再来かと疑うほどである。さらに、中高生に向けて早婚・多産に向けたライフプラン教育が行われているが、どれだけ官製婚活を進めても、子育て・介護の社会化が進まない中では、女性の「産みたくても産めない」状況は改善されないだろう。

安倍政権による「女性活躍」や「一億総活躍」政策は、巧妙に女性にスポットライトを当てているのであまり認識されていないが、これまでの議論からも分かるように、個人よりも家族を重視し、女性の再生産活動ならびに性別役割分業をあてにするもので、旧来の自民党の家族政策と本質的には何も変わっていない。

一方、家庭連合は、結婚と結婚から形作られる家族に価値を置く。それゆえ、個人を尊重する憲法二四条を改憲しようとビラ撒きや街宣に出かけている。福井の活動家・近藤實は、市議会議員として、結婚教育を義務教育に取り入れさせようと活動を展開している。先述のようにそれは、安倍政権のライフプラン教育と、基本的な発想を同じくしている。家庭連合や近藤のこうした活動は、結婚し、子どもを持つべきだという家族観を市民に押しつけるものであり、安倍内閣による上からの結婚支援に呼応している。

家庭連合では、子どもを持つことに重きを置く。そのため、「子を産む可能性がない」ような「同性婚や同性カップル」が、条例などによって今後、受け入れやすくなると彼らは考え、危機感を募らせた。それが、都城市や渋谷区での条例反対運動に結びついた。他方で、トランスジェンダーに対しては「医学的な問題である」との病理化言説に依拠することで、家族的価値観の問題から切り離してしまい、関心を払うことがない。

紙幅の関係で家庭連合以外の右派の動きに触れることができなかったが、「行き過ぎた個人主義、女性の権利」を批判し、家族を強調する右派の動きには共通点も少なくない。例えば、前著で扱った新生佛教教団系の『日本時事評論』は、自民党改憲草案での二四条に「家族は互いに助け合わなければならない」という家族保護条項を追加すべきだと主張し続け、二〇一六年九月に発足した「二四条変えさせないキャンペーン」を批判している。(同一七年一月二〇日号)。修養団体・実践倫理宏正会が同年五月に開催した同団体創立七〇周年記念式典では、安倍総理が「私が現在目指している「一億総活躍社会」の実現も実践倫理宏正会で目標とされている、家族みんながそれぞれの役割に励んでいることを認め、感謝し合う「家庭愛和」の精神に通ずるもの」と来賓挨拶したという（『倫風』七月号）。一億総活躍と（家族の）役割分担とがストレートに結びつけられているのである。

結婚や家族を重視するこうした動きは、宗教団体や修養団体に限られるものでなく、婚活活動に関わる多くの企業や団体、大学など、その裾野はますます広がっている。

クィア理論を専門とする川坂和義は、安倍政権下の保守主義と女性・ＬＧＢＴの政治について論じる中で、「安倍政権は、女性をめぐる政治においては、積極的な行動の中で矛盾を露わにする」と見る一方で、「日本の性的少数者に対しては彼らの問題は人権問題としてさえも認識しない」と分析している。[22]さらに、「ＬＧＢＴの権利」が「『日本』という国家のブランドや経済にどれほど寄与するのかという視点から語られている」ことを指摘。これは実際の「日本の性的少数者のプライバシーや生活から乖離する」ものだと述べる。

また、右派の動向を研究する山口智美は、右派や自民党は「人々が結婚し、生み育てることが前提になっている」家族観を提示していると指摘する。[23]このような家族観のもとに、第二次安倍政権以降は特に、少子化対策としての婚活支援策がひたひたと個人の領域に侵入している。保守運動や宗教右派は、特定の結婚のあり方やあるべき家族を奨励し、家族の助け合いを称揚する活動に日々勤《いそ》しんでいる。国家や地方自治体による上からの家族への介入政策と、草の根による自発的な「あるべき家族」像の実践によって、個人の自由や尊厳は、侵食されか細くなってきている現状に、強い危機感を抱かざるを得ない。

1――山口智美・斉藤正美・荻上チキ『社会運動の戸惑い―フェミニズムの「失われた時代」と草の根保守運動―』勁草書房、二〇一二年。

2――保守派は、これが曖昧な概念であったことに乗じ、「性差の否定」を目論んでいる、「トイレや更衣室などを一緒にしようとしている」、ひいては、「日本文化を破壊するものだ」などと疑問を投げかけ、フェミニズムや男女共同参画叩きに悪用した（詳しくは前掲山口・斉藤・荻上、一九―三三頁）。

3――二〇一五年八月、統一教会は「世界平和統一家庭連合」に名称を変更した。この変更は、創設者文鮮明の「宗教を超えて宗教が行くべき最終定着地は家庭である」との判断により行われたものだという。

4――中野晃一『右傾化する日本政治』岩波新書、二〇一五年、二一―一八頁。

5――前掲山口・斉藤・荻上、二六―三三頁。

6――レズビアン、ゲイ、バイセクシュアル、トランスジェンダーの頭文字をとった総称で、性的指向および性自認等の性的少数者を限定的に指す。

7――藤田裕喜「同性婚をめぐる改憲論の壮大な罠」『週刊金曜日』二〇一七年一月二七日号、二二―二三頁。

8――前掲山口・斉藤・荻上、一四七―二〇〇頁。

9――この条例についてマサキチトセは、画期的という声がある一方、同区内の「公園整備におけるホームレスの強制排除に積極的推進をした長谷部健区議がこの条例策定でも中心人物であることが明らかになり、その理念的な矛盾が露呈した」と指摘する（マサキチトセ「排除と忘却に支えられたグロテスクな世間体政治としての米国主流「ＬＧＢＴ運動」と同性婚推進運動の欺瞞」『現代思想』二〇一五年一〇月号、七七頁）。清水晶子「ようこそ、ゲイ・フレンドリーな街へ」『現代思想』二〇一五年一〇月号、一四四―一五五頁も参照。

10――二〇一七年二月現在、パートナーシップ条例やパートナーシップ証明書についての動きは東京都世田谷区、兵庫県宝塚市、三重県伊賀市、沖縄県那覇市、北海道札幌市へと広がりを見せている。

11——他に、頑張れ日本！全国行動委員会（幹事長：水島聡）が、三月一〇日に「同性パートナーシップ条例絶対反対緊急行動」というデモを行った。同会については、註16も参照。

12——二〇一六年六月一五日、渋谷区の教団本部での鴨野守広報局長、澤田拓也同局渉外部長へのインタビュー。

13——http://ffwpu.jp/?page_id=19（二〇一七年二月二八日最終閲覧）。

14——八木秀次「明治神宮が「同性婚の聖地」になる日」（『正論』サイト http://seiron-sankei.com/9087（二〇一七年二月一八日最終閲覧））。

15——拙稿「国家プロジェクトと化した「婚活」　莫大な税金投入は誰のため？」（messy サイト http://mess-y.com/archives/38590（二〇一七年二月一八日最終閲覧））ならびに、「「官製婚活」で結婚・出産を強要？」『週刊金曜日』二〇一七年一月二七日号、一六―二〇頁も参照。

16——頑張れ日本！全国行動委員会は、二〇一〇年、草の根からの保守運動を掲げ設立。全国に支部を持つ政治運動団体。渋谷区内に本部事務所とチャンネル桜というテレビ局を持つ。同支部の相談役には、稲田朋美の実父・椿原泰夫（故）が一七年二月現在も名を並べる。blog.livedoor.jp/ganbare291/（二〇一七年二月一八日最終閲覧）。

17——http://ffwpu.jp/?page_id=19（二〇一七年二月二八日最終閲覧）。

18——全国に二八四ある家庭連合の最寄り教会の一つ。

19——二〇一六年九月二日、富山県高岡市に於けるインタビュー。

20——天宙平和連合。家庭連合系列の国際ＮＧＯ機関。後述する家庭連合徳野会長は、この天宙平和連合日本会長でもある。

21——荻野美穂『「産児報国」の時代』『「家族計画」への道―近代日本の生殖をめぐる政治―』岩波書店、二〇〇八年、一一一―一四〇頁。

22——川坂和義「「人権」か「特権」か「恩恵」か？―日本におけるＬＧＢＴの権利―」『現代思想』二〇一五年一〇月号、九〇頁、九三頁。

23——山口智美「日本会議のターゲットの一つは憲法２４条の改悪」成澤宗男編『日本会議と神社本庁』金曜日、二〇一六年、一八二頁。

（さいとう・まさみ　社会学者）

第12章　税制で誘導される「家族の絆」

堀内京子

日本会議の中心メンバーは、一〇年以上前から、税制や法律を通じて「家族の絆」を強化する戦略を描いていた。「三世代同居」や「法律婚」など特定の家族に限って有利となる税制改正をもくろみ、〝伝統〟的な家族観を広めようというのもその一環だ。財務省や自民党税調に「スジ悪」として相手にされてこなかったこれら税制改正案は、安倍政権下で一気に表舞台に躍り出た。改憲には注目が集まっているが、その傍らで、税制の「公平・中立・簡素」の原則は、今や風前の灯火だ。税制で誘導される家族の形は、自民党の改憲草案にも重なり合う。

一〇年前から「家族の絆」

「家族の絆」を強めるための税制や法制化が具体的に議論され始めたのは、意外なことに小泉政権末期のことだ。二〇〇五年の総選挙で、郵政民営化を掲げた小泉首相が圧勝し、巨大派閥の経世会（現・平成研究会）や宏池会が退潮。日本会議を構成する団体の支持を受けることが多い清和会は長年、非主流派に甘んじてきたが、この時期、党内での存在感を高め、掌握するに至る。

「家族（親と子、祖父母や兄弟、親類等）と家族が暮らす身近な地域（町内会等）の絆や生命を次代に継承していくことの重要性について、国民全体の理解を深め、家族と地域の絆を再生することにより、『結婚して子どもを産み育てることが当たり前と皆が自然に考える社会』の実現を目指す」

これは、「家族・地域の絆再生」政務官会議ＰＴ（別名「あったかハッピープロジェクト」）が二〇〇六年五月に出した中間とりまとめの一節だ。[1] ＰＴの事務局長を務めたのは、その半年前に内閣府大臣政務官に任命された山谷えり子参院議員。第一次安倍政権で総理大臣補佐官（教育再生担当）に就任し、その後も拉致担当相などを歴任した山谷氏は、日本会議との関係が特に深い議員である。

この中間とりまとめが発表されると、批判の声が上がり、結局、最終提言は出なかった。その中身を見ると、「家族と地域の絆再生プラン（仮称）」では、家族の絆を強化するための施策例として、三世代同居の支援・推進、家族中心の税制や法制への見直し検討などが挙げられている。今振り返ると、この施策例はまるで「家族の絆」推進派の思惑通りに進められたように見える。

小泉首相から事実上の後継指名を受けた安倍氏は総裁選に勝利し、二〇〇六年九月、第一次安倍内閣が発足。教育基本法改正を実現し、日本会議からは、最大の運動成果と評価された。このほか、憲法の国民投票法制定など「右寄り」の政策を実現させていったが、一年で退陣。その直後から、「高齢者の生きがいとなる」などを理由に、三世代同居が有利になる税制改革案が何度か内閣府によって提出され、自民党税調と財務省によって毎年却下されてきた。山谷氏は〇八年、次のようにハッパをかけている。

「内閣府政務官時代に、官邸で『家族の絆、地域社会再生』政務官プロジェクトチームの事務局長として、三世代同居を応援するための政策を作るための提言をとりまとめましたので、税制の議論の詰めの話に早く入ってほしいと思っています」[2]。

しかしそれ以降、政権は安定せず、自民党は二〇〇九年秋、下野する。

民主党政権下でも地道に伝道

二〇〇九年の総選挙で政権交代を実現させた民主党は、配偶者控除の廃止を検討するなど、家族のあり方についてもリベラル色を発揮した。こうした中にあっても、日本会議の中心メンバーら「家族の絆」推進派は地道な伝道活動を続けていた。

東日本大震災から四カ月後の二〇一一年七月一三日午前。

東京・永田町の憲政記念館では、日本会議と関係の深いシンクタンク「日本政策研究センター」が主催する、保守系地方議員向けの「緊急政策勉強会」が開かれていた。最初に挨拶したのが、安倍首相のブレーンで日本会議の政策委員も務める伊藤哲夫・同センター代表。次いで、稲田朋美（現防衛相、前自民党政調会長）、衛藤晟一（現首相補佐官）、高市早苗（現総務相）、下村博《はく》文《ぶん》（現党幹事長代行・前文部科学相）の各氏が、伊藤代表との強い結び付きをうかがわせるエピソードをそれぞれ披露しつつ、参加者に檄を飛ばした。

地方議員四〇～五〇人ほどが参加したというこの会では、センター所長らから、「家族の絆を取り戻し強化するため、三世代同居を推進する税制や支援策を増やす」などの問題提起と資料の提供があった。[3] それから一年余、安倍氏率いる自民党は政権復帰を果たし、この勉強会に参加していた議員らは、政調会長に抜擢された高市氏をはじめ、要職に就く。

こうした中で二〇一三年九月、「家族の絆」推進派に衝撃を与えた最高裁の判決が出た。「非嫡出子の相続分を嫡出子の相続分の二分の一とする民法の規定は違憲」とされたのだ。

日本会議系の国会議員を中心に、「伝統的な家族観の崩壊につながりかねない」との声が上がり、「家族の絆を守る特命委員会」（古川俊治《としはる》委員長）が、高市政調会長直属の特命委員会として自民党内に設置された。「家族を社会生活の単位としてきたわが国の歴史や伝統を、法制、税制等あらゆる政策手段を駆使して次代に受け継ぐ方策を積極的に検討するため」にである。[4] 同会では、山谷氏による「あったかハッピープロジェクト」に関するヒアリングを自民党本部で実施。同会の第一回会合が開かれると、日本会議の会員向けニュースでも取り上げられた。

二〇一四年七月、産経新聞社がその運営を支援する「正論」懇話会の講演会が山口県で開かれ、出席した安倍首相はこう述べている。

「社会保障をはじめ、あらゆる社会システムの中、その負担を軽減する、大家族を評価するような制度改革を議論すべきだと思います。（略）三世代の近居や同居を促しながら、現代版の家族の絆の再生を進めていきたい」

この発言に前後して、前述の日本政策研究センターの機関誌『明日への選択』七月号および九月号には、「安倍首相の大家族再生論を支持する　データが示す国民の『大家族志向』。三世代同居・近居の促進論は現実を無視した空論ではない」などとする記事が載った。

「三世代同居税制」の成立

二〇一六年度の税制改正で、ついに「家族の絆」税制案は実現に向け大きく動き出す。

「総理から三世代の近居・同居を推進する指示もございました」

二〇一五年一〇月、国交大臣の就任会見で公明党の石井啓一氏が、そう発言してから五カ月後、三世代同居を強化する税制改正は実現した。この税制改正案が要望されてから、実に足かけ八年目のことだ。風呂・トイレ・台所・玄関のうち二種類以上の設備を複数に増やすリフォームをすると、費用の一〇％分（最大二五万円）が、すでに納めた所得税から戻ってくるという減税制度だ。改修のためのローンに応じた減税や、同じ趣旨の補助制度も加わった。総額一六〇億円（予算一五〇億円、減税一〇億円）にも上るという。三世代同居税制の理由「高齢者の生きがい」は、いつしか、「少子化対策」「夢を紡ぐ子育て支援」にすりかわっていた。

ちょうどその頃、「保育園落ちた日本死ね！！！」ブログが国会で取り上げられ、待機児童問題で苦労してきた親たちの怒りの声が燃え広がった（その後、この語は、二〇一六年の流行語大賞のベストテンに入った）。突然、「サザエさん一家のような三世代同居は、子育て支援につながり少子化を防ぐので、減税で推進する」と言われて、額面通りに受け取った人はどれくらいいただろうか。[5]「なんでこれが子育て支援？」「実母との同居でも価値観が違って疲弊しているのに」「育児も介護も家族でやれということか」といった声が次々と上がった。

　多くの税制改正の背景には業界からの要望があるのが常だが、この税制に関してはリフォーム業界も望んではいなかった。むしろ、ある業界幹部が言うように、「長年『二世帯住宅』という言葉で市場開拓してきたが、『三世代同居住宅』という言葉は初めて聞いた」と、戸惑い気味だった。住宅政策の専門家などからも疑問が投げかけられた。神戸大学大学院の平山洋介教授は「この改正では低所得者支援にはならない」と批判している。[6]

　厚労省による「人口減少社会に関する意識調査」によれば、「若者世代が出産・子育てに前向きになるためには」という設問に対して、二〇～四九歳の回答で最も多かったのは、「安定した雇用と収入」「安心できる出産・小児医療の体制確保」「安心して保育サービスが利用できること」などで、「祖父母からの育児の支援が得られること」は一九項目中、下から三番目の一七位だった。[7]与党推薦の公述人として衆院予算委員会に出席した関西大学の白石真澄教授でさえ、三世代同居税制と出生率の向上との関係を問われて、「親との同居を望まない人も多いのではないか。政策的な効果はクエスチョンマークだ」と答えたほどだ。税制としても妥当でなく、国民が求めるものでもなかったのだ。足かけ八年にわたって三世代同居税制の実現を求めてきた内閣府が、「国民の二割が希望している」と説明する際に示す根拠にも突っ込みどころは山ほどあったが[8]、多くの人にとっては、切実さの感じられない話でしかなかった。なぜなら、住環境や就業事情から、「祖父母・親・子どもの三世代で暮らす」という選択肢には現実味がないからだ。

財務省も国交省も、「政策効果が不透明」「生き方に関わるものは税制にそぐわない」と当初は抵抗したが、二〇一五年一〇月、軽減税率の導入に消極的との理由で、野田毅税調会長が事実上の更迭となり、無理筋税制に対するストッパーの役割を果たしてきた自民党税調も変質、無力化していた。最後は「首相マターなので仕方がない」と押し切られた格好だった。

自民党税調の重鎮は「こんな税制、どうせ使う人は少なくてすぐに消えるからさわぐほどのことではない」と笑っていた。確かに、三世代同居を推進したとして、新たに何か負担させられる人が出てくるわけではない。しかし、「税の中立性」という原則は毀損されてしまった。

他方で、「家族の絆」推進派にとって、それは大きな成果だった。なぜなら、「少なくとも『三世代で暮らすことはよいことだ』というメッセージを広めることができた」（自民党の国交部会長）からだ。軽減税率報道に倦《う》んだマスコミは、三世代同居税制を好意的に取り上げた。「私の選挙区は東京の下町で三世代同居は現実的ではないが、（選挙区と関係ない）フェイスブックの方には賛意が寄せられている」と国交部会長は満足げに話していた。

税制の原則を壊す「夫婦控除」

二〇一六年には、三世代同居税制が実現しただけではなく、もう一つ、家族の形に関わる、それもはるかに多くの人に関係する税制の原型が登場していた。前述の「家族の絆を守る特命委員会」が、配偶者控除の対象を拡大した「夫婦控除」を要望していたのだ。

夫婦であれば配偶者の収入が一〇三万円を超えても適用されるという新たな税金控除「夫婦控除」は、二〇一六年度の税制改正ではほとんど議論にならず、却下されていた。ところが一六年夏に突然、税制改正の本命に浮上。「配偶者控除」の廃止論議をかすませた。

「配偶者控除から、パート収入に上限がない『夫婦控除』に移行する。誰もが、働きたければもっと働ける環境を整備するためのものだ」「できれば税制改正大綱に盛り込み、来年の通常国会での法改正を目指したい」。二〇一六年一一月には税制改正に向けた議論が本格化するが、その少し前の九月、自民党の茂木敏充《としみつ》政調会長が報道各社のインタビューで、前のめりの発言。「茂木さんは税調会長になったのかなと思った」と、麻生太郎財務相が不快感を示したほどだった。

二〇一七年度の税制改正での夫婦控除の導入は結局、見送られた。しかし、「専業主婦の反発を懸念して導入を見送った」という解釈は正しくない。なぜなら、自民党の政策集である政策ファイルの一三年のものには明記されていた「配偶者控除の維持」が、翌年一二月のファイルでは消えているからだ。その間、日本政策研究センターの『明日への選択』は、「配偶者控除見直し論議への懸念と提案」と題した論考を掲載し（二〇一四年六月号）、「夫婦または家族単位の税制への大胆な転換を」と税制に言及している。共働きが主流となった現在、専業主婦を優遇する根拠は弱く、配偶者控除の廃止は避けられない流れの中で、特命委員会が「夫婦控除」を提案するより一年以上も前に同センターが「夫婦控除」の原型を示していたことは注目に値する。

専業主婦優遇の批判が強かった配偶者控除には、共働き世帯の不公平感もあったが「内助の功に報いる」ためだと説明がなされてきた。しかし、夫婦控除となると、その建前すらない。私が二〇一五年に話を聞いた特命委員会の幹部は「結婚すれば親戚づきあいなど、気の進まない会合に出る機会も多く、スーツを着る機会も増えるから」と話していた。それ以外に、夫婦控除の根拠は見当たらない。実際、安倍首相が繰り返し主張するように、「働き方に中立」な税制や女性の社会進出の実現を目指すのであれば配偶者控除の廃止が筋であり、「夫婦控除」など必要ない。

ただし、二〇一五年九月に提出された特命委員会の提言「家族の絆を強くする税制についての提言」を見直せば、「夫婦控除」の意図は明らかだ。「夫婦控除の導入により見込まれる効果」として、「これから家族を形成する若い世代に法律婚へのインセンティブ（動機づけ）を与えることにより、法律婚という安定した環境の下で夫婦が強い絆で結び付き、夫婦間に生まれる子どもの健やかな成長にもつながる」と述べられている。

増税に消極的な安倍政権においては、財務省が狙う増税路線には乗らず、全体としては減税基調の大衆迎合策となるだろう。そして、法律婚をしている多くの共働き夫婦は、これを歓迎するはずだ。実際、「夫婦控除」が検討されていることがニュースになると、雑誌やネットでは「どんな働き方がお得？」「夫婦控除のメリットは？」などの特集や情報が増えた。

しかし、「夫婦控除」には大きな問題がある。これまでは、専業主婦と共働き家庭の対立になっていたが、今度は、法律婚をしている夫婦とその他の人の対立へと劇的な変質をこうむるのだ。だが、税制の中立原則は、「働き方」だけでなく「生き方」に関しても適用されなければならない。同じ仕事で同じ給料をもらっても、「法律的に結婚している」人だけが減税対象になり、独身者やLGBT、事実婚カップル、離婚者、シングルマザーなどは対象外になるというのはまるでペナルティで、多様な生き方が否定されていると言えよう。それは、戦時中に検討された「独身税」の再来のように見える。

おわりに

いま、国民に対し、国がどのように課税するかという「税制」の世界に異常事態が起きている。税が守るべき「公平・中立・簡素」の原則も、これまでの議論の蓄積も意に介さず、まるで〝理想〟の家族像に誘導するような改正が実現したり、実現間近であるかのように扱ったりと、着々と布石が打たれている。安倍政権は憲法改正よりも一足早く、税制改正で成果を上げているようだ。長年続いてきた地道な税制改正論議のプロセスが、なぜ突然、変質したのか？　安倍首相を支持する日本会議の中心メンバーが、もう一〇年以上前から〝伝統〟的な家族の崩壊に危機感を持ち、税制を通じて「家族の絆」を強化することを一つの目標に掲げてきたと知れば、その謎も解けるだろう。

「税金」と言われてピンと来るのは、私たちの暮らしに身近な消費税ぐらいかもしれない。しかし税のあり方は、知らずしらず人の生き方に影響を及ぼす。配偶者控除によって、一〇三万円を超えないように働き方を抑えるというのが典型例だ。税金とは、国家が強制力をもって国民から徴収するものだ。だからこそ、原則が守られなければ、信頼は損なわれてしまう。そうなれば、税制は成り立たない。結婚したりしなかったり、離婚したり、ＬＧＢＴや事実婚カップルとして生きるなど、一人ひとりの多様な生き方を同じように認めてこそ、社会は活性化し、豊かになる。それが税制の基盤である。憲法改正だけが問題なのではない。原則を歪め、「家族の絆」を税制で誘導する安倍政権の舵取りの危うさを、少しでも多くの人と共有したい。

1―――http://www.kantei.go.jp/jp/kakugikettei/2006/0516seimukan_pt.pdf（二〇一六年一二月二八日最終閲覧）。これに先立つ「基本的な考え方」は、以下のように説明されている。「今日の深刻な少子化の原因の一つとして、過度に経済的な豊かさを求め、個人を優先する風潮があると考えられる。家庭生活よりも職業生活を優先させ、個人が自らの自由や気楽さを求めるあまり、生命を継承していくことの大切さへの意識が希薄化し、『結婚しない』あるいは『結婚しても子どもを持たない』方が、経済的、時間的な制約に縛られることがより少ないという考え方を背景に、非婚化、晩婚化、少子化が進んでいるという側面は無視し得ないと考えられる」「結婚や出産については国家や社会が強制できるものではなく、一人ひとりの人間が自ら判断するものであることは当然であるが、また一方で、尊厳に満ちた個人の生命を次代に継承していくことができるのも一人ひとりの人間だけである。それだからこそ、長期的な観点から少子化問題に対応するためには、強制ではなく、経済優先・個人優先の価値観とは異なる新しい価値観に基づき、『結婚して子どもを産み育てることが当たり前と皆が自然に考える社会』を実現することが必要であると考える」。

2――山谷えり子サイトの二〇〇八年六月二日付 http://www.yamatani-eriko.com/old/message/0806_1.html（二〇一六年一二月二八日最終閲覧）。これに続けて以下のように述べている。「税のあり方は、人々の意識やライフスタイルを変えます。とりやすいところからとるといった安易なことでなく、人々の幸せと、次世代のすこやかな成長、ふるさとの豊かな輝きを願うことがベースとしてある税制にしなければ絆がこわれてしまいます」。

3――堀内京子「現実無視のイデオロギーが税制歪める　首相指示により『3世代同居』前面へ」『Journalism』二〇一六年五月号、朝日新聞社、五五―六一頁。

4――二〇一五年九月二五日に公表した「家族の絆を強くする税制についての提言」の中で、特命委員会は、「相続法とは別の政策ツールにより、家族の絆を守る施策を積極的に推進すべきであるとの意見が提示された。具体的には、所得税（扶養控除の見直し）や相続税に係る分野であるが、このような税制的な政策ツールを併せて活用することにより、政府与党一体となって、家族の絆を守る総合的な政策が推進されることを期待する」としている。

5――日本会議の関連団体、「美しい日本の憲法をつくる国民の会」が上映する、憲法改正のドキュメンタリーでも、百地章・日本大学教授（当時）が「いまこそ憲法に家族の保護を明記し、家族の強い絆を取り戻す必要がある」と訴え、その直後に「三世代七人の大家族」である「サザエさん」一家の銅像の映像に切り替わる場面がある。

6――平山洋介「『三世代同居促進』の住宅政策をどう読むか」『世界』二〇一六年四月号、岩波書店、一〇七頁。

7――http://www.mhlw.go.jp/stf/houdou/0000101729.html（二〇一六年一二月二八日最終閲覧）。

8――アンケート調査の内訳をみると、三世代同居を希望する二〇代女性は八・六％、三〇代女性では一〇・八％しか希望せず、七〇代でも三割程度にとどまっている。そもそも調査は六〇～七〇代の回答者数が二〇～三〇代の回答者数の二倍という、高齢者に偏ったものだった。

9――斎藤貴男「個人の生き方にペナルティを課す『独身税』という発想」福島みずほ編『みんなの憲法二四条』明石書店、二〇〇五年、二〇〇―二〇七頁。

（ほりうち・きょうこ　朝日新聞記者）

第Ⅴ部　言論と報道

自己賛美と憎悪の連鎖に向き合う

第13章　「日本スゴイ」という国民の物語

早川タダノリ

かつて戸坂潤は『日本イデオロギー論』[1]でこのように書いた。

日本主義・東洋主義乃至アジア主義・其他々々と呼ばれる取り止めのない一つの感情のようなものが、現在の日本の生活を支配しているように見える。

――満洲事変を契機にはじまった「日本主義」の大洪水のただ中で、戸坂はその特質を右のように喝破したのである。二一世紀の現在、ふたたびこの「取り止めのない一つの感情のようなもの」が日本の大衆メディアに蔓延している。それが「日本スゴイ」なのである。

このイデオロギーを正確に規定するのはその「取り止め」なさゆえに非常に困難である。ここでは「日本スゴイ」を便宜的に、「『日本』や『日本人』が、歴史的・文化的あるいは道徳的なすばらしい特性を持っていて、世界的に優れたものだと賞賛してみせる意識商品」としておこう。今やこれらは書籍、雑誌、ムックからテレビ、ラジオの番組や官製キャンペーン、さらに人材育成セミナーや各種文化講座をその媒体として広がっている。

とくにテレビのバラエティ番組ではNHKとほとんどの民放キー局で「日本スゴイ」系番組が制作されているので、その自画自賛的なはしゃぎぶりを多くの人が目にしているだろう。二〇〇六年のNHK「COOL JAPAN─発掘！かっこいいニッポン─」を嚆矢とする「日本スゴイ」番組は、「世界が驚いたニッポン！スゴ～イデスネ!!視察団」（テレビ朝日系）など同工異曲のものが次々と誕生した。さすがに類似番組が増えすぎて、二〇一五年頃から「食傷気味だ」という視聴者の反応もSNSや新聞紙上にあらわれるようになったほどである。

出版の分野における「日本スゴイ」コンテンツはテレビ番組にはるかに先行しており、おびただしい数の「日本スゴイ」本が刊行されている。書店には『世界から絶賛される日本人』『日本人はなぜ世界から尊敬され続けるのか』といった日本人大絶賛なタイトルや、『日本人はいつ日本が好きになったのか』など、よく考えると意味不明なタイトルがつけられた〝ベストセラー〟が並んでいる。

本稿では、「日本スゴイ」系出版物を中心に、その言説の特徴について考察し、この二〇年間にわたる日本の〈右傾化〉の一断面を報告する。

「日本スゴイ」系テレビ番組の興隆

多くの人が「日本スゴイ」コンテンツって多くない？と気づいたのはここ数年のテレビ番組がきっかけになっているだろう。現在も放映されている主要な「日本スゴイ」系番組の放送が開始

放送局	番組名　（　）内はレギュラー化した年
NHK	COOL JAPAN―発掘！かっこいいニッポン―（2006年）
	驚き！ニッポンの底力（2014年）
TBS系	世界の日本人妻は見た！（2013年）
	ぶっこみジャパニーズ（2013年）
	ホムカミ―ニッポン大好き外国人 世界の村に里帰り―（2013年）
	アメージパング！（2014年）
	所さんのニッポンの出番（2014年、2016年9月終了）
テレビ朝日系	これぞ！ニッポン流！（2014年）
	（上記番組が改題）世界が驚いたニッポン！スゴ～イデスネ!!視察団（2014年）
	世界の村で発見！こんなところに日本人（2013年）
テレビ東京系	世界ナゼそこに？日本人―知られざる波瀾万丈伝―（2012年）
	和風総本家（2008年にレギュラー化）
	未来世紀ジパング―沸騰現場の経済学―（2011年）

（あるいはレギュラー化）した年を次にまとめてみた。

「日本スゴイ」系テレビ番組群が、もっぱら二〇一二年から一四年にかけて各局で一斉に開始（あるいはレギュラー化）していることがわかる。これは奇しくも、東日本大震災後の「頑張ろう！ニッポン！」（二〇一一年）キャンペーンと、その翌年の第二次安倍政権の成立、そのもとでの「クールジャパン戦略担当大臣」の設置（二〇一二年）と軌を一にしている。先行しているNHKの「COOL JAPAN」もまた、第一次安倍内閣が「美しい国」なるスローガンを掲げた時期（二〇〇六年）と重なっているのは興味深い。政策分野で〈日本文化の優秀性・独自性〉が強調され始める時期と「日本スゴイ」系テレビ番組がブームとなる時期が重なっているところから、社会のトレンドに乗り、かつ自らトレンドを形成していくという相互作用をみてとることができるだろう。

こうした番組群のコンセプトをそれぞれの公式サイトで拾ってみると、代表的なものでは――

和のカリスマが海外の「ニセジャパン」を成敗する‼　正しい日本文化を伝授する『ぶっこみジャパニーズ』第六弾　いま世界中で大人気の日本文化「クールジャパン」！　しかし修業もせずにブームにのっかったニセモノが海外で急増中！　そんなダメダメなニセジャパンに日本が誇るカリスマが正体を隠して潜入調査！（TBS系「ぶっこみジャパニーズ」[2]）

毎回テーマに沿った外国人専門家集団＝「視察団」を日本に招き、さまざまな場所や人を視察してもらいます。彼らが思わず「ニッポン、スゴ～イデスネ！」と言ってしまった〝母国と大きく異なる、日本のスゴさを感じること〟をVTRで詳しく紹介していきます。外国人の視点だからこそ、さらに浮き彫りになる日本のスゴさ、そして海外との違い――。日本人でも知らなかった〝日本の素晴らしさと独自性〟を新発見でき、もっと日本が好きになれるバラエティです！（テレビ朝日系「世界が驚いたニッポン！スゴ～イデスネ‼視察団」[3]）

臆面もなくストレートな「日本スゴイ」が並んでいる。「正しい日本文化」「世界中で大人気の日本文化「クールジャパン」」「日本のスゴさを感じること」といった、過剰に本質主義的な日本文化論が氾濫しているわけである。「日本人でも知らなかった」という点が強調されているように、オーディエンスにとってまずは〈身近にある未知のものに触れて知的好奇心が満たされるプログラム〉であると言える。もちろん、テレビ業界では〈身近にある未知のもの〉を紹介するのが知的エンタテインメントの常道ではあるのだが、右に挙げた番組群にはそこに必ず「だから日本がスゴイ」が接続されているところに特徴がある。

例えば二〇一三年秋に放映されたＮＨＫ「驚き！ニッポンの底力―大海をゆけ巨大船誕生物語―」では、ノイズを軽減したプロペラなどの先端技術が紹介された上で、「まだまだ日本も捨てたもんじゃないなと」（ラサール石井）、「いろんな人が協力しあって乗り越えてきた上に今の私たちの生活があるんだなと思うと、それがすごく日本人っぽいというか」（ＭＥＧＵＭＩ）、「うれしいですよね、誇りに思える」（高橋克典）と、番組のＭＣとゲストが感想を述べていた。

スゴイのは技術を開発した人や企業のはずだが、いつのまにか「日本人っぽい」「誇りに思える」といった、日本人の優秀性を強調するものへと巧みに接続されている。番組出演者の感想などほとんど人は聞き流すのだろうが、このコメント台本を書いた番組の作り手がこめたメッセージは明瞭だ。〈日本は実はスゴイ〉〈日本人らしさを発揮している〉〈同じ日本人として誇りに思う〉なのだ。「すごいプロペラ」から「日本人として誇りに思う」の間には大きな論理的飛躍があるはずなのだが、「日本人として」の共感でやすやすと乗りこえてしまう。

そこに、従来のドキュメンタリーや紀行、グルメなどの〈知られていない日本の文化をほりおこす〉番組と「日本スゴイ」番組との違いがある。そしてこの「日本人として誇りに思う」というよくわからない情緒が、ゴールデンタイムのテレビ番組から大量に流されているのである。

「日本スゴイ」系出版物の傾向

他方、テレビに先行する書籍・雑誌など出版の分野では、その「日本スゴイ」のあらわれかたも多様である。

その中でテレビの「日本スゴイ」系番組と同じ作り方をしているものとして、単テーマのムック『JAPAN CLASS』（東邦出版、二〇一四年〜）、『JAPAN 外国人が大絶賛した！すごいニッポン１００』（宝島社、二〇一五年〜）の二冊を代表例として挙げられる。いずれも「秋葉原」「自動販売機」「ウォシュレット」「京都」「アニメ」など、外国人旅行者が驚嘆した日本の「スゴイ」ものをランダムに取り上げ、それに対する海外からのコメントを合わせて紹介するという構成となっている。ほぼ見開き二ページごとに話題が変わっていき、真面目に読むとかなりアタマが疲れるしろものだ。しかも海外からのコメントに出典が記されていないので、ソースを確認しようがないという面妖さも共通している。けれどもテーマは「なぜ日本は世界中から愛されているのか」で一貫しているのである。

これが売れている。前者は二〇一四年に第一集が出て以来一七年一月現在で第九集まで刊行されている。後者は続編『JAPAN 外国人が感動した！すごいニッポン』『JAPAN 外国人が感嘆した！世界が憧れるニッポン』が出ているほどだ。

「世界に誇る日本文明」

「日本スゴイ」的世界観のなかでは「日本文明」という独自の文明があるようだ。渡部昇一『日本人の品格』（ベスト新書、二〇〇七年）によれば、「日本は、今のところ世界で唯一、「文化＝文明」である国」「他の国のように、大きな文明圏の中の小さな文化ではない」のだという。この「日本文明」観の核となっているのが「皇室と神社」の存在らしい。他の文明圏では神話の神々の子孫とされた王家がすべて滅亡した中で、「神話時代から、こんにちまでつづく世界で唯一の王朝」を戴いていて、「日本という国は、（略）極めて稀な文明」だと述べている。

さらに竹田恒泰『日本人はなぜ日本のことを知らないのか』（PHP新書、二〇一一年）によれば、「日本だけが、古代から続く王朝を守り、今も存在している」と、「日本は現存する唯一の古代国家」（！）だと結論づけているのである。

天皇家は神代に起源を持つとされることをもって日本を世界に比類のない文明だとする言説は、戦前からの「日本主義」言説の中でくりかえされてきたもので、神がかり国家主義の古臭い道具立てだ。第五期国定修身教科書「ヨイコドモ」（下、一九四一年）にある「日本ヨイ国、キヨイ国。世界ニ一ツノ神ノ国」を未だに素直に信じているとしか思えない。

だが、こうした〈日本文明〉の優越性を訴える書籍群はかなりの勢力となっており、清水馨八郎『日本人が忘れてしまった「日本文明」の真価』（祥伝社、一九九九年）、増田悦佐『日本文明・世界最強の秘密』（PHP研究所、二〇〇八年）、田中英道『日本の文化―本当は何がすごいのか

──』（育鵬社、二〇一三年）など挙げ出したらキリがない。

この〈日本文明〉系を筆頭に、〈天皇スゴイ〉系（例：黄文雄『世界が憧れる天皇のいる日本』（徳間書店、二〇一四年）、〈神道スゴイ〉系（例：東條英利『神社ツーリズム──世界に誇る日本人のルーツを探る──』（扶桑社新書、二〇一三年）、〈日本神話スゴイ系〉（例：出雲井晶『日本人なら知っておきたい「日本神話」』（産経新聞出版、二〇〇九年）、〈日本の心スゴイ〉系（例：呉善花『なぜ世界の人々は「日本の心」に惹かれるのか』（PHP研究所、二〇一二年）など各種のヴァリエーションが観察できる。世界から日本文化の独自性が注目され賞賛されていることを説き、「日本人はなぜ日本のことを知らないのか」と嘆いてみせたり（竹田恒泰）、「日本人として知っておきたい」（多数）などと「日本人」認定の要件として勝手に設定したりしているわけである。

嫌中・嫌韓＋「日本スゴイ」のキメラ

内向きの自画自賛に終始するならば「井の中の蛙」のうめきと一蹴することもできるだろうが、周辺国とりわけ中国・韓国への憎悪を交えて「日本スゴイ」を謳う本も存在する。

この分野の先駆ともいえるのが黄文雄の諸著作で、彼の『日本人よ、自分の国に誇りを持ちなさい』（飛鳥新社、二〇〇六年）では、「日本はなぜ世界から憧れられるのか」を説きつつ、「中韓が日本を憎むのは強い嫉妬心から」「中国・韓国が恐れる日本文化の魅力」といった節を設けて次のように言う。

「なぜ中韓はあれほど常軌を逸した対日干渉を行い、日本を貶めることを国是としなければならないのだろうか。（略）彼らの毎日、蔑日はむしろ心理的コンプレックスからくるものではないかと見るのは決して邪推ではなかろう。／というのも、中韓はともに大中華、小中華を自負する国だ。中華思想を持つことこそが民族としての自尊心であるといえよう。だからこそ、日本が成功するのは絶対許せないのである」

「中国」「韓国」という国家を擬人化しそこに中華思想に基づく「心理的コンプレックス」を発見してみせるこの手口は床屋政談レベルの俗談で、「コンプレックス」を持っているのは誰なのか、「自尊心」を傷つけられたのは誰なのかがさっぱりわからない。とはいえ、これは二〇〇六年のものなので、現在出回っている嫌韓・嫌中本にくらべれば、トーンはまだしもおだやかな方である。

この系統ではほかに、黄文雄・呉善花・石平『日本人は中国人・韓国人と根本的に違う』（李白社、二〇一三年）など、恣意的に類型化された「中国人・韓国人」をけなし、その一方でこれまた都合よく類型化された「日本人」の心地よい肖像を描いて見せるものもある。

また、宮崎正弘『世界から嫌われる中国と韓国 感謝される日本』（徳間書店、二〇一四年）、宮崎正弘・室谷克実『日本に惨敗しついに終わる中国と韓国』（同、二〇一五年）のように、中韓の経済はボロボロで政治も混迷を極め崩壊寸前、いずれ日本に泣きついてくると強弁し、経済的にも日本は中韓に負けてないんだ！とくりかえす疑似ビジネス書も多い。

底流に流れる「大東亜戦争がアジアを解放した」

これまで見てきた「日本スゴイ」本には、いわゆる「自虐史観」からの脱却というイデオロギーが共通して流れているのを見て取れる。この手の論者たちの中に「大日本帝国の侵略戦争を真摯に反省しなければならない」という人を、私はまだ見たことがない。逆に、「大東亜戦争で日本はアジアを解放した」から「日本スゴイ」という本ならばたやすく挙げられる。

井上和彦『日本が戦ってくれて感謝しています―アジアが賞賛する日本とあの戦争―』（産経新聞出版、二〇一三年）がその代表例で、「当時、多くのアジアの人々は日本軍を大歓迎し、とりわけ欧米列強の植民地支配に苦しめられてきた東南アジアの人々は、宗主国の軍隊を次々と打ち倒してゆく日本軍の姿に拍手喝采したというのが事実なのだ。／その結果、多くの植民地諸国は独立することになったではないか。そして多くの国では戦後もそうした日本の偉業を讃え、感謝の声はいまも色あせることはない」……。ということで、インド、フィリピン、パラオ、台湾、マレーシア（続編ではマルタ、インドネシア、グアム、サイパン、テニアン、シンガポール）に出かけていって、「日本に感謝」する声を拾い集めたものが同書だ。だが、シンガポール現地の歴史資料館では日英双方を公平に扱っているのに「日本に感謝している」かのように強引に描いたりと、事実関係の間違いが指摘されている。[4]

アジアからの「感謝の声」を押し出して「大東亜戦争はアジア解放戦争だった」と主張するのは、かつて「日本を守る国民会議」と「日本を守る会」系の人びと（のちに日本会議として合流）が開催した「アジア共生の祭典」（一九九五年）でも活用されていた手法で、とにかく海外から日本賞賛の声を集めたいという必死さが目につく。しかしこれは「大東亜戦争」を正当化した「白人帝国主義からの解放」イデオロギーをトレースする屁理屈にすぎず、アジア地域における民族独立運動の血の歴史を簒奪するふるまいは批判されてしかるべきだろう。

この〈大東亜戦争がアジアを解放した〉系ではほかに、高山正之『白い人が仕掛けた黒い罠―アジアを解放した日本兵は偉かった―』（ワック、二〇一一年）、『アジアの解放、本当は日本軍のお陰だった！』（同、二〇一四年）、水間政憲『ひと目でわかる「日の丸で歓迎されていた」日本軍』（PHP研究所、二〇一五年）などがあり、さらに中韓ヘイトと結びついたものとして、黄文雄『中国・韓国が死んでも隠したい　本当は正しかった日本の戦争』（徳間書店、二〇一四年）がある。

これらの「大東亜解放戦争」論のヴァリアントは、吉本貞昭『教科書が絶対教えない東京裁判―日本はこうして侵略国家にさせられた―』（ハート出版、二〇一四年）などのように、東京裁判やGHQによる「洗脳」の告発とも連結している（↓第14章）。

「日本スゴイ」美談が押し寄せる「道徳」教育

前節の〈大東亜戦争がアジアを解放した〉系では、脱「自虐史観」イデオロギーがその根底に流れている。これらに共通するキーワードが「日本人としての誇りをとりもどす」なのであった。この「日本人の誇り」を称揚するのが、日本史上の偉人を礼讃し、そこに日本人の心や気概を見出す、〈世界が感動した日本人〉系書籍群だ。

神奈川県の公立中学校社会科教諭で元自由主義史観研究会理事の服部剛が書いた『先生、日本ってすごいね―教室の感動を実況中継！―』（高木書房、二〇一五年）は、タイトルに「日本スゴイ」が盛り込まれているように、このジャンルの典型だ。同書は服部の「道徳」授業の実践記録だ。とりあげられている題材がなによりも「スゴイ」。敗戦前の沖縄県最後の知事「島田叡」を筆頭に、「流刑地のポーランド人を助けたシベリア出兵の日本軍」「ユダヤ人を助けた樋口少将と犬塚大佐」「「義和団の乱」で北京籠城戦を勇敢に戦った柴五郎中佐」「台湾人に愛された八田與一」「難破したトルコ軍艦エルトゥールル号を救助した日本人と、イラン・イラク戦争でテヘランの日本人を助けたトルコ機の恩返し」、さらに「佐久間艇長」[5]や「上杉鷹山」など、戦前の修身教科書に何度も登場した人物まで動員している。

もともと授業の実践記録であるため、各エピソードには生徒の感想がついているのだが、これもまた衝撃的なものだ。例えば「昭和天皇とマッカーサー」という節では、自分に一切の責任があるとマッカーサーに述べた昭和天皇のエピソードを紹介した上で、「国民の指導者としての昭和天皇の行動をどう思いましたか」と生徒に質問する。それにこたえた生徒たちの感想がスゴイ。

「昭和天皇には、本当に感謝しなければいけないと思います。そして、日本の国を大切にしていかないといけないと思いました」「今、僕が生きているのも昭和天皇のおかげだなって思った」「少し、うるっと来ました。こういう立派な人が日本を守ってきてくれたおかげで今の日本、そして今の自分たちがあるんだと思いました」……こうした声がこれでもかと列挙されているのだ。「日本スゴイ」の最終進化形態を見た思いがするが、旧自由主義史観研究会に参加していた教師たちが結成したグループ「授業づくりＪＡＰＡＮ」では同書がかなりの人気を博しているようで、この記録をもとに授業を行ったり、授業づくりのセミナーが開催されているという。[6]

ともあれ、この服部『先生、日本ってすごいね』に見られる歴史美談を積み重ねる叙述形式は、ほかの「日本スゴイ」本においても大流行している。例えば、黄文雄『日本人だけが知らない世界から絶賛される日本人』（徳間書店、二〇一一年）を筆頭に、白駒妃登美『感動する！日本史―日本人は逆境をどう生きたか―』（中経出版、二〇一三年）や小名木善行『ねずさんの 昔も今もすごいぞ日本人！』（彩雲出版、二〇一三年）など一般の出版社の刊行物だけではなく、生長の家反主流派系教育団体「新教育者連盟」が出している「子どものための伝記シリーズ」や、修養団体「モラロジー研究所」が出している占部賢志『歴史の「いのち」―時空を超えて甦る日本人の物語―』など、さまざまな保守系セクトのものを含めればかなりの量に上る。

いずれも「偉い日本人」「立派な日本人」「世界から尊敬される日本人」などの日本史上のエピソードを編んだものであるが、それほど大量の偉人がいたわけではないので、ほとんどの本で登場する偉人が重複している。一九三〇年に台湾で烏山頭ダムを建設した技術者「八田與一」などはその好例で、「台湾の恩人」（産経新聞「凛として」取材班）、「今でも台湾でもっとも尊敬されている日本人」（黄文雄）、「台湾に人生を捧げた技師」（白駒妃登美）など、さまざまな媒体で繰り返し語られている。[7]

ある意味でブームと呼べなくもないこれら歴史美談系「日本スゴイ」本の画期となったのが、一九九六年刊行の藤岡信勝・自由主義史観研究会「教科書が教えない歴史」シリーズ（産経新聞ニュースサービス）だった。後続する凡百の「日本スゴイ」本の多くがその叙述形式を踏襲している。

同研究会代表であった藤岡は「本書は中学生が読めること、小学生でも先生の助言があれば理解できることを基準として執筆しました」と同書で述べている。教師を主な担い手とした初期の自由主義史観研究会は、本書を日本史授業の副読本として活用することをも念頭において設計していた。

そして今、道徳の教科化を前にして、先に見た服部『先生、日本ってすごいね』を筆頭に、「日本スゴイ」系の歴史美談物語群は公然と「道徳」教育の領域に浸透しつつある。

服部は同書の「あとがき」で次のように述べている。「わが国には偉大な先人や事例が数多く存在し、その事実をありのままに伝えるだけで大きな感動に打たれます」「感動は心の中の邪まなものを浄化させてくれます。美しい生き方に触れると生徒の心の中に行動の「美学」ともいうべき価値観が徐々に芽生えてきます」……。「心の中の邪まなものを浄化」など、これはもはや公立中学校の「道徳」授業の範疇を超えている。まるで怪しい自己啓発セミナーのようだ。

捏造された「江戸しぐさ」と同じく、「ちょっとイイ話」であればなんでも「道徳」教育にとりこむ傾向が教育現場で目につくが、保守系・右翼系団体は「日本スゴイ」言説で新たな「道徳」教材市場に参入しようとかなり前から力を入れてきた。[8] かつての国定「修身」教科書にあった「よい日本人」項目の現代版を見る思いがする。

「日本スゴイ」という国民の物語への欲望

歴史美談・エピソードを積み重ねて「日本スゴイ」を訴えていく方法は、実は非常に古いものである。自身も戦時下教育体制に深く関与した教育学者の海後宗臣が、

歴史学習における人物説話の教材は特に重要視されてきていた。歴史は優れた人物、忠義の志があつく、一身を主君にささげた人物、全国を統一し時代を動かす権力をもった政治的人物、国体を護持するためにはその身をかえりみないでつとめた節操ある人物、このように歴史上屈指の人物がとりあげられて、その説話が教材として編成されていた。これらは史上の人物を模範とすることにおいて道徳的意味をもった教材ともなっていた。[9]

と述べているように、敗戦前までの国定歴史教科書や国語読本の歴史教材などでは、「忠臣義士

孝子節婦」美談の羅列によって「国史」を語る手法が駆使されてきた。人物説話という形式が活用されたのは、その物語構造の中に思想を情緒とともにもりこみ、児童の共感とともにそれらを受容させることが可能であったからにほかならない。

この〈物語を通じての教化〉を現代的に位置づけ直したのが「新しい歴史教科書をつくる会」（一九九六年一二月結成）の理事をつとめた坂本多加雄だった。

「つくる会」結成から半年後に発表された坂本の「歴史教科書はいかに書かれるべきか」（『正論』一九九七年五月号）では、近代国家の国民意識形成は「『われわれ』についての「物語」（略）を共有すること」なしにはありえないとし、「国家や国民といった観念はある意味ではフィクション」だが、「人間はおよそフィクションなしには生きられない存在」であり、「フィクションとしての国民や国家の維持に人為的な努力がなお必要」だと説いている。

歴史教育は「国民意識の育成ということを目指」すべきであり「国民統合という課題に応える「国民の物語」でなければならないという。その「国民の物語」とは、「客観的な「歴史」的説明を意識し、それを適宜織り込んで語られることでリアリティをもったものに」なる。「歴史教科書に記される日本の歴史は（略）基本的には、日本国民としての生き方や態度の由来を語る物語でなければならない」というのが結論だ。

彼の言う「国民の物語」の目的は「日本国民としての生き方や態度の由来」を示すことだとされるため、あらかじめ設定された「国民意識の育成」というフレームに合致するように、あらゆる「史実」は「物語」へと書き替えられてゆくこととなる。

この坂本の「国民の物語」論をもっとも忠実にトレースし、実践に適用しているのが前述のような歴史美談系「日本スゴイ」本であると言えるだろう。従来、「新しい歴史教科書をつくる会」とその周辺の言説については、その歴史修正主義的な側面がもっぱらクローズアップされてきたが、「日本スゴイ」コンテンツの流行のただ中で、「日本人の誇り」を配給する「国民の物語」としての機能を発揮している。実際、先に挙げた「教科書が教えない歴史」シリーズがコンビニ本として再版された際に、その表紙には「こんな日本人がいた！　すばらしい日本がわかる86のエピソード[10]」と刷り込まれていた。読者に何を訴えたいのか、ハッキリしている。

「日本スゴイ」コンテンツを、もはやエンタテインメントのレベルだけで語るわけにはいかない。この二〇年間で再発明された「国民意識」形成のイデオロギーが、私たちのすぐ身近に迫っているのだ。

「日本主義」大洪水の時代

かつて満洲事変（一九三一年）以降の日本の出版界にも、「日本スゴイ」本の洪水がおしよせた。歴史学者の赤澤史朗によれば、日本精神論や日本主義を説く図書と論説は一九三三年以降激増する傾向を見せ、一九三四年ともなると新聞の「納本書目欄」には「毎日必ず二三冊の『日本精神何々』と云ふ新刊書が発見されると云ふ勢ひ[11]」になったという。

当時の『出版年鑑』（東京堂版）から日本哲学、国家・国体論、政治一般などのジャンルで日本主義・日本精神論の書籍をピックアップしてみると、一九三一年＝一八冊、三二年＝四一冊、三三年＝五四冊、三四年＝五六冊と激増している。別の『出版年鑑』（東京書籍商組合版）では、三二年＝一二二冊、三三年＝九六冊をカウントすることができた（筆者調べ）。これらの「日本主義」本の書名を挙げればいずれも『日本精神の哲学』『日本精神読本』『日本精神論』『日本精神史』『真の日本精神』といった日本精神モノのほか、『神国日本の啓明』『昭和日本の使命』『光は日本から』『日本主義の論理』『大日本の建設』……と、とにかく「日本」を冠した類似本の大洪水で枚挙にいとまがない。

この「日本精神」出版ブームからわずか数年後には日中戦争が全面化し、国民精神総動員運動が始まる。皇国臣民としての精神的土壌を耕された上で、人びとは総力戦を受け入れ、積極的に担っていったのだった。

七〇年前の「日本スゴイ」コンテンツは、「神がかり」にはじまり、「神がかり」に終わった。最初はアナクロニズムな人びとの妄言であったものが、「大東亜戦争」敗戦直前には「日本不敗」という信念をもたらすにいたり、やがて大日本帝国を滅ぼしたのである。

現在の「日本スゴイ」もまた、妄言から国策への道を歩み始めている。二〇一五年一〇月、安倍晋三首相の私的懇談会「「日本の美」総合プロジェクト懇談会」が設置された。「日本人の美意識や、自然への畏怖、礼節、忍耐といった日本人の価値観が表出した日本の文化芸術」の振興や継承、国内外へのアピールのためのものだという。例えば座長をつとめる俳優の津川雅彦は、第二回会合で次のように述べている。

今こそ、日本という国の持つ不思議とともに、奥深き日本の美を世界に提示するべき。それも、無邪気かつ狡猾な方法で提示する必要がある。異物の混在を許容する日本固有の価値観は、多様性に富む文化であるが故に、世界の平和に貢献できるはず。[12]

その上で「奥深き日本の美」を提示するものとして彼が提案したのが、アニメ「天孫降臨」の製作だという。

映画や映像は、日本の奥深さを伝達する最も効率のよいメディアであり、戦略的に活用してはいかがか。まず、「天孫降臨」をアニメ化する。日本の神話を小中学生に、世界の子供たちに、まるで我々がかつて見た孫悟空のように、「天孫降臨」を面白く見せたいと思う。

「天孫降臨」が出てくるところがまさに「日本スゴイ」なわけであるが、愚行は必ず繰り返されることに衝撃を覚える。「日本」的なるものの究極の起源を肇国神話に求める以上、「日本スゴイ」の自画自賛も面妖な神がかり性を濃厚に刻印されるほかない。この構造は、いまや時代を超えて再生産されつつあるのだ。

1——増補版、白揚社、一九三六年。
2——http://www.tbs.co.jp/program/bukkomi-japanese_20160621.html（二〇一七年一月九日最終閲覧）。

3——http://www.tv-asahi.co.jp/shisatsudan/about/（二〇一七年一月九日最終閲覧）。

4——ブログ「井上和彦氏「日本が戦ってくれて感謝しています」をシンガポールで検証する」http://uniunichan.hatenablog.com/entry/20160509WWIIvaluation（二〇一七年一月九日最終閲覧）。

5——一九一〇年に日本海軍の第六潜水艇が訓練中に事故を起こし乗組員一四名全員が死亡したが、死の直前まで遺書をしたためた。佐久間艇長の遺書は、第二期国定教科書「尋常小学修身書」巻六「沈勇」、第三期「尋常小学修身書」巻六「沈勇」、第五期「初等科修身」三「佐久間艇長の遺書」に登場する。

6——「授業づくりＪＡＰＡＮ」メールマガジンによる。以下からログを閲覧することができる。http://melma.com/backnumber_198666/（二〇一七年一月一五日最終閲覧）。

7——胎中千鶴『植民地台湾を語るということ—八田與一の「物語」を読み解く—』（風響社、二〇〇七年）に、二〇〇〇年代なかばまでの「八田與一」言説がまとめられている。大半の言説から欠落しているのは、大日本帝国による台湾の植民地支配という核心的なポイントである。

8——例えば、道徳教育をすすめる有識者の会編『13歳からの道徳教科書』（育鵬社、二〇一二年）には、前述の「佐久間艇長の遺書」「上杉鷹山」などかつての「修身」教科書でおなじみの美談・エピソードが登場している。

9——『歴史教育の歴史』東京大学出版会、一九六九年、二三五頁。

10——普及版『教科書が教えない歴史 3』産経新聞出版、二〇〇五年。

11——赤澤史朗『近代日本の思想動員と宗教統制』校倉書房、一九八五年、二一四頁。引用は、溝口駒造「日本学の補強工作」『皇国時報』五二八号、一九三四年五月より。

12——「日本の美」総合プロジェクト懇談会第二回（平成二七年一二月一八日）議事要旨 http://www.kantei.go.jp/jp/singi/nihon_bi_sogoproject/dai2/gijiyousi.pdf（二〇一七年一月九日最終閲覧）。

（はやかわ・ただのり　編集者）

第14章 〝歴史戦の決戦兵器〟、「ＷＧＩＰ」論の現在

能川元一

あなたがいまインターネットを利用可能であれば、「ＷＧＩＰ」で検索してみていただきたい。ある種の人々にとっての〝真実の戦後史〟がそこには広がっている。

「ＷＧＩＰ」とは「ウォー・ギルト・インフォメーション・プログラム **War Guilt Information Program**」の略語であり、アジア・太平洋戦争での敗戦後に日本を占領統治したアメリカが、戦争に対する罪責感（＝ウォー・ギルト）を日本人に持たせるために計画・実行した工作活動とされている。しかもこのＷＧＩＰの実態は検閲やプロパガンダを通じた〝洗脳〟工作であり、日本社会はいまだにその呪縛から脱していないとされる。いわゆる「自虐史観」はＷＧＩＰの成果だというのである。以下、「日本人は占領軍が実行したＷＧＩＰによっていまだ洗脳されたままである」と要約できるような主張を「ＷＧＩＰ」論、と呼ぶことにしたい。

本章では「ＷＧＩＰ」論の基本的な特徴をおさえたうえで、日本社会における「右傾化」と関連する現象の一つとして、「ＷＧＩＰ」論の近年における展開を紹介したい。

江藤淳の『閉された言語空間』

ＷＧＩＰは評論家の江藤淳（故人）が『閉された言語空間―占領軍の検閲と戦後日本―』で紹介したことで、保守論壇において一定の認知を得るようになった。同書は月刊誌『諸君！』（文藝春秋）の一九八二年二月号から八六年二月号まで断続的に掲載された論考をまとめて八九年に文藝春秋から単行本化されたもので、九四年には文庫化され（文春文庫）、現在に至っている。

同書のベースになっているのは、江藤が一九七九年から八〇年にかけてのアメリカ滞在中に国立公文書館やメリーランド大学付属図書館（占領軍が日本で収集した書籍、新聞、雑誌からなる資料群「プランゲ文庫」がある）で閲覧、収集した文書群についての調査だ。江藤の目的は「日本占領中米占領軍が行った新聞、雑誌等の検閲の実体《ママ》を、できるだけ明らかにしたい[1]」というものであった。

このような問題意識にたって江藤は米軍の対日検閲政策の形成過程を追い（第一部）、ついでＧＨＱに設けられた民間情報教育局（ＣＩＥ、江藤の表記ではＣＩ＆Ｅ）および民間検閲支隊（ＣＣＤ）によって実施された検閲の実態を明らかにしようとした（第二部）。その結果、彼が〝発見〟したのがＷＧＩＰだったのである。

ここで特筆して置かなければならないのは、ＣＣＤの提供する確度の高い情報にもとづいて、ＣＩ＆Ｅが、「ウォー・ギルト・インフォーメーション《ママ》・プログラム（略）」なるものを、数次にわたって極めて強力に展開していたという事実である。（二六一頁）

この「プログラム」にはメディア等に対する検閲のみならず、一九四五年一二月八日から始まりすべての全国紙に掲載された連載「太平洋戦争史—真実なき軍国日本の崩潰—」や、そのラジオ版である「真相はこうだ」も含まれている。いずれの内容もCIEによって作成されたものであった。それだけではない。江藤によれば極東国際軍事裁判（東京裁判）自体がWGIPの一環として行われたものであった。

つまり、極東国際軍事裁判は、それ自体が大仕掛な「ウォー・ギルト・インフォメーション・プログラム」であったのみならず、日本人から自己の歴史と歴史への信頼を、将来ともに根こそぎ「奪い」去ろうとする組織的かつ執拗な意図を潜ませていたのである。（三一〇頁）

この一節に、「WGIP」論の特徴の一つがよく表れている。米軍の検閲や宣伝活動は円滑な占領統治のためだけでなく、日本民族そのものを内側から破壊させるための謀略だというのである。同書の第一部は「眼に見える戦争は終ったが、眼に見えない戦争、思想と文化の殲滅《せんめつ》戦が、一方的に開始されようとしていたのである」（二五五頁）という一文で締めくくられている。

『閉された言語空間』への評価

GHQが検閲を行ったのはまぎれもない歴史的事実であるのだが、にもかかわらず『閉された言語空間』は研究者から高い評価を得ているとは言い難い。例えば『史学雑誌』の「新刊紹介」

では「占領軍の検閲を明らかにした先駆的研究であり、その点での意義は十分ある」ものの、「著者の主張に結びつけるための強引な資料解釈も、随所に見受けられる」と評されている。[2]

その「強引な資料解釈」の一例を紹介しておこう。「ブラックリスト」作戦（米軍による日本本土侵攻作戦以前に日本が降伏した場合を想定した占領計画）に関連した文書を、江藤は次のように引用している。

《……狂信的な民衆との接触によって、一般諜報活動の困難は飛躍的に増大するものと思われる。〔……〕あらゆる日本人は潜在的な敵である。したがって、一切の諜報活動は作戦諜報の性格を帯びる可能性を有する。サボタージュや地下抵抗運動の脅威は、複雑な言語と人種心理のために倍加される。一切の諜報機関はこの邪悪な状況に直面し、状況に合わせてその活動方針を修正しなければならない。語学要員が極度に不足しているので、言語関係諸機能相互の調整が必要である。……》（一六〇—一六一頁、傍点は原文ママ）

そのうえで、江藤はこの文書を次のように解釈してみせるのである。

　あらゆる日本人は「潜在的な敵」であり、そういう人間が住んでいる日本という国は、本来「邪悪」な国である。この固定観念は、〝ブラックリスト〟作戦が中止されたのちになっても、いつまでも米軍当局者の念頭を去らなかった。それどころか、それは時とともに深く彼らの意識に浸透して、ほとんど日本と日本人を見るときに自動的に作動するフィルターのようなものになった。（一六一頁、傍点は筆者による）

降伏を許されず〝玉砕〟するまで戦い続ける日本軍を敵としてきた米軍が、日本占領にあたって抵抗活動を警戒するのは当然のことであろうが、江藤は「邪悪な状況」を「邪悪な国」に読み替え、原資料にない「本来」を付け加えている。このように、米軍の日本占領計画に強い悪意を読み込んでしまうことが、江藤の議論に陰謀論的な性格を与えることになる。

さらに大きな問題は、WGIPの効果についての江藤の主張にある。保守派の代表的な歴史学者のひとりである秦郁彦《はたいくひこ》は同書を評するなかで、WGIPは「果してそんな大それたものだったのか」と疑念を呈している。[3] 江藤自身、WGIPが当初は十分な効果をあげなかったことを認めている。しかし、「その効果は、占領が終了して一世代以上を経過した近年になってから、次第に顕著なものとなりつつあるように思われる」(二七二頁)、というのである。

いわゆる〝逆コース〟以前の段階においてすら期待通りの効果をあげていなかったWGIPが、「近年」になってから効果を発揮し始めたというのだ。江藤に言わせれば、戦後日本の歴史記述がその後もWGIPのパラダイムに依《よ》りつづけ、そのような歴史記述によって教育された戦後世代が(当時の)社会の中枢を占めるようになってきたからだ、ということになる。だがサンフランシスコ講和条約による独立回復から間もない一九五五年にはすでに保守政党による最初の歴史教科書攻撃が行われていることひとつを考えるだけでも、戦後日本の「言語空間」が〝東京裁判史観〟的な歴史記述で埋め尽くされていたかのような江藤の戦後史記述は一面的だと言わざるをえないだろう。

ＧＨＱによる占領中の検閲、宣伝工作に関する江藤の議論が、それなりに史料に基づくものであるのに対して、その影響が〝現在〟にも、いやむしろ〝現在〟においてこそ効果を発揮しているとする江藤の主張には実証的な根拠がまったくと言ってよいほど欠けている。〝現在〟における日本社会の歴史認識は、ＣＩＥのつくりあげたパラダイムに支配されているという江藤の現状認識がまずあり、それを説明するためにＷＧＩＰの効果が持ち出されているのである。[4]

秦は『閉された言語空間』を「占領期に関わる『陰謀史観』」の代表例として扱い、「アメリカ製の公文書を引き合いに、陰謀の『証拠固め』に乗りだしたのは江藤淳である」と冷ややかな評価を下しているが、[5]それも故なきことではない。

右派・保守論壇での限定的な受容から多様化へ

もちろん江藤の議論がまったく受容されなかったわけではない。漫画家の小林よしのりの『戦争論』が「ＷＧＩＰ」論を紹介したことは、[6]少なからぬ影響力をもったと思われる。そのためか、意外なところにも「ＷＧＩＰ」論の影響は及んでいる。例えば、二〇〇六年一二月五日付で公表されている「在日特権を許さない市民の会」（在特会）の「挨拶」[7]には次のような一節がある。

しかし、先のＧＨＱによるＷＧＩＰ（日本国民への戦争認罪意識洗脳プログラム）から始まった反日極左思想の拡大によって、日本国民の多くがやってもいない犯罪行為の責任をなすりつけられ、不必要な罪悪感を持つようになりました。／戦後六〇年以上に渡ってＷＧＩＰの影響は日本に暗い影を落とし、行政当局やこうした問題を本来なら率先して告発しなければならないはずのマスメディアも在日問題をいつの間にか人権問題と捉えるようになり、触らぬ神に祟りなしとばかりに在日問題には極力触れないようにしてきたのです。

東京裁判は、日本による朝鮮半島の植民地支配を本格的に断罪することはなかったし、GHQは朝鮮人を邪魔者視する日本政府の政策をしばしば追認してもいる（一九四五年一二月に衆議院議員選挙法が改正された際に、「内地」に居住する植民地出身者の参政権が「停止」されたが、GHQがその措置に異議を唱えなかったのがその代表例である）。にもかかわらず在特会の主張する〝在日特権〟がWGIPに起因するものとされているのは興味深い。

とはいえ、保守・右派の間でも「WGIP」論はかなり限定されたかたちでしか受容されてこなかった。右派オピニオン誌の代表的な存在である月刊誌『正論』（産経新聞社）は、敗戦後五〇年にあたる二〇〇五年の九月号で、特集「閉ざされた言語空間と「戦後神話」」を掲載している。だが計六本の特集記事のうち江藤の「WGIP」論をまともに踏まえていたのは、自身も後に『GHQ焚書図書開封』と題する一連のシリーズ書籍を執筆してGHQによる検閲を問題にすることになる西尾幹二によるものだけである。

また『産経新聞』のデータベースThe SankeiArchivesで一九九二年九月七日から二〇一六年末までの東京本社版朝刊を対象に「ウォー・ギルト・インフォメーション・プログラム」で検索しても、ヒットするのは二五件しかない（書評や『正論』掲載記事の紹介を含む）。

このように、保守・右派論壇においてすら「ＷＧＩＰ」論の受容が限定的であった第一の理由は、やはり江藤の主張が実証的な根拠を欠いていたことにあるだろう。

もう一つの理由として、「ＷＧＩＰ」論がはらむ強い反米主義を挙げることができよう。先述のように江藤は米軍の占領政策に悪意を強引に読み込んでいるが、秦も「江藤の論調は必然的に反米思想へ行きつくしかない」としている。[8] 日米同盟を基本戦略とする日本の保守・右派にとって、〝自虐史観〟の原因をアメリカの占領政策に求める議論は容易には支持しづらいものとなる。

だが近年になって、「ＷＧＩＰ」論をとりあげる論者、媒体の多様化が始まっている。

きっかけの一つとなっていると思われるのが、関野通夫が二〇一五年の三月に刊行した『日本人を狂わせた洗脳工作《ＷＧＩＰ》──いまなお続く占領軍の心理作戦──』（自由社ブックレット）で、「ＷＧＩＰ」文書計七点を〝公開〟したことである。関野はこれらの文書から「ＧＨＱの作戦が、いかに広範で綿密に練られた物かが分かります」としているが、その内容は検閲や宣伝の計画、方針の概略を述べているに過ぎない。ＧＨＱの目的が日本人の「洗脳」にあると記されているわけでもない。それでも、「ＷＧＩＰ」論を実証的に見せてくれるという意味で、追い風にはなったと思われる。

この文書は明星大学戦後教育史研究センターが所蔵していたもので、高橋史朗・明星大学教授（当時、現特別教授）と勝岡寛次・明星大学戦後教育史研究センター研究員の「アドバイス」を得たと関野は書いている。二人とも日本会議のイデオローグとして知られているが、とりわけ高橋史朗は江藤が後に『閉された言語空間』に結実させる調査をアメリカで行っていたのと同時期に、他ならぬメリーランド大学に留学している。本人によれば「この大学にあるマッケルディン図書館にプランゲが寄贈していた検閲の資料を調べるため」[9]だという。よって高橋はＷＧＩＰにもっとも早くから着目していた論者の一人であると考えてよいだろう。

高橋史朗の「ＷＧＩＰ」論とその陰謀史観的性格

高橋の「ＷＧＩＰ」論は陰謀史観として群を抜いて壮大であり、右派が重視する他の論点をも包含する体系性を持っている。そこで、高橋の最新刊である『日本を解体する』戦争プロパガンダの現在―ＷＧＩＰの源流を探る―』に依ってその主張を概観しておこう。

サブタイトルにある「ＷＧＩＰの源流」とはなにか。高橋によればそれはイギリスのタヴィストック人間関係研究所であるという（正確にはその前身だという「一九二二年に設立された国際諜報機関」であるが、本稿では高橋の表記に従う）。この研究所を通じてクルト・レヴィン（高橋はレヴィンが一九三二年に研究所長となったとしているが、レヴィンは同年までベルリン大学で教鞭をとっており、三三年にはアメリカに移住している）、マーガレット・ミード、ジェフリー・ゴーラー、ハロルド・ラスウェルらが出会い、「「どういう心理戦争の方法を用いたら、もっと効果的に敵の抵抗精神を弱めることができるかという問題」について議論を重ねていった」のが「ＷＧＩＰの出発点」だというのである。[10]

タヴィストック研究所の研究成果がアメリカに伝わったのは、ゴーラーの論文「日本人の性格構造とプロパガンダ」や「極端な事例・日本」がOSS（戦略諜報局）の目に留まり、対日占領政策の形成に影響を与えたからだという（九四—九六頁）。

さらに『菊と刀』で著名なルース・ベネディクトも、「WGIPのキーパーソンの一人」とされる（一二八頁）。高橋の主張を要約するならば、次のようになるだろう。対日戦遂行のためにゴーラーやベネディクトなどの人類学者らがとりくんだ日本研究は、米軍首脳に〝歪められた〟日本人観を植え付け、それが対日占領政策に影響を及ぼし、「内的自己崩壊」（同書に頻出するキーワード）をもたらすためのWGIPの策定・実行が促されたのだ、と。

もちろん、今日の学問的な知見に照らして、ベネディクトらの研究に限界や問題点を指摘することはできるだろう。だが江藤がそうだったように、高橋もまた史料の恣意的な解釈によってアメリカ軍に悪意を読み込んでいる。例えば、後にGHQの顧問となるジョン・エマーソンが一九四四年の八月に国務省に送った覚書には、「我々は日本国内にいる戦争反対分子を励ますべきである。我々が日本国民を慎重に扱うならば、内部崩壊を速め、彼らは敗北の結果に備える用意をすることができる」という一節があると高橋は言う。この一節を彼は次のように解釈してみせるのである。

「内的自己崩壊」を目指す「精神的武装解除」構想と、WGIPの核心である「内部崩壊」という文言が明記されている点を見落としてはならない。（一一七頁）

しかしエマーソンが言う「内部崩壊」とは、戦争を遂行する日本の政治・軍事体制を、アメリカの軍事力に加えて日本国内の反戦派の力でもって揺さぶり打倒することを意味しているのは明白だろう。だからこそ「日本国内にいる戦争反対分子を励ます」ことが必要だとされたのである。これは総力戦時代における常識的な心理工作の発想にすぎず、現に旧日本軍も対米開戦にあたっては緒戦の勝利でアメリカに厭戦気分が蔓延することを期待していたのである。エマーソンの覚書から分かるのは、彼が〝日本には狂信的な軍国主義者しかいない〟とは考えていなかったこと、「日本国内にいる戦争反対分子」とアメリカとは目的を共有できると考えていたことである。それを、日本民族の「内的自己崩壊」を目論むものと解釈するのは強引にも程があるだろう。根拠を欠いた悪意の読み込みは、陰謀論の特徴の一つである。

高橋の陰謀論的な主張は、アジア・太平洋戦争以外の話題でもみられる。先述のタヴィストック研究所について、高橋はジョン・コールマン──著作タイトルに「イルミナティ」「三〇〇人委員会」「九・一一」などのフレーズが並ぶ陰謀論のデパートのような著述家──の著作を援用して、「女性らしさや道徳、精神の基盤を根底からくつがえす洗脳工作についても研究していたとのこと」と述べている（九六頁）。また「国民の道徳心を低下させ、国民としての誇りとアイデンティティーを「完全に破砕」するための長期洗脳工作計画を研究したのがタヴィストック研究所であるが、その一つが同性愛を奨励することにあった」とも主張している（九八頁）。

こうした高橋の「ＷＧＩＰ」論は、右派が重視する他のイシューと結びつく契機ともなっている、という点でも重要である。『「日本を解体する」戦争プロパガンダの現在』にせよ、『日本が二度と立ち上がれないようにアメリカが占領期に行ったこと』にせよ、歴史認識のみならず家族や教育を論じた章が含まれているのが目につく。高橋によれば、婚姻における両性の平等を定めた憲法二四条も「ＷＧＩＰの根本的イデオロギー」に由来しており（二六九頁）、それが少子化の原因ともなっている。性的役割分業にとらわれないことや性的マイノリティーの人権について説く家庭科の教科書も、「タヴィストック研究所の洗脳戦略」が継承された結果である（二七九―二八二頁）。「現在の日本人の家族関係や学校教育の崩壊ぶり[11]」はＷＧＩＰの結果である……。ＷＧＩＰの効果は戦後日本のあり方全体に及んでいる、というのだ。

それゆえ、今日の憲法改正運動は条文改正を目指すだけでなく、ＷＧＩＰの根本的イデオロギーの誤りを明らかにし、本来の「日本人の伝統的国民精神」を取り戻す国民精神復興運動でなければならないのである。それが「美しい日本人の心を取り戻す」ということなのだ（二六九頁）。

ＷＧＩＰ論の現状

ＷＧＩＰ論の近年における広がりに話を戻すことにしよう。

前述した関野通夫は、『正論』二〇一五年五月号に「これが「戦後」の元凶だ！ 米占領軍の日本洗脳工作「ＷＧＩＰ」文書、ついに発掘」を寄稿、さらに一六年の九月には『続・日本人を狂わせた洗脳工作―いまなお蔓延《はびこ》るＷＧＩＰの嘘―』（自由社ブックレット）を刊行している。

ついで早稲田大学教授の有馬哲夫が『正論』の二〇一五年七月号に「日本を再敗北させたGHQ洗脳工作「WGIP」」を寄稿。有馬は『新潮45』の一六年一月号から五月号まで全五回にわたり「アメリカ「対日心理戦」再検証―WGIPとは何であったのか―」を連載したほか、同年八月刊の『歴史問題の正解』(新潮新書)でも「WGIP」論を展開している。

「WGIP」論の〝伝道師〟として注目すべき存在が、アメリカの弁護士資格をもつタレント、ケント・ギルバートだ。有馬も寄稿した『正論』の二〇一五年七月号に彼は「傲慢なるメディアの「良心」と中韓「戦勝国」気取りの元凶、WGIP」を寄稿しているが、歴史認識問題を特集したわけでもないこの号に、WGIP関連の論考が二本も掲載されているのは、関野の〝「WGIP」文書発掘〟の余勢を駆ったものと考えてよいだろう。ギルバートはそれに先立つ一五年五月に『まだGHQの洗脳に縛られている日本人』をPHP研究所から刊行しているが、帯の惹句は「WGIPをご存知ですか? あなたの歴史観は根本から間違っているかもしれません」となっている。その後同じ版元から『やっと自虐史観のアホらしさに気づいた日本人』(一六年一月)、『いよいよ歴史戦のカラクリを発信する日本人』(同年八月)を刊行したほか、PHPの月刊誌『Voice』の一六年九月号には「日本のメディアはまだGHQの占領下にある―WGIPがもたらした悪影響で事実を事実として報道できていない―」を寄稿し、右派の歴史認識の宣伝役を買って出ている。なお『Voice』の一五年九月号には高橋史朗の「WGIP洗脳工作の源流を暴く―日本を封じ込める心理戦はどこで進められたのか―」も掲載されている。

ケント・ギルバートという〝伝道師〟を得た「ＷＧＩＰ」論は、地上波テレビにも進出した。関東および東北・北陸の一部を除く道府県で放送されている日本テレビ系読売テレビ制作の「そこまで言って委員会ＮＰ」の二〇一五年九月一三日放送回にギルバートが出演し、『まだＧＨＱの洗脳に縛られている日本人』と「ＷＧＩＰ」論が紹介されたのだ。

さらに二〇一六年の一一月二八日には共同通信社が「【特集】「戦後」縛る占領体制（１）（２）」を配信した。共同通信や地方紙が加盟するインターネットのニュースサイト「４７ＮＥＷＳ」などいくつかのインターネット・ニュースサイトに掲載されたこの特集で、「呪縛はまだ効いている」という西尾幹二らの見解とともにＷＧＩＰが紹介されている。

「ＷＧＩＰ」論の内容面での新展開としては、中国共産党の日本人捕虜政策との結びつきが主張され始めたことがある。『産経新聞』二〇一五年六月八日付に「ＧＨＱ工作 贖罪意識植え付け英公文書館所蔵 秘密文書で判明」と題する記事が掲載された。

前出のエマーソンが、米軍の戦時情報局要員として一九四四年に中国共産党の拠点であった延安を訪問した際、中国共産党の対日心理作戦を知り、それが米軍の日本占領政策に活用された、というのである。執筆した編集委員の岡部伸《のぶる》は同趣旨の論考「ＧＨＱと日本共産党の闇―中国・延安で実施された日本軍捕虜への恐るべき「洗脳」工作。その手法はＧＨＱに受け継がれ、いまも日本人を縛っている―」を『Ｖｏｉｃｅ』二〇一五年八月号に寄稿、高橋史朗が前掲『「日本を解体する」戦争プロパガンダの現在』の第二章でこれを援用している。

これまで紹介してきた江藤以降の「WGIP」論において、「洗脳」という語が繰り返し登場してきたことにお気づきの読者もおられるだろう（「マインド・コントロール」という語が用いられることもある）。歴史認識に関する右派の議論に「洗脳」概念が用いられるのはこれが初めてではない。「洗脳」という語は中国帰還者連絡会（中帰連）のメンバーが行ってきた旧日本軍の戦争犯罪に関する証言を、右派が否認する際の決まり文句だったのである。

日本の降伏後、「満洲国」を占領したソ連軍の捕虜となり、そののち中国共産党軍に引き渡された日本軍将兵ら約一一〇〇名は、撫順《ぶじゅん》や太原《たいげん》の戦犯管理所で自らの犯した戦争犯罪を自供させようとする「認罪教育」を受け、その大半は不起訴処分となって帰国した。帰国後に組織されたのが中帰連であり、そこに多くの元「戦犯」が加わった。中帰連のメンバーは、東京裁判で裁かれることのなかった旧日本軍の戦争犯罪、特に「三光作戦」や七三一部隊について加害証言を行ったことで知られているが、右派の多くはこうした証言を「洗脳の結果だ」として否認してきた。「WGIP」論が中国共産党の対日心理作戦と結び付けられたことが注目に値するのは、そのためである。

『閉された言語空間』における江藤の主張の弱点の一つは、WGIPの効果が占領終結後数十年経っても持続している――むしろ数十年たってから効果を発揮し始めた――とする根拠を欠いている点にある、ということはすでに指摘した。右派にとって「洗脳」概念はこの弱点をカバーする機能をもち、「WGIP」論の主観的説得力を増強してくれるのである。それが中国共産党の手法に由来するとなれば、なおさらである。ＷＧＩＰの原点は中国にある、ということになれば「ＷＧＩＰ」論の反米色が薄まるという効果も期待できる。

「洗脳」は「新しい考えに対する抵抗力が弱い原初的な状態へ個人を導いて、その個人の意志に反して、根本的に信念を変化させるもの[12]」などと定義される。中国共産党に抑留されていた「戦犯」容疑者たちの自白が、当初において少なくとも部分的には、こんにち心理学で言うところの「洗脳」によって導かれたであろうことは、ある意味で当然である。そもそも「洗脳」に対する学術的な関心は、朝鮮戦争における捕虜などに対して中国共産党が行った「思想改造」に由来するからだ。

しかし「洗脳」の効果が、身柄の拘束を解かれてから半世紀もの間持続しているという右派の主張は、「洗脳」に関する心理学の知見に反している。中国共産党による「思想改造」についての古典的な研究を行ったロバート・リフトンも、革命後の中国で抑留され「思想改造」を受けた西欧人について、「釈放後三年ないし四年たつと、彼らのほとんどが、収容される以前に感じていたものとははるかにきびしい感情を共産主義に対して表明している[13]」と述べている。

占領下の日本人に対するＧＨＱの検閲や宣伝工作は、戦前・戦中の刊行物を根こそぎ没収したり、密告等によって私的領域での言動までをも取り締まるような徹底したものではなかった。つまり「洗脳」というに足る要件を決定的に欠いているのである。ＧＨＱが検閲を行ったという歴史的事実と、「洗脳」の効果が七〇年もの間日本社会を呪縛しているという「ＷＧＩＰ」論の主張の間には、深く大きなミゾが存在しているのである。

おわりに

だが「WGIP」論が今後もたらす影響について楽観視することはできない。

第一の理由は、「WGIP」論が部分的には史料的根拠に基づいていることだ。先に言及した共同通信のWGIP特集で取材を受け、コメントも寄せている早稲田大学名誉教授の山本武利は学術書の刊行で定評のある法政大学出版局と岩波書店からそれぞれ複数の著作を刊行している研究者である。また高橋史朗が「GHQによる占領政策」と題する論考を寄稿した扶桑社ムック（発売は扶桑社だが、発行は日本会議系の歴史教科書を作成している育鵬社）の『敗戦後遺症を乗り越えて』（二〇一五年）は、「GHQの情報統制」などを論じた伊藤隆・東京大学名誉教授の「東京裁判史観はアメリカ製の歴史解釈だ」を「プロローグ」として収録している。右派的なイデオロギーの持ち主として知られる一方、実証史家としての業績もある伊藤の論考とセットになることで、高橋史朗の「WGIP」論はより説得力のあるものにみえるだろう。

第二の理由は、「WGIP」論が右派の近現代史理解に対して包括的な効果をもつことである。GHQは、戦前の日本による植民地支配の責任を本格的には追及しなかったが、戦後日本はその責任を負っているという歴史認識はWGIPに由来すると在特会が考えていることは、先に見たとおりである。南京大虐殺（南京事件）にせよ日本軍「慰安婦」問題にせよ、右派の意に沿わない歴史認識はすべてＷＧＩＰの呪縛に帰責することができる。高橋史朗のような論者の手にかかれば少子化のような問題さえＷＧＩＰの結果ということになる。「ＷＧＩＰ」論は応用範囲の広い〝理論〟なのである。

第三の理由は、「ＷＧＩＰ」論がもつ陰謀論的な性格である。日本のアカデミズムにおいて右派の歴史認識がなかなか受け容れられないことも、国際社会が日本の右派の歴史認識を拒絶することも、〝ＷＧＩＰという陰謀〟についての「ＷＧＩＰ」論信奉者の信念を強化してしまう。自説に対する反論があること、ないし自説がひろく受け容れられないこと自体を陰謀の存在の証拠だとするのが陰謀論の特徴だからである。

第二次安倍政権が成立したころから、『正論』『産経新聞』を中心とする右派メディアは「歴史戦争」「歴史戦」キャンペーンを展開するようになった。[14] 日本は南京事件や日本軍「慰安婦」問題などについて国際社会から濡れ衣を着せられ、名誉を貶められている、これは歴史認識をめぐる戦争であり、「反日包囲網」を突破して日本の名誉を回復しなければならない、というのである。具体的にはアメリカ各地での「慰安婦」追悼モニュメントの建立、南京事件や「慰安婦」問題関連資料のユネスコ「世界の記憶」への登録申請問題（前者は本章執筆時点で登録済み）などが〝戦場〟とされる。右派に親和的な歴史認識をもつ安倍首相の存在が、「歴史戦」を鼓舞していることは言うまでもない。

このような状況において、右にあげたような特徴を持つ「ＷＧＩＰ」論は日本の右派にとって

〝歴史戦の決戦兵器〟とでもいうべきものとなる。日本の近現代史に関する彼らの主張が受け容れられないのは、すべてWGIPの呪縛として説明できてしまうからだ。もし先に見たような「WGIP」論の多様な展開、ポピュラー化が成功をおさめるなら、国際社会と日本との歴史認識をめぐるギャップは修復困難なほど拡がるおそれがある。

そうした事態を招かないために必要なこと、可能なことはなんだろうか？　吉田裕《ゆたか》・一橋大学教授は江藤の「WGIP」論について、「アメリカ側の提示した価値観を受け入れるだけの歴史的土壌が日本側にもあったことが、完全に無視されている」[15]と指摘している。前線・銃後での被害体験や、表だって語られることは少なかった加害体験がその「土壌」にあたる。かつての敵国、かつての植民地の人々と共有可能な歴史認識をつくりあげてゆくための立脚点は、日本人自身の戦争体験に求めることができるはずなのだ。そのような負の記憶の継承に対して貼られた〝自虐〟というレッテルは右派論壇を越え広く定着してしまっている。右派の好むフレーズを用いるなら、〝自虐的〟だとして私たちから奪われている記憶を〝とり戻す〟ことが必要だろう。

1——江藤淳『閉された言語空間—占領軍の検閲と戦後日本—』文春文庫、一九九四年、八頁。以下、同書からの引用については、引用に続く（）内に文春文庫版のページ数だけを記す。
2——有山輝雄「『閉された言語空間—占領軍の検閲と戦後日本—』」『史学雑誌』第九九編三号、一九九〇年、一〇七頁。
3——秦郁彦『陰謀史観』新潮新書、二〇一二年、一三九頁。

4――一九八二年には、歴史教科書への検定において中国北部への「侵略」を「進出」とするよう命じる検定意見がついたとした日本メディアの報道を契機として中国や韓国との間でいわゆる「教科書問題」が問題化した。江藤はこの問題が日本政府の譲歩によって沈静化したのも、WGIPによるものだという。だが、江藤の言うように文部省がCIEのシナリオを墨守していたとすれば、そもそも「教科書問題」は発生しなかったはずである。ここでもやはりWGIPは、江藤の意に沿わないかたちでの「教科書問題」の決着を説明する機能を果たしている。

5――前掲秦、一三二頁、一三八頁。

6――小林よしのり『新ゴーマニズム宣言SPECIAL 戦争論』幻冬舎、一九九八年、四九―五五頁。

7――http://www.zaitokukai.info/modules/about/zai/speech.html（二〇一七年一月二〇日閲覧）。

8――前掲秦、一四二頁。

9――高橋史朗『日本が二度と立ち上がれないようにアメリカが占領期に行ったこと―こうして日本人は国を愛せなくなった―』致知出版社、二〇一四年、二八一頁。

10――高橋史朗『「日本を解体する」戦争プロパガンダの現在―WGIPの源流を探る―』宝島社、二〇一六年、九四頁。以下、同書からの引用および要約については、引用に続く（　）内にページ数だけを記す。

11――前掲高橋、二〇一四年、一七二頁。

12――中島義明・安藤清志・子安増生・坂野雄二・繁桝算男・立花政夫・箱田裕司編『心理学辞典』有斐閣、一九九九年、五二五頁（「洗脳」の項）。

13――ロバート・J・リフトン『思想改造の心理―中国における洗脳の研究―』（小野泰博訳）誠信書房、一九七九年、二五三頁。

14――山口智美・能川元一・テッサ・モーリス－スズキ・小山エミ『海を渡る「慰安婦」問題―右派の「歴史戦」を問う―』岩波書店、二〇一六年。右派の「歴史戦」キャンペーンに日本政府が協力している実態については特に第二章と第四章を参照されたい。

15――吉田裕『日本人の戦争観―戦後史のなかの変容―』岩波現代文庫、二〇〇五年、三七頁。

（のがわ・もとかず　哲学研究者）

第15章

狙われ続ける「慰安婦報道」

北野 隆一

慰安婦問題の起源を保守・右派がどうみているかは、これまでに出版された本の題名に表現されている。『すべては朝日新聞から始まった「慰安婦問題」』(山際澄夫、ワック、二〇一四年)、『改訂版「慰安婦問題」は韓国と朝日の捏造だ―100問100答―』(黄文雄、ワック、二〇一二年)、『歴史戦―朝日新聞が世界にまいた「慰安婦」の嘘を討つ―』(産経新聞社、産経新聞出版、二〇一四年)などである。

だから、「慰安婦を無理やり狩り出した」などと語った吉田清治の証言(吉田証言)報道を「虚偽だった」と判断して朝日新聞が取り消した二〇一四年八月五日の特集記事は、単なる一新聞の訂正報道には終わらない。朝日新聞の慰安婦報道をめぐって、朝日新聞社を相手取り約二五〇〇人が二〇一五年二月に起こした集団訴訟「朝日・グレンデール訴訟」の原告弁護団長である徳永信一弁護士は、日本会議と「英霊にこたえる会」が一六年八月一五日に靖国神社の参道で開催した「戦歿者追悼中央国民集会」でこう語った。「朝日新聞が最初の報道から三〇年たって、慰安婦の報道について間違いがあったと認めました。国内においては、慰安婦問題をめぐる歴史戦は決着がついた」。「仕上げとしての、けじめとしての朝日新聞に責任を問う訴訟だ」

「朝日新聞を糺す国民会議」が呼びかけ、朝日新聞社を相手取り約二万五〇〇〇人が起こした別の集団訴訟で原告となった外交評論家の加瀬英明は、提訴後間もない二〇一五年二月二三日、日本外国特派員協会で記者会見し、こう語った。「集団訴訟をおこなうことによって朝日新聞はこういった報道を行うときに、これから注意するだろう。非常に臆病になるだろう。だから、その教訓を与えるためにも、私は集団訴訟が成功することを願ってその一員となっております」

「慰安婦問題」とは何か

「慰安婦問題」は戦時中に日本軍が女性を慰安婦として将兵の性の相手をさせた問題であり、九〇年代以降に元慰安婦の女性らが日本に謝罪や補償を求めてきた戦後補償や女性の人権の問題である。ところが日本国内では、「強制連行」をはじめとする「加害」の有無をめぐる論争など、政治外交上の「歴史認識」問題としての側面が強調され、今日に至っている。

慰安婦問題が、とくに日韓間の外交問題として浮上したのは、一九九〇年代初めごろだ。九〇年一月、韓国のハンギョレ新聞が慰安婦問題の記事を連載。九一年八月には金学順《キムハクスン》が韓国在住の元慰安婦として初めて名乗り出た。

それまで日本政府は慰安婦について「民間業者が連れ歩いたもの」と答弁し、政府の関与を否定していた。しかし朝日新聞が一九九二年一月一一日朝刊一面に「慰安所　軍関与示す資料」との見出しで、慰安所の設置管理に旧日本軍が関与したことを示す公文書の存在を特報。加藤紘一官房長官が初めて軍の関与を認めた。直後に訪韓した宮沢喜一首相は日韓首脳会談で謝罪した。

一九九三年八月には、河野洋平官房長官がいわゆる「河野談話」を発表。慰安婦問題は「当時の軍の関与の下に、多数の女性の名誉と尊厳を深く傷つけた問題」であるとして、元慰安婦への「心からのお詫びと反省」を表明した。

保守・右派にとっての慰安婦問題

だが、保守・右派の側から見ると、慰安婦問題とは「歴史戦」であり、「けじめ」をつけねばならないものと映っていたことになる。

慰安婦問題における保守の代表的な論客は現代史家の秦郁彦《はたいくひこ》と、西岡力《つとむ》・東京基督教大教授だろう。産経新聞が二〇一五年二月、両氏に「正論大賞」を授与した際は、慰安婦問題で「歴史の真実を訴え続けた功績」があるとした。

このうち西岡は『よくわかる慰安婦問題』（草思社、二〇〇七年）によると、一九九二年春、「月刊『文藝春秋』編集部から徹底的に調べて書いてみないか」と提案された。調査の成果は『文藝春秋』同年四月号で「「慰安婦問題」とは何だったのか」の題で掲載された。

西岡が問題としたのは、一九九一年八月一一日の朝日新聞大阪本社版朝刊社会面の記事。「思

い出すと今も涙　元朝鮮人従軍慰安婦　戦後半世紀　重い口開く」との見出しで、植村隆・大阪社会部記者の署名がある。元慰安婦の一人が証言した録音テープの内容を報じたものだ。記事が出た三日後、元慰安婦は金学順という実名を公表し、ソウルで記者会見。告白は大きな反響を呼び、元慰安婦が相次いで名乗り出た。九一年一二月に金学順ら元慰安婦が日本政府を相手取り損害賠償を求める訴訟を起こすきっかけとなった。

西岡は八月一一日の記事と、金学順に植村がインタビューした一二月二五日大阪本社版朝刊の記事「手紙　女たちの太平洋戦争　かえらぬ青春　恨の半生　日本政府を提訴した元従軍慰安婦・金学順さん」を取り上げた。その際、西岡は、金学順の記者会見を報じた一九九一年八月一五日の韓国ハンギョレ新聞記事に言及し、「母親によって十四歳のときキーセンの検番に売られた」などと紹介した。植村の記事の書き出しに「『女子挺身隊』の名で戦場に連行され、日本軍人相手に売春行為を強いられた「朝鮮人従軍慰安婦」」とあることに触れ、次のように指摘した。「女子挺身隊という名目で明らかに日本当局の強制力によって連行された場合と、金さんのケースのような人身売買による強制売春の場合では、日本軍ないし政府の関与の度合いが相当に違う」。「植村記者はある意図を持って、事実の一部を隠蔽しようとしたと疑われても仕方がない」

一方、秦は『慰安婦と戦場の性』（新潮社、一九九九年）で、こう書いた。「第一次慰安婦訴訟の前後から、急にマスコミで「慰安婦狩り」の生き証人としてもてはやされるようになった労務報国会下関支部動員部長だったと自称する吉田清治の言動に私が疑惑を感じた」

「第一次慰安婦訴訟」とは、前述の金学順らの訴訟のこととみられる。吉田の証言は、朝日新聞が繰り返し報じていた。最初は八二年九月二日大阪本社版社会面。講演で「（昭和）十八年の初夏の一週間に（朝鮮の）済州島で二百人の若い朝鮮人女性を「狩り出した」」と語ったと報じた。

吉田証言は、朝鮮人慰安婦の強制連行を自分が実行したと認める、数少ない「加害」証言だった。二〇一四年八月五日朝刊の特集記事「慰安婦問題を考える　上」で朝日新聞は「十六回記事にした」と書いた。のちに「十八回」と訂正している。国会でも九〇年代、社会党や共産党などの議員が吉田証言を質問にとりあげ、政府の対応をただしていた。

秦は一九九二年三月に韓国・済州島で現地調査をし、四月三〇日の産経新聞朝刊記事で吉田証言への疑義を呈した。「加害者側の〝告白〟　被害者側が否定」との見出しのこの記事で、秦は「済州島での〝慰安婦狩り〟については、信ぴょう性が極めて疑わしい」と述べている。月刊『正論』六月号「昭和史の謎を追う――第三七回・従軍慰安婦たちの春秋――」でも詳しく展開した。

秦はさらに『慰安婦と戦場の性』で、一九九二年一月一一日の朝日新聞記事について「朝日新聞の奇襲」「ビッグバン」と表現。「首相訪韓のタイミングに合わせて、それまで「国の関与」を否定していた日本政府に「偽証」の証拠をつきつける劇的な演出だった」と評した。

「歴史修正主義のバックラッシュ」

慰安婦問題で「強制連行」や日本国家の責任を否定しようという動きは、『正論』『諸君！』など保守系雑誌から始まり、一九九六年ごろ急速に活発化した。河野談話などを踏まえ、慰安婦問題に関する記述を掲載した歴史教科書を「偏向」と攻撃するキャンペーンが展開された。

一九九六年六月に中学校教科書の検定結果が発表され、七冊の歴史教科書すべてに慰安婦に関する記述が盛り込まれたことが明らかになった。九七年二月二七日には、自民党衆院議員の中川昭一を代表、安倍晋三を事務局長とする「日本の前途と歴史教育を考える若手議員の会」が発足。慰安婦に対する日本軍の強制を認めた河野談話の見直しを求めた。

藤岡信勝・東京大教授が結成した「自由主義史観研究会」は一九九六年一月から産経新聞紙上に「教科書が教えない歴史」の題で連載を開始。七月、中学教科書から慰安婦記述を削除する要求をまとめた。

一二月二日には藤岡や、漫画家の小林よしのりのほか西尾幹二・電気通信大教授、坂本多加雄・学習院大教授、高橋史朗・明星大教授ら九人が呼びかけ人となり、「新しい歴史教科書をつくる会」（つくる会）結成の記者会見を開いた。趣意書では当時の歴史教科書を「旧敵国のプロパガンダをそのまま事実として記述」していると非難した。「つくる会」は中学校の歴史、公民教科書を作成し、フジサンケイグループの扶桑社が発行元となった。

同じ一九九六年には、国連人権委員会の特別報告者として日韓両国などで調査を行ったラディカ・クマラスワミが、慰安婦問題についての報告書を提出した。旧日本軍による慰安婦は「性奴隷」だったとし、法的責任を認めて被害者に謝罪するよう日本政府に求めた。

そうした中で朝日新聞は、一九九七年三月三一日の朝刊で慰安婦問題についての検証特集を掲載。吉田証言については「済州島の人たちからも、氏の著述を裏付ける証言は出ておらず、真偽は確認できない」と書き、その後は吉田証言を紙面で取り上げなくなった。

一方、読売新聞は一九九七年六月一九日、朝倉敏夫論説委員（のちに論説委員長）の署名記事「とれんど　軽蔑される〝迎合人士〟」で、強制連行に「官憲等が直接これに加担した」とする「河野談話」について「きちんとした裏付けのないままに出した」と批判。「この問題は、勤労動員だった女子挺身隊を、慰安婦とするための強制連行だったとする〝進歩的〟マスコミの悪質な歴史捏造で過熱した」と断じた。

慰安婦報道をめぐる「捏造」という言葉は、西岡の論考にもこのころから登場する。

植村が元慰安婦の金学順について書いた朝日新聞記事をめぐって、西岡は一九九二年時点では「重大な事実誤認」「事実の一部を隠蔽」などと表現していた。ところが植村の同じ記事について論じた『正論』一九九八年七月号以降は、「捏造報道」と表現するようになる。

植村は、自身の慰安婦問題に関する報道について『週刊文春』が二〇一四年二月六日号で、「捏造記事と言っても過言ではない」とする西岡の談話を載せたことなどで名誉を傷つけられたとして、西岡と文藝春秋を相手取り一五年一月九日、東京地裁に損害賠償請求訴訟を起こした。著書『真実　私は「捏造記者」ではない』（岩波書店、二〇一六年）で植村は、西岡の論調の変化について「ちょうどこの九〇年代後半から、慰安婦問題をめぐる歴史修正主義のバックラッシュ

（反動）が始まった。私の記事を「捏造」といい始めた時期が重なるのだ」と分析している。

二〇〇〇年一二月、「女性国際戦犯法廷」が東京で開かれた。日本軍の慰安婦とされた女性らが各国から集まって証言し、海外の法律家が昭和天皇や戦時中の政治家、軍幹部への「判決」を言い渡すという民間法廷だった。右派は強く反発。この法廷をとりあげたNHKの番組が改変され、中川昭一、安倍晋三両議員が介入した、とされる問題も起きた。〇五年にこの問題を朝日新聞が報じ、NHKと激しく対立した。

二〇〇六年九月には第一次安倍政権が発足。〇七年三月には安倍首相が慰安婦の強制性を否定する発言をした。同年六月一四日には右派の知識人らが米ワシントンポスト紙に「THE FACTS」と題する意見広告を掲載。「慰安婦」の強制連行はなかったなどと主張した。広告が出た後、七月三〇日に米下院は、慰安婦問題に関して日本政府に謝罪するよう求める一二一号決議を可決するに至っている。

二〇一三年五月には、橋下徹大阪市長が「慰安婦制度は必要なのは誰だってわかる」などと発言して批判された。同年七月、米カリフォルニア州グレンデール市に「慰安婦」の少女像が設置されると、反対する在米日本人らが翌一四年二月「歴史の真実を求める世界連合会」（GAHT）を設立。グレンデール市を相手取り、少女像の撤去を求める裁判を米国の裁判所で起こした。訴訟はカリフォルニア州地裁、高裁、連邦地裁、高裁のいずれでも原告の請求が退けられている。

朝日新聞社の検証記事と同社への集団訴訟

こうした中、朝日新聞社は二〇一四年八月五、六日に慰安婦問題をめぐる自社報道の検証特集記事を掲載した。同年一二月に朝日新聞社に委嘱された「第三者委員会」が公表した報告書によると、安倍政権による河野談話の見直しの動きが予想される中、朝日新聞の過去の報道姿勢が問われることになるとの危機感が高まり、一四年三月に検証チームが発足した。

特集記事は吉田証言のうち、朝鮮・済州島で女性を狩り出したと述べた部分を「虚偽」と判断し、記事を取り消した。しかし「反省」を示しながら「謝罪」がなかったことが強く非難された。取り消しの判断が二〇一四年まで遅れた経緯などが検証されていないとして、第三者委員会からも「朝日新聞の自己弁護の姿勢が目立ち、謙虚な反省の態度も示されない」と厳しく批判された。

翌二〇一五年、朝日新聞社を相手取る集団訴訟の提訴が三件相次いだ。冒頭に引用したように、保守・右派は「国内で決着がついた歴史戦のけじめ、仕上げとしての提訴」と位置づけた。

まず一月二六日、保守系ウェブテレビ局「チャンネル桜」の水島総《みずしまさとる》代表が事務局長を務める「朝日新聞を糺す国民会議」[1]の呼びかけによる集団訴訟が提訴された。原告には渡部昇一・上智大名誉教授、小堀桂一郎・東京大名誉教授、田母神俊雄・元航空幕僚長、西尾幹二・元電通大教授、藤岡信勝・拓殖大客員教授、西村眞悟・元衆院議員らが名を連ね、その数は二万五〇〇〇人を超えた。原告は「朝日新聞の一連の虚報により、日本の旧軍将兵は多くの女性を強制連行し、性奴隷として野蛮な集団強姦をした犯罪者集団であるとの汚名を着せられた。原告を含む日本国民は、集団強姦犯人の子孫との濡れ衣を着せられ、筆舌に尽くし難い屈辱を受けている」と主張。「朝日新聞の一連の虚報により、日本国及び日本国民の国際的評価は著しく低下し、国民的人格権・名誉権は著しく毀損せしめられた」として、謝罪広告や一人一万円の慰謝料支払いを求めた。

一審の東京地裁（脇博人裁判長）は二〇一六年七月二八日、原告の請求を全面的に退ける判決を言い渡した。「報道・論評の客体は、当時の旧日本軍ひいては大日本帝国ないし日本政府であり、原告ら特定の個々人を対象にしたものではない。本件各記事により、原告ら個々人について社会から受ける客観的評価が低下するという道理はない」と原告の主張を否定した。

また「国民的人格権・名誉権」が侵害されたとする原告の主張についても、「旧日本軍の行為について誤った内容の報道がされ、大日本帝国又は日本政府に対する批判的評価が生じるとしても、個々人の人格権等を侵害すると解することには飛躍がある」と判示した。

朝日新聞が「真実報道義務に違反した」とか「訂正義務を怠って国民の知る権利を侵害した」などとする主張についても東京地裁は、「国民は、表現の自由が保障されている社会の下では、特定の媒体のみならず様々な媒体からも情報を取得でき、特定の媒体の報道の真実性については他の媒体からの情報をも踏まえて判断できるのであり、報道機関に対して真実を報道する作為を求める権利を当然に有するとか、報道機関が一般的に国民に対して誤った情報を訂正して真実を知らせる義務を当然に負っていると解することはできない」と否定した。

原告は判決を不服として控訴した。原告数は五七人に絞り込まれた。

朝日新聞社を相手取った訴訟の二件目は二〇一五年二月九日、「朝日新聞を正す会」が東京都や山梨県の在住者ら約四八〇人を集めて東京地裁に提訴した。原告らは、吉田証言の信憑性に疑義が生じていたのに、報道内容に疑義が示されていることを報道し、記事内容の正確性を検証する責務を怠り、朝日新聞読者や国民の「知る権利」を侵害した、と主張した。

一審の東京地裁（北沢純一裁判長）は二〇一六年九月一六日の判決で、原告側の請求を棄却した。「知る権利」にもとづく請求について、「我が国には多数の報道機関が存在し、様々な情報を様々な手段で入手することが可能であり、いかなる情報を信頼するかは受け手側の自律的判断にゆだねられる部分もある」「特定の者の名誉ないしプライバシーの侵害の場合の保護は別として、一般国民の知る権利を被侵害利益とする損害賠償請求をたやすく認めることはできない」と否定した。原告側は控訴した。甲府地裁にも一六年八月、一五〇人が新たに提訴している。

訴訟の三件目は二〇一五年二月一八日、国内や米国在住の原告ら約二五〇〇人が東京地裁に提訴した。原告は「朝日新聞の慰安婦問題に関する誤報及びそれが真実ではないと公表するなどの誤報訂正義務を尽くすことなく放置した違法によって誤った事実と見解が世界に広まり、国連における勧告や米下院決議、慰安婦の碑・慰安婦像となって定着し、多くの日本人・日系人が名誉信用その他の法益侵害を蒙った」と主張。米カリフォルニア州グレンデール市近隣在住の原告が、市内の公園に慰安婦像が建立される際に反対したところ、市議に面罵されたなどと訴えた。「朝日・グレンデール訴訟」と称している。[2]

提訴翌日には、朝日新聞の慰安婦報道について「第三者委員会」と別の立場で検証する「独立検証委員会」が報告書を発表した。委員長は中西輝政・京都大名誉教授、副委員長は西岡。委員には日本会議政策委員の高橋史朗・明星大特別教授らが名を連ねた。報告書は、一九九二年一月一一日の朝日新聞記事を「強制連行プロパガンダ」と批判。原告はこの報告書を大幅に採り入れ、朝日新聞の責任を追及する主張を展開した。原告支援団体「朝日・グレンデール訴訟を支援する会」の代表には日本会議政策委員の百地章・国士舘大客員教授が就き、裁判の口頭弁論後の原告側集会に高橋とともに毎回のように出席している。審理は二〇一六年一二月二二日に結審した。

1——同訴訟の原告弁護団長である高池勝彦弁護士は、旧日本軍の将校が南京攻略戦の最中に「百人斬り競争」をしたとする新聞報道や書籍をめぐり、将校の遺族が「虚偽の事実を書かれて名誉を傷つけられた」として朝日、毎日両新聞社などを訴えた訴訟で、稲田朋美弁護士（現防衛相）とともに原告代理人を務めた。二〇〇六年一二月、最高裁で原告側の敗訴が確定している。高池は、「南京事件」の生存者である中国人女性が、「南京虐殺」検証本で「被害者とは別人」と記述され、名誉を傷つけられたとして、同書の著者である東中野修道・亜細亜大教授と展転社を提訴した訴訟では被告側代理人を務め、〇九年二月に最高裁で被告側の敗訴が確定している。

2——同訴訟の原告弁護団長を務める徳永信一弁護士は、沖縄戦で起きた集団自決をめぐり、日本軍の戦隊長が住民に自決を命じたとの記述は誤りだとして、元戦隊長や家族らが『沖縄ノート』著者の作家大江健三郎氏や岩波書店に出版差し止めを求めた訴訟で原告側代理人を務めた。この訴訟は二〇一一年、最高裁で原告側の敗訴が確定した。また徳永は、在日特権を許さない市民の会（在特会）による京都朝鮮第一初級学校に対するヘイトスピーチ街宣問題の訴訟では被告の在特会側代理人を務め、これも一四年に最高裁で被告側敗訴が確定している。

（きたの・りゅういち　朝日新聞編集委員）

第16章　暴走する権力と言論の自由
――シリーズ「時代の正体」の現場から

田崎　基

戦後七〇年、曲折はありながらも憲法九条の解釈上「違憲」としてきた集団的自衛権の行使容認を、一内閣による閣議決定であっさりと「合憲」だと結論付ける暴走に、権力の傲慢と無恥、倒錯と破壊をみた。危機感を募らせた神奈川新聞報道部次長（当時）の石橋学《がく》が個々の記者に呼び掛け二〇一四年七月一五日にスタートしたシリーズが「時代の正体」だ。安倍晋三内閣が閣議決定に踏み切った二週間後のことだった。

二〇一六年一二月末までに四二〇回超を数え、掲載記事をまとめた単行本『時代の正体―権力はかくも暴走する―』（現代思潮新社、二〇一五年）、『時代の正体ｖｏｌ．２―語ることをあきらめない―』（同、二〇一六年）を刊行。一五年一二月には平和・協同ジャーナリスト基金賞奨励賞を、翌一六年八月には二〇一六年度日本ジャーナリスト会議（ＪＣＪ）賞を受賞し、同年一〇月には『ヘイトデモをとめた街―川崎・桜本の人びと―』（同）を刊行した。

ＪＣＪ賞受賞の選評にはこうある。

「『偏っていますが、何か？』」。これが、このシリーズを偏向だと非難する声に応えた編集部の宣言だった。中央紙・地方紙という枠を飛び越え、「報道の中立」という一見正しく聞こえる規範を外し、両論併記をせず、事実を基に社としての判断を提示する。沖縄に飛んで米軍ダイオキシン汚染を軸に地位協定の悪に迫り、教科書問題で日本会議の暗躍を抉《えぐ》り、ヘイトデモの非人道性を訴える。中央紙とは違う視角から切り捌《さば》き、時代に通底するものを探って光を当てる。閉塞の時代にあって前に進む清新の気と、視点を低く人間の生きる営みに焦点を当てて報道する揺るぎない姿勢にジャーナリズムの可能性を見いだせ、高く評価する」

取り上げてきたテーマは、憲法と安全保障、改憲、沖縄と基地、ヘイトスピーチ、教科書問題と多様だが、そこに通底する「時代の正体」を捉まえようとしてきた。

私は特に、憲法問題や安保法制、そして選評にもある日本会議に力を入れて取材してきた。

閣議決定後の政権のありようは、私たちが胸に抱いた懐疑を確信に変えていった。安保法案の国会審議では、違憲とのそしりを払拭できず、まともな答弁がなされない。当初の説明と食い違う点も終盤になるにつれ露呈し、数多くの論点を置き去りにしたまま、踏むべき数々の手続をも無視して強行採決してみせた。

その安保法制に賛同し、かつ安倍政権と密接な関係にある国内最大の右派勢力「日本会議」は、私にとって「時代の正体」として正面からその内実を見据えるべき対象であった。

私は関係者への取材を重ねた。特に注力したのは、日本会議の現場を支える人々が胸の中に秘める情熱の淵源、何が彼らを突き動かしているのか、明らかにすることであった。

失われたものとは

日本会議の地方拠点の一つである「日本会議神奈川」。その副運営委員長である男性と出会ったのは二〇一五年七月、男性が横浜駅前で街宣していたときのことだ。マイクを手に尖閣諸島や竹島が侵犯されていると訴え、憲法改正の賛同署名を呼び掛けていた。

一九四六年生まれ。団塊世代のど真ん中。早稲田大政治経済学部を卒業し、日産自動車に入社した。配属先は座間工場（神奈川県）の生産管理部。当時、自動車生産の現場に組み立てロボットが本格的に導入されていた。生産管理部はその自動化を統括する花形部署だった。日本のものづくりにおけるスピードと正確さが一気に注目された時代、日産もまた国内外へ生産拠点を相次いで建設していった。「大増産に次ぐ大増産。とにかくすごい時代だった」と男性は懐かしんだ。

親子ほども年の差のある私に、諭すように口にした言葉が印象的だった。「戦後間もなく生まれた僕らにとって「明日は今より絶対に悪くならない」ということが本当に信じられた時代だったんだよ」。日本全体が貧しく、それでいて活気に満ちていた時代。やがて八〇年代のバブル景気を迎える。拡大と成長を疑うことなく、ものづくり大国の名をほしいままにし、国内総生産（GDP）は米国に続く世界第二位をひた走る。「メイド・イン・ジャパン」が世界を席巻した。

日本経済腰折れの兆しを、男性が肌で感じ取った瞬間があった。一九八九年一二月二九日の大納会。日経平均株価が三万八九五七円の史上最高値を記録したあの日だ。当時、働き盛りの四三歳。

「いま思えば、さまざまな意味で時代が変わる節目だった」

そしてバブル経済の崩壊。市場は歯止めなき縮小へと向かい、自動車業界を直撃した。初任地だった座間工場は一九九五年に閉鎖し、日本経済の凋落を象徴する出来事として報じられた。その四年後にはフランスの自動車会社・ルノーと日産が資本提携し、カルロス・ゴーン氏が最高経営責任者（CEO）に就任した。会社はその後、一部の幹部管理職を除いて五五歳以上は平社員と同格にする役職定年制度を導入した。給与が減額されることもさることながら、男性にとってそれは積み上げてきたキャリアの否定を意味していた。定年より五年前倒しで退職を決めた。

『正論』や『諸君！』（二〇〇九年に休刊）といった保守系雑誌を読むようになったのも、日本会議へ入ったのも、ちょうどそのころだ。二〇一〇年には中国がGDPで日本を抜き去り世界第二位に。今や中国のGDPは日本の二・七倍となっている。

失われたものとは何であったか。

男性は言う。「いまの日本社会に失われているのは「自立」だろう。そうした気概が失われていることが根本にある。それは憲法の問題と無関係ではない。自分たちで作っていない憲法だからそうなる。安全保障もそう。自国を守るということを米国に依存している。そうしたことも憲法に由来する。誇りや自信を失い、若者が将来に対して希望を持てない国になってしまっている。

取り戻すべきだとすれば、それは明治維新のような「独立の気概」だろう」

一五年余り地域で保守運動に取り組んできた。保守色の強い育鵬社の歴史教科書を神奈川県内の自治体で採択してもらうために議会や教育委員会に請願し、陳情、意見書を出し、丹念に議会や教育委員会に足を運び傍聴してきた。

心を覆うもやのような不安や失意の原因を「現行憲法」に求める発想は一五年にわたる保守運動を支える情念たり得るのか。私からの問いに男性は、どうしてそのようなことを聞かれるのか意外な様子で、「自覚してやってきたわけじゃないが。聞かれればそういうことになるかな」と応えた（二〇一六年二月一八日付「時代の正体」）。

演出された「改憲機運」

二〇一五年一一月一〇日。「今こそ憲法改正を！一万人大会」。日本会議が主導する「美しい日本の憲法をつくる国民の会」が日本武道館（東京・千代田区）で行った大規模イベントには国会議員数十人が舞台上で肩を並べていた。真打ちとしてプロジェクタに映し出されたのは自民党総裁として登場した安倍晋三首相。そのビデオメッセージに一万一千人余の参加者が聞き入った。

「来年（二〇一六年）は日本国憲法が公布七〇年の節目を迎える。わが国は戦後、現行憲法のもとで自由と民主主義を守り、人権を尊重し、法を尊ぶ国として一貫して世界平和と繁栄のために貢献してきた。現行憲法の基本原理を堅持することは揺るぎないことだ」

憲法の平和主義を骨抜きにするという世論の批判を押し切り安全保障関連法を成立させてから二カ月。安倍首相はそう口火を切ると、「現行憲法の基本原理の堅持」とは正反対の、憲法改正への意欲をまたぞろ語った。

「七〇年の時の流れとともに国の内も外も世の中は大きく変わった。この間、憲法は一度も改正されていないが、二一世紀にふさわしい憲法を追求する時期にきていると思う。また、現行憲法は日本が占領されていた時代に占領軍の影響下でその原案が作成されたことも事実だ。憲法は国の形、未来を語るものだ。その意味において、私たち自身の手で憲法をつくって、という精神こそが新しい時代を切り開いていくことにつながる」

憲法は権力を縛るものという立憲主義の基本原則はここでも否定され、現行憲法のどこに不都合があるのかの具体的な指摘もない。しかし会場の一万人はスクリーンに向け喝采を送るのだった。

改憲機運の高まりが強調される一方で、その足かせにならぬよう伏せられる九条。近隣国との衝突やそれに起因する安全保障上の問題を、現行憲法に引き寄せて考えるならば、改憲の論点は九条に他ならない。だが、つじつまの合わない脚色された「改憲機運」ばかりが演出され、安倍首相はそれを自覚してか、こう続けた。

「そしていま、憲法改正に向けた議論が始まっている。そこで大切なことはその議論が国民的な議論として深められていくことだ。（略）各党の皆さんにも協力を呼び掛け、実りある議論を十分に行い、国民的コンセンサスを得るに至るまで深めていきたい」

改憲に賛同する署名数でもって「国民的議論」の盛り上がりを演出しようとする意図までが、あからさまに語られた。

「『美しい日本の憲法をつくる国民の会』の皆さんには、全国で憲法改正一千万賛同者の拡大運動を展開し、国民的議論を盛り上げてもらいたい」（二〇一六年二月一六日付「時代の正体」）

権力者を縛るのが憲法。その憲法を権力者自らが「変えよう」と口にしている。まるでそれは「犯罪者が刑法を変えようと言っているようなもの」と、憲法学者の木村草太・首都大学東京教授。木村氏は、安倍首相と政権の振る舞いについて、こう話していた。

「いま起きている現象は、権力にとって不都合なことを言う人に対し、非難したり、過激に行動したりするよう仕向ける姿勢を政権が取っているということ。例えば、一般視聴者が放送局のスポンサーに圧力をかけようとか、抗議の電話を殺到させようと呼び掛けるようなことが非常に増えている。これまでは、政権を批判する個人がいたとき、その個人を批判するのではなく、政府を擁護する形の言論が行われてきた。それが常識的なマナーだったが、この紳士協定を破ってもいいという認識が急速に広まっている。例えば「沖縄の新聞をつぶすべきだ」と発言した作家がいたが、まさにあれが典型。「政府のやっていることは正しいのだ」と主張せず、「政府を批判している新聞をつぶすべきだ」という言い方をする。私は、現政権がこうした動きをうまく利用しているのではないかと考えている。また、例えば、自分にとって都合のいい発言をしてくれそうな人の講演会に顔を出してみたり、電話をして「ありがとう」と言ってみたりする。権力が、言論人による攻撃をうまく使って、自分が攻撃したい人を間接的に攻撃するという現象が生まれている。権力との一体感とは、権力が生み出せる資源の一つであり、現政権はそれを最大限活用している」（二〇一六年五月三日付「時代の正体」）

一万人大会での安倍首相のビデオメッセージは、政党の街宣でも、国会答弁でもない。政権与党の総裁であり内閣総理大臣である権力者が、特定の主義主張である「憲法改正」を訴える集会で「私はあなた方の運動を応援します」と宣言しているのだ。

二〇一五年七月の衆院平和安全法制特別委員会で参考人として意見陳述した倉持麟太郎弁護士は、改憲機運の高まりと右派の台頭についてこう表現した。

「強い存在に自己を同一化することで恍惚感を覚えませんか、という悪魔のささやき」（二〇一六年九月二七日付「時代の正体」）。強い側に付けば「勝てる」という幻想、あるいは断言への賛同に伴う一体感、勇ましい物言いに喝采することで得られる充足感と言ってもいい。人の心を吸い寄せるそうした力を、権力者がフル活用し、いまがある。

黙殺の末に

日本会議は、その前身である保守系組織「日本を守る国民会議」と「日本を守る会」とを統合し、一九九七年に設立された。私が日本会議を取材し始めたのは二〇一五年四月で、ごく最近のことだ。

長らくその動向を追ってきた、「子どもと教科書全国ネット21」の俵義文事務局長に取材を申し込むと、冷たく告げられた。

「私は神奈川新聞の記者にも何度も言ってきました。日本会議という右派組織があって、とても精力的に取り組んでいるよ、と。それでもまったく取り上げなかった。何をいまさらと、言いたい。彼らは二〇年前からずっとくじけずに取り組み続けてきたんです」。俵事務局長と会うのはそれが初めてのことだったが、ずばり言い当てられていた。日本会議のウェブサイトをみれば「皇室への敬愛」「国旗・国歌」「愛国教育」の文字。その文言に地方紙の記者として正直、腰が引ける。書けば片棒を担ぐと言われかねず、中途半端な取材で批評しては意図せぬ反発を招きかねない。私は結局、棚上げし、見て見ぬふりをしてきたのだ。それは他紙も大差なく、日本会議の主張が表だって報じられることはなく、このため、その行動や主張は先鋭化していった。

取材をする中で最も衝撃的だったのは、日本会議の活動の最前線が神奈川県にあったことだ。日本会議の悲願である「憲法改正」を求める意見書を採択した神奈川県内の地方議会（全三四議会）は、県議会を含め一七議会。人口比でいえば八三・三％に上る。この数字は、全国でも突出していることが、神奈川新聞社の調べで分かった。一七議会のうち九議会が、市民団体や個人の陳情を採択していた。いずれも日本会議に関連する団体や個人名で出されたものだった。安倍首相が掲げる憲法改正への流れを、日本会議が下支えする構図が浮き彫りになっていた。

神奈川県議会で採択されたのは二〇一四年一〇月。「国会における憲法論議の推進と国民的議論の喚起を求める意見書」と銘打たれていた。一五年一二月までに横浜市、川崎市、横須賀市などで採択され、いずれも自民、公明の与党会派が中心となって賛成している。横浜市や逗子市などでは旧民主系会派も賛成に回っていた。

採択された意見書は文面が類似していた。「約七〇年間、一度も改正されていない」「わが国を巡る国際情勢が大きく変化」していることを根拠に挙げ、「直面する諸課題から国民の安全を確保し、福祉の向上を図る内容であることが必要である」とし、「国民的な議論の喚起」を求めている。この文案の大半を作っていたのが、先述の日本会議神奈川副運営委員長の男性だった。この男性は「全国に先駆けて県民の会を立ち上げ、全国を引っ張る思いでやってきた」と胸を張っていた（二〇一六年五月三日付一面）。育鵬社版の中学校歴史教科書の採択でも、同様の手法が採られていた。教科書ネットの俵事務局長はこの手法を「神奈川方式」と名付けて警戒感を強めていた。

「公平・中立」という自縄

政権はいま、民主主義社会を担う上で最低限守るべきルールをたやすく破って省みない。その政権を日本会議はもり立て、また政権は日本会議をもり立てている。通底しているのは、論理や歴史研究、専門的知見をものともせず、あるときは知性をかなぐり捨てて恥じない精神性である。

私たちが直面しているのは権力の暴走そのものである。だが一方で自分たちの足元を見つめれば、何より報道に身を置く私たちこそが、社会や政治の劣化から目を背けてきたのではないか。小難しい話題だから「読者が付いてこない」などと言い訳をひねり出し、あるいは両論併記、公平中立という空疎な呪文で自らの眼を曇らせ、世に問うべき大切なことをなおざりにしてきたのではないか。

政権・与党は、衆院選を前にした二〇一四年末にNHKと在京民放テレビ局に対し、選挙報道の公平中立などを求める要望書を渡し、一五年四月には自民党の情報通信戦略調査会がテレビ朝日とNHKの局幹部を呼び出した。一六年二月には放送行政をつかさどる高市早苗総務相が、政治的公平性を欠く放送を繰り返した場合、電波を止める可能性に言及した。同年八月二〇日には、沖縄県東村高江《ひがしそんたかえ》周辺のヘリパッド建設に反対する市民らを取材していた沖縄タイムスと琉球新報の記者が機動隊によって強制排除され、政府はこの件について、「県警において警察の職務を達成するための業務を適切に行っており、報道の自由は十分に尊重されている」とし、問題ないとする答弁書を閣議決定した。

いままさに侵害されているのは私たちの報道の自由であり、国民の知る権利であり、表現の自由である。自らの権利が露骨に侵害されていながら、それでもなお大上段に構えて、客観報道に徹することの不毛さ。公正・中立な報道姿勢は時に正しい。と同時にそれは、権力者が批判をかわす際の都合のいい装置にもなってきたと私は思う。無自覚に、あるいは意図して視界の外へ追いやってきた社会の面倒な一面。目を背けてきたからこそ、この社会の荒廃は進み、それこそが「時代の正体」に他ならない。

いま、左右両派の間には越えようもない大河が流れ、互いに対岸を蔑視しているかのようだ。そうしたとき、私たちはどうするべきだろうか。対立する主張や立場を否定し、反論をまくしたてることはそう難しいことではない。安全保障関連法制をめぐる議論は、賛成派と反対派とで、まったくかみ合わなかった。

だが忘れてはいけないことがある。右派も左派も、安保法制の賛成派も反対派も、改憲派も護憲派も、どこか別の世界に生きているわけではない。この街で共に生活し、互いの暮らしをどこかで支え合っている。

民主主義とは、異なる主張、主義、立場の人々が共に同じ社会で生きていくための仕組みである。権力が暴走しているにもかかわらず、私たちは共感の得やすい仲間に向けて心地よい情報ばかりを発信し、互いに励まし合ったり、異論を「気味が悪い」と切り捨てて批判し、あるいは黙殺することで、快楽を得ているのではないか。民主主義と自由な社会、個人の尊厳を大切にする社会を願うのであれば、食い違う意見にこそ耳を澄まし、目を凝らし、「なぜ?」と問いを発したい。差別や差別を扇動するヘイトスピーチに対しては、明確にNOと言うことも必要だ。そうした営みを繰り返し、論を興し続けることが、民主主義社会を支える一つの解であると信じて。

（たさき・もとい　神奈川新聞記者）

第Ⅵ部

蠢動する宗教

見えにくい実態、問われる政治への関与

第17章　神道政治連盟の目指すものとその歴史
――戦後の国体論的な神道の流れ

島薗　進

はじめに

二〇一二年一二月に第二次安倍晋三内閣が成立して以来、政府と国会の双方において日本会議とともに神道政治連盟（神政連）の影響が大きいことが注目されている。日本会議については、二〇一六年にいくつもの書物が刊行されている。だが、神政連についてはあまりまとまった叙述がなされていない。[1]

青木理の『日本会議の正体』によれば、第三次安倍第二次改造内閣（二〇一六年八月～）では、閣僚二〇人のうち一七人が神政連国会議員懇談会に名を連ねている。[2] その前の第三次安倍内閣（二〇一五年一〇月～一六年八月）では一九人が加入していた。一方、神政連国会議員懇談会のメンバーである国会議員は、衆議院で二二三人、参議院で八一人、衆参両院合わせて三〇四人である。国会議員全体（七一七人）の約四割であって、これには自民党以外の議員も加わっている。これらの数字はいずれも日本会議国会議員懇談会のその数より大きい。

神政連のサイトを見ると、「神政連とは？」と題して次のように記されている。[3]
神道政治連盟（略称・神政連）は、世界に誇る日本の文化・伝統を後世に正しく伝えることを目的に、昭和四四年に結成された団体です。戦後の日本は、経済発展によって物質的には豊かになりましたが、その反面、精神的な価値よりも金銭的な価値が優先される風潮や、思い遣りやいたわりの心を欠く個人主義的な傾向が強まり、今日では多くの問題を抱えるようになりました。神政連は、日本らしさ、日本人らしさが忘れられつつある今の時代に、戦後おろそかにされてきた精神的な価値の大切さを訴え、私たちが生まれたこの国に自信と誇りを取り戻すために、さまざまな国民運動に取り組んでいます。

続いて、「神政連の主な取り組み」と題して、次の五項目が掲げられている。

・世界に誇る皇室と日本の文化伝統を大切にする社会づくりを目指します。
・日本の歴史と国柄を踏まえた、誇りの持てる新憲法の制定を目指します。
・日本のために尊い命を捧げられた、靖国の英霊に対する国家儀礼の確立を目指します。
・日本の未来に希望の持てる、心豊かな子どもたちを育む教育の実現を目指します。
・世界から尊敬される道義国家、世界に貢献できる国家の確立を目指します。

では、神政連はどのような歴史をもっているのだろうか。以下に示すように、神政連は神社本庁と密接に連携し、神聖な天皇を崇敬する体制を、また、世界に誇るべき日本の「国体」を復興させようとする政治的・宗教的運動の中から生まれてきたものである。この章では、神社本庁から神政連へと展開する政治的・宗教的運動の流れを捉え、あわせて第二次世界大戦後の神道と国家の関係について問い直し、その背後にどのような思想があったかを見ていくことにしたい。[4]

1　神政連の発足と「皇室の尊厳護持」

神道政治連盟（神政連）の目指すものは何か。神社新報政教研究室編著『増補改訂　近代神社神道史』は、神政連発足の経緯を以下のように述べている。[5]

戦後の神社界は、絶えず憲法や政治との関はりの中で深刻な課題をもちつづけてきてゐる。それらの課題は、ほとんど神道指令に起因するものであるが、それは単に神社界のみの問題にとどまらず、広く日本国の精神思想にかかはる重大な問題である。（略）本庁がその内外にかかへる諸問題に対して十分な活動を展開するためには、対外的政治的な活動部面は、本庁と別個の推進団体を設けてこれに当らせることが必要だとの声が神社人の間に高まり、とくに十年間にわたる紀元節復活運動を通じてそのことが痛感されるやうになってきた。

一九六六年の神社本庁の神社制度審議会の会議で、法の改正を行うためには国会に代表を送る必要があるとの声が上がり、以後、準備を重ねて六九年一一月八日、設立発起人総会が開催されるに至る。その時、合意された「宣言」「綱領」は以下のようなものである。

宣言

わが日本国の現状は、内に外にまことに憂念禁じ難きものあり。よってこの際、神道の精神を以て志を同じうする者相はかり、民族の道統を基調とする国政の基礎を固め、且つその姿勢を匡《ただ》さんがため、ここに神道政治連盟を創立し、次の綱領五ケ条の実現を期する。

綱領

一、神道の精神を以て日本国国政の基礎を確立せんことを期す。

一、神意を奉じて、経済繁栄、社会公共福祉の発展をはかり、安国の建設を期す。

一、日本国固有の文化伝統を護持し、海外文化との交流を盛にし、雄渾なる日本文化の創造的発展につとめ、もって健全なる国民教育の確立を期す。

一、世界列国との友好親善を深めると共に、時代の弊風を一洗し、自主独立の民族意識の昂揚を期す。

一、建国の精神を以て無秩序なる社会的混乱の克服を期す。

神道精神に基づく社会と文化を築くということだが、実質的には「神道指令の超克」が、また、国家神道の復興や神権的国体論の鼓吹が主要な課題とされている。たとえば、『増補改訂　近代神社神道史』は発足後の神道政治連盟について、「まづ組織の拡充に努めるとともに、靖国神社問題や元号問題、天皇の尊厳護持の問題等々を政府、国会等に働らきかけ」たと述べている（二六八頁）。ここに「皇室の尊厳護持」という言葉がみられるが、この言葉の内実を問うことで神政連の目指すものがより鮮明に見えてくる。

たとえば、一九九〇年に刊行された『神政連のあゆみ―戦後の精神運動の柱として―』の「皇室の尊厳護持の運動」という項を見てみよう。[6] そこでは、「皇室の尊厳護持の運動は、神政連の活動の大半を占める基本的な柱であるということができます」と書き出されている（五八頁）。

神政連は発足（一九六九年：筆者註）前の神社本庁の一部局（時局対策本部：筆者註）の時代から、この皇室問題には一貫した基本方針をもち、それにもとづいて時に応じた運動を展開しています。まず、その大綱から説明させてもらいましょう。／神社界は戦後、占領軍の命令によって憲法が変えられ、これに伴って皇室に関する憲法同様に重い規範とされた皇室典範とそれに伴う諸制度が根本的に変更されたときに、このままでは日本の二千年の歴史伝統の柱が消滅するおそれがあると、これを様々の事実や政府見解や法文の解釈、新しい法律の制度などを組み合わせて、実際的には伝統の色彩を濃厚に残したものに御復古しようとの長期的な展望をたてたのです。（同前）

戦後の新たな憲法による政治体制を認めないという立場を占領期から貫いてきたということ、それは何よりも「皇室尊厳」に関わるものであること、「様々の事実や政府見解や法文の解釈、新しい法律の制度などを組み合わせ」て実質的に「皇室尊厳」を回復していくことが述べられている。ここでは「国体」という語は用いられていないが、実質的に「国体」の復興が目指されていることは明らかである。

その運動は、皇室ともゆかりの深い神宮はじめ全国の神社が、全く制度的には国や皇室と切り離され、監視も厳しくおこなわれていた占領中から開始されました。これは成功をしませんでしたが、占領中の国民の祝日から紀元節を切り離すのに反対する全国的な大衆アピールも、日本全国で若い神職たちが自転車に乗って家から家を廻り、国に対して存続の投書や署名をして貰ったり、当時、流行してたラジオの街頭録音での声なき声をよせあつめる運動もその一つでありましたし、同じく占領中に元号制度を廃止しようとした参議院の動きを全力で阻止したのもその方針にのったものでした。（同前、五八―五九頁）

紀元節や元号制度の復活運動は占領時から始められていたこと、そこでの草の根の運動は若手神職らによって担われていたことが記されている。

一時は制度的に皇室とは全く関係ないものとされた伊勢の神宮に北白川神宮祭主様をお迎えして、何とか天皇さまのおまつりの形をととのえようとしたのも、厳しい干渉の中に祝詞や敬神生活綱領の中に尊皇の語を入れたのもその運動の一貫であるなら、日本の新聞でただ一紙、神社界の広報紙「神社新報」で、堂々と尊皇の道の正しさをうったえつづけたのも、厳しい環境の中でのこの伝統を事実によって維持するという方針の一つと言うことができます。（同前、五九頁）

古くは神宮に結婚前の皇族の女性が仕える斎宮《さいぐう》制度があり、明治維新後は新たに祭主として皇族が任じられるようになった。戦後は国や政府ではなく、宗教法人神社本庁の規定により、祭主は「勅旨を奉じて定める」こととされ、女性の元皇族が就任している。「北白川神宮祭主様」というのは、北白川房子（明治天皇皇女）を指す。その後、鷹司和子《たかつかさかずこ》（昭和天皇皇女）、池田厚子（昭和天皇皇女）、黒田清子《さやこ》（今上天皇皇女）らが任じられている。伊勢神宮のもっとも重要な稲の収穫を祝う神嘗祭《かんなめさい》では、行列の先頭に祭主が立つのである。これは宗教法人の依頼に皇族が応じているもので、法的には私的な行為のはずだが、実質的には皇族が祖神である伊勢神宮を尊んでいることを形で表していることになる。

神社界は、政府やマスコミがどのように言おうとも、戦後の法令から天皇さまに関係ある多くの重要なことが消えたのは「文章に書く必要もない程、社会に定着しているからだ」という解釈をたて、たとえ憲法が変わったとしても、皇室の伝統は寸分も変わることがないのだという現実を固めてしまおうと運動をしていたのです。この方針にのって、占領中から、危機に瀕した元号制の明確化運動や、紀元節復活の運動、皇室誹謗文書の取締りを求める運動、伊勢の式年遷宮の実現の運動などを次々に開始したことは、先にのべました。（同前）

「皇室の尊厳護持」ということだが、それは実質的には神聖な「国体」を護持しようということである。そう考えると、伊勢神宮や三種の神器、あるいは皇室の神道行事と関わる問題に強くこだわってきている理由は理解しやすくなる。

その後、これらの運動をつづけながら、神社界は政治工作を進めて昭和三十三年《ママ》には、伊勢にまつられている御鏡が、皇室からのおあずかりもの、つまり皇位のしるしとして大切な三種の神器のうちの御鏡であり、伊勢のおまつりが、単なる民間のまつりではなく、天皇さまのおまつりであることを首相の公式見解として国会質問の形でとることに成功しました（つ

いで熱田の御剣も同様の見解をとることに成功する）。（同、五九—六〇頁）

この「政治工作」とは「神宮の真姿《しんし》顕現《けんげん》運動」とされるもので、一連の運動のなかで最初に大きな成果を得たものと捉えられている。[7] ここで用いられている「真姿顕現」という語については次節で説明する。『神政連のあゆみ』は、「これで新皇室典範から抜かれていた三種の神器の問題や伊勢と天皇さまの関係は実際的には制度的な基礎を固めました」と述べている（同、六〇頁）。

同書はその次の項で「剣璽《けんじ》御《ご》動座《どうざ》の運動」について述べている。これは、三種の神器のうちの草薙剣《くさなぎのつるぎ》と八《や》尺瓊勾玉《さかにのまがたま》を天皇が遠方に出るときには、侍従が運び天皇とともにあるようにするというものだ。戦前はこれが行われていたが、一九四六年の千葉行幸のときから廃止されていた。ところが七一年以来の神道界を中心とする右派の運動によって、七四年の伊勢行幸において復活することになった。これは八九年の天皇代替わりに際して、剣璽等承継の儀が行われる伏線となったと『神政連のあゆみ』は評価している（同、七二頁）。

「皇室の尊厳護持の運動」の項の叙述に戻ると、その最後の部分は以下のとおりである。

ついで剣璽渡御の儀、元号法の成立など次々と運動を重ねていくのですが、この次々に重ねてきた運動の成果が今回の陛下の御代替りにおいて、皇室典範などこれに関する法典は以前とは全く変わったものになってしまった今日でも、皇室の制度は連綿として変わらないものだということを実証する大きな証しになったことを忘れないでほしいと思います。（同、六〇頁）

「今回の陛下の御代替わり」というのは、一九八九年の昭和天皇の崩御に続く、大喪の礼、即位の礼（一九九〇年）、大嘗祭《だいじょうさい》（同前）などの一連の行事を指すものだろう。かつて、新たに即位する天皇に剣璽を引き継ぐ儀式は「剣璽渡御《けんじとぎょ》の儀」として行われていた。それが政教分離に違反するかどうかが問われたが、結局、「剣璽等承継の儀」として行われた。ここでは、その他にも神道行事が国費を用いて行われたのは、従来の政教分離の壁を打ち破ったものと理解されている。

2　神社本庁の発足と設立の意図

神政連は神社本庁が政治活動のために発足させた組織である。では、神政連の母体となった神社本庁とはどのような団体か。神社本庁の発足は一九四六年の一月、すなわち敗戦後、ごく早い時期である。『神社本庁五年史』、渋川謙一「戦後、神道の歩み」、『増補改訂　近代神社神道史』によって述べていこう。[8]

ポツダム宣言に「言論、宗教及び思想の自由、基本的人権の尊重を確立しなければならない」とあるところから、神社関係者の間では神祇院《じんぎいん》の廃止は避けられないという認識が九月の末ですでに共有されていた。そこで、民間団体である大日本神祇会、皇典講究所、神宮奉斎会《じんぐうほうさいかい》等の関係者により、新たな神社神道の民間組織をどのような形で形成するかについて話し合いが行われた。「神社教」という宗教団体とする案もあったが、宗教団体ではない形をとるという案もあり、討議を経て一一月一四日には「神祇廳《じんぎちょう》」という名称で設立趣意書が公表された（『神社本庁五年史』、七―八頁)。

神祇廳(仮称)設立趣意書

今ヤ皇国ハ肇国以来未曾有ノ難関ニ遭遇シ、庶政維新新日本ノ建設ニ向テ邁進スベキ重大時局ニ直面ス。茲《ここ》ニ於テ熟《つらつ》ラ現下内外ノ情勢ヲ案ズルニ、神社ハ正ニ国民信仰ノ標的タル本質ヲ発揮スベキ秋《とき》タリ。此秋《このとき》ニ当リ神社ガ国家ノ宗祀トシテ宗教ノ圏外ニ置カレ、其自由ナル活動ヲ拘束セラルルガ如キハ、時運ニ添フ所以《ゆえん》ニ非《あら》ズ、宜シク世情ノ推移ト神社ノ本質トニ鑑ミ、此際全国十有一萬ノ神社ヲ氏子崇敬者ノ手ニ解放シ、以テ国民ノ赤誠ニ発スル信仰ニ基キ奉仕経営スルコトトシ、神官神職ハ国家ノ官吏又ハ官吏待遇タルノ地位特典ヲ辞退シ、民間人トシテ神明奉仕ノ匪躬《ひきゅう》ヲ效《いた》スコトハ、正ニ現下喫緊ノ要務ナリトス。之レ即チ皇国日本ノ真姿ヲ顕現シ、世界ノ平和ニ貢献スルト共ニ神社本来ノ使命ヲ達成スル所以ナリト信ズ。

仍《よう》テ此際神職並ニ氏子崇敬者ノ総意ニ基ヅキ、全国神社ヲ網羅セル純然タル民間団体ヲ結成シ、祭祀及ビ神職ノ身分並ニ惟神道《かんながらのみち》ノ顕揚宣布等、神社ニ関スル事項ノ一切ヲ総轄、其ノ自由潑溂タル活動ニ依リ、国家ノ要請国民ノ輿望ニ対フルトコロアラムコトヲ期ス。

仍テ下名三団体ハ其ノ急速ナル実現ヲ期スル為メ、事務所ヲ大日本神祇会館内ニ設置シ其ノ準備ヲ進メツツアリ。

昭和二十年十一月十四日

神祇廳(仮称)設立準備委員会

発企団体　皇典講究所
大日本神祇会
神宮奉賛会

ここに「皇国日本ノ真姿ヲ顕現シ」とあるのは注目すべきところだ。これは一九三六年の二・二六事件の際の「陸軍大臣告示」に「国體《こくたい》ノ真姿顕現ノ現況（弊風ヲモ含ム）ニ就テハ恐惶《きょうく》ニ堪ヘズ」とあるのを引き継いでいる。そして、前節でもふれた一九五〇年代後半から六〇年にかけての「神宮の真姿顕現」の運動につながっている。「真姿顕現」という用語について、ジョン・ブリーンは「この概念は、現在の神社界の「戦前への憧れ」の表れと考えてよいと思います」と述べている。[9]

この後、神祇廳設立準備委員会が度々開かれ、名称を「神社本庁」とすることとなる。この段階では、葦津《あしづ》珍彦《うずひこ》らの唱えるところによって、伊勢神宮を宮内省の所管とすることが目指されていた。葦津は「神宮ヲ始メトシテ従来ノ勅祭社ハ固《もと》ヨリ、官国幣社中特ニ皇室トノ御縁故深キ神社数十社ヲ選ビ、之ヲ宮内省ノ所管ニ移ス」ことを考え、以下のように述べていた（渋川「戦後、神道の歩み」二六六―二六七頁）。

天皇陛下ガ神宮ヲ始メトシ、皇国ニ於ケル尊貴ナル神社ノ祭祀ヲ掌《つかさど》リ給フコトハ、陛下ノ祖宗ヨリ継承シ給ヒ、後裔ニノコシ給《たま》フ所ノ重大ナル御権限デアリ、且ツ又御責任デアルト拝セラル、コレ一定神社ノ宮内省所管ヲ提唱セル所以デアル近代民主主義国家ニ於テモ、王室ノ無宗教性ヲ規定セネバナラヌ理由ハナイ。帝国政府（内務省）ト宮内省トノ区別トイフヤウナコトハ、寧《むし》ロ外人側ニハ極メテ理解ノ容易ナ事デアラウト、私ハ考ヘテヰル

この主張にそって、一〇月三〇日に宗教学者の姉崎正治も政府に次のような意見書を出していた（同前、二六七頁）。

神宮及官幣大社ノ中若干ハ、主トシテ皇室ノ祭事ナルヲ以テ、此等ハ宮内省ニ於テ管理スルヲ妥当トシ、政府ト分離シテ、其ノ方法範囲等ハ宮内省ノ撰択判定ニ委スベシ。右ノ場合一般人民ニシテ、右範囲ノ神宮神社ニ対シテ崇敬ヲ致サントスル者ハ、個人トシテモ団体トシテモ自由ナルベシ

東大法学部長の南原繁も同意見だったようで、GHQも一一月上旬頃までは神宮および皇室に関係深い神社の宮内省移管をみとめる案を作成していたという。ところが、その後、GHQ側の検討によって、神宮を民間の宗教団体と区別するのであれば、神宮は皇室の廟と見るべきであり、一般人の崇敬や参拝は禁止されるとの見解が示された。これについて神社本庁初代事務総長となる宮川宗徳は次のように述べたという（同前、二六七―二六九頁）。

一つを選ばねばならぬなら、御上の御許しをいただいて、形式は国民の信仰の方を取るべきではないか。

神宮と御上との関係は、占領下の形式はどうなつてゐても、本質上、断じて切断し得ない

ものだ。占領が終れば、皇祖の神宮としての本質は、直ちに回復する。しかし千年に亘《わた》つて培はれて来た民衆の神宮信仰を今の時勢に禁圧してしまへば、占領が二十年も続けば、どうなるか憂慮に堪へない。一つを選ばねばならぬとすれば、忍びがたきを忍んで、御上のお許しを得て国民の信仰を続け得る道を選ぶ外ないではないか。君民共にといふことは、GHQが絶対に認めないのだから致し方ない。

神社本庁の設立に向かっていた人々が、このように方針転換をせざるをえないと考えるようになったのは、一一月の中旬らしい。そのおよそ一カ月後の一二月一五日、いわゆる「神道指令」が下される。さらに二三日には皇室祭祀令が廃止され、二八日には宗教法人令が公布された。伊勢神宮も含めて神社はすべて民間の宗教団体として出発する他ないことが明確になっていった。

これを受けて、一九四六年一月五日、大日本神祇会、皇典講究所、神宮奉斎会の三団体の代表者と伊勢神宮の当局者が会合し、「今後は全神社界が神宮を「本宗」として奉戴し、一心同体となって奉賛の実をあげていくことに意見が一致した」(『増補改訂　近代神社神道史』、二四八頁)。神社が宗教法人として再出発することやむなしとして、神社本庁創立総会が開かれるのは一月二三日のことである。

この「伊勢神宮を本宗として奉戴する」ということについて、『増補改訂　近代神社神道史』は次のように述べている。

これまでずっと、皇室を中心に仰ぎ国家によって管理されてきた神社は、制度的に皇室・国家と切り離された現在、何を中心に団結すべきか――神社人はこれを、皇祖を祀る神宮に見出した。伊勢の神宮と神社との関係は、もちろん他宗教における本山・末寺のそれの如きものではない。各神社はそれぞれ独立した存在である。しかし国家未曾有の事態、神社界はじまっていらいの難局に処して、何としても神宮を中心に全神社界がまとまって行かねばならぬ。かうした斯界人の願ひが〝神宮ハ神社ノ本宗トシテ本庁之ヲ輔翼《ほよく》ス〟(庁規第六十一条)といふ庁規の規定を生んだ。(同前、二四九頁)

「神宮」(伊勢神宮)を本宗とするというのは、「皇室の尊厳護持」と不可分の方針にそって決められた「庁規」である。つまり、神聖な天皇は伊勢神宮と一体であるはずだから、伊勢神宮を最高の崇敬対象とすることで、天皇への宗教的崇敬が広く国民によってなされるための基盤としようということだ。このように、神社本庁は当初から国家が「皇室を中心に仰ぐ」こと、伊勢神宮を本宗とする全国の神社がそのための機関として機能することを目指したのだ。それこそ日本の神聖な「国体」であり、それを国家体制に具現していくことこそがこの宗教団体の最高の目標だからである。

このように神社本庁の設立経緯を見てくると、神社本庁の歴史において「神宮の真姿顕現運動」がたいへん大きな位置を与えられているわけが理解しやすくなる。『増補改訂 近代神社神道史』は「神道指令以後の神社界の活動」の最初の達成として「神宮の真姿顕現運動」を大きく取り上げている。その章は以下のように書き出されている(二七七頁)。

戦後の神社界が、神道指令に毒された日本人の精神気流を転回させるべく努めたその第一の運動は、伊勢の神宮に対する国の姿勢を正させる、いはゆる神宮制度是正の運動であった。伊勢の神宮（正式には「神宮」）は、いふまでもなく皇祖親授の御鏡を奉祀する天皇祭祀の宮社であり、その皇室・国家との関係は、遠く古代から大東亜戦争の占領時代に至るまで二千年にわたって、いささかも変ることのなかったものである。この大切な神宮が占領軍の政策によって、その皇室および国家との公的関係を断たれ、戦後は単に民間の一私法人として取扱れるやうになった。それが神宮の本質を損ふものであることはいふまでもなく、占領が解除されたのち神宮の本質恢弘《かいこう》・真姿顕現の国民要望が出てきたのは当然のことであった。これがすなはち神宮制度是正の運動であり、それは結局、昭和三十五年十月、当時の政府、池田首相の回答によってその運動目標の精神的中心点――皇位と神宮との不可分の関係――を明確にさせる成果をかち得ることができた。

問題は「神宮」が宗教法人、つまりは私的な存在とされていることである。これこそ神道指令の前後に起こったことで、「神社人」にとって痛恨の事態であった。「皇位と神宮」、その不可分の関係――これこそが失ったものの核心であり、取り戻すべき究極のものでもある。

神社人はもちろん政府も民間有識者もすべて、神宮の皇室・国家との関係を維持することを最後まで切望してＧＨＱと折衝した。その過程では神宮の宮内省移管案なども出たが、しかしこの案も、もし宮内省所管とするならば一般国民の参拝や奉賛は許さぬ、とのＧＨＱの強硬な方針によって撤回を余儀なくされ、神道指令（直接には宗教法人令）の規制下に一般の宗教団体と同じく一宗教法人として行くことになった。（同前、二七八頁）

そのための試みとして、一九五〇年代に、まずは憲法改正、続いて神社法の制定、靖国神社の国家護持、宗教法人法の改正などが模索された。しかし、なかなか進展がない。そこで、五七年一〇月、宗教法人審議会の神社側委員は、「最後の切札として、伊勢、熱田の御鏡、御剣の問題を提起。皇位と御鏡・御剣との関係を解明しつつ、神宮および熱田神宮が皇室・国家と無関係ではありえないことを論じた」（同前、二八〇頁）。他方、九月には文部大臣宛に「現行法下に於ける伊勢、熱田の御鏡御剣の法的御地位に関する政府の公式見解」を問う文書を提出した。これ以後、神社界を超えた運動へと発展させ、政府や自民党に働きかけるなどして、機運を高めた。先にふれた「政治工作」である。

そして、一九六〇年一〇月の臨時国会で衆議院議員・浜地文平が「伊勢の神宮に奉祀されている御鏡の取扱いに関する質問主意書」を提出した。『増補改訂　近代神社神道史』は内閣総理大臣池田勇人名の答弁書の大要を以下のようにまとめている（同前、二九〇頁）。

① 伊勢の神宮に奉祀されてゐる神鏡は、皇祖が皇孫にお授けになった八咫鏡《やたのかがみ》であって、天皇が伊勢神宮に奉祀せしめられたのである。この関係は歴代を経て現代に及ぶ。従って、皇室経済法第七条にもとづき皇位とともに伝はるべきものと解すべきであると思ふ。

② 伊勢の神鏡は、その起源、沿革等にかんがみ、神宮がその御本質を無視して自由に処置

するごときことのできない特殊な御存在であると思ふ。

③　新憲法施行後においても、神宮に関する重要事項はすべて皇室に連絡協議するたてまへになつてゐるので、今、特に改めて心得等を指示される必要はない。

そして、「池田内閣は、政府の見解として、伊勢の神宮が天皇の皇祖を奉祀せられるところの神宮であり、天皇と神宮との関係は、永い歴史を通じ、歴代を経て今日に及ぶことを明示した。また伊勢の神鏡が、皇祖神授の御鏡であり、日本国天皇の皇位とともに伝はるべきものであるとの国体法を確認した。神宮制度改正の問題は、ここにその重要な第一関門が開かれた」（同前、二九〇―二九一頁）と評している。だが、これについて、多くの憲法学者は同意しないだろう。そもそも実効ある「国体法」なるものを認める憲法学者はごくまれなはずである。[10]

おわりに――「皇位と神宮」という「国体神道」的アジェンダ

神道指令によって「国家神道の解体」が行われた体制に対して、神社本庁が「神宮の真姿顕現」や「皇室の尊厳護持」を目標に掲げて精力的に活動を続けてきたことを見てきた。それは、占領期から、いや一九四六年一月の神社本庁の結成当時から始められている。六九年の神政連の結成はその線上で行われており、現在にまで至っている。

そこでの争点は「神宮」の国家的地位、「皇室」の神道的神聖性という点に集約することができるが、それはまた、「国体」の理念に関わるものでもある。神社本庁は国家神道の地位を回復しようとしているのだが、それは「国体神道」と言い換えることもできる。一九四九年に刊行され、表紙に「文部省官房宗務課監修」と記されている神社新報社編集・刊行の『神道指令の解説』には、以下のような記述も含まれている[11]（三三―三四頁）。

神道の様に、民族の生活の中に溶け込んでゐるものに於いては、何処までが、こゝに（神道指令の神社神道を一宗教として認めるという一節を指す：筆者註）云ふ様な意味での宗教であり、何処までが単なる社会的慣習であるかを区別することが難しい点も多々ある。その区別の難しさから、微妙にして困難な問題も生れ来る。併し、そうした問題を解決する場合にも、まづその根本精神に照して考ふべきである。神社神道をはじめ、すべての宗教が、世界平和の建設、信教自由の確立、国家と宗教の分離と云ふ根本的精神に沿ひつゝ、人々の精神的な光となつてゆくことこそ、何にもまして望ましいことである。

問　現在の神社神道は神道指令に述べられてゐる神社神道、又は国家神道とどういふ関係にあるか。

答　現在の神社神道は神道指令に基き、国家神道、乃至国体神道の要素を除去し、一宗教として存在を許されてゐる。

この書物では、神社神道は「国家神道、乃至国体神道」ではないとしている。しかし、実際には神社本庁は「国家神道、乃至国体神道」の復興を目指して運動を続けてきている。そして、その運動の一つの焦点は、「皇位と神宮」の関係を戦前のように一体にしようとするものだ。この運動の思想的な導き手としてリーダーシップを発揮してきたのが葦津珍彦である。戦後数十年にわたり神社本庁の思想的支柱であり、また戦後の右翼政治思想の雄弁な理論家でもあった葦津珍彦には、「皇位と神宮」（一九五七年）、また、「神宮と皇位」（一九六〇年）と題された文章がある。後者からさわりの部分を引いておきたい（一九五一―一九六頁）[12]。

今を去る十五年前の昭和二十年十二月十五日、日本全土を制圧せる占領軍権力は、神道指令を発して、日本の神宮神社に関する法制を一変せしめた。それは日本国民の思想精神を一変せしめることを目的として、国体精神の拠点たる神宮神社を制度的に変質せしめ、神宮神社の国家的性格をことごとく抹殺しようとするものであつた。（略）国体の精神を恢弘するためには、占領者が日本の国体と伝統とを無視して強制した法解釈や制度を、そのまゝに温存するわけにはいかぬ。どうしても日本の国体と伝統に相応《ふさわ》しい形に手直しする必要がある。占領政策の是正が必要となる。それは、たゞ単なる法制上の形式の問題ではなく、国民の精神信仰の問題なのである。

（略）伊勢の神鏡は、日本国の皇位とともに在り、神国日本国天皇が、皇祖を奉祀せしめ給ふ神宮である。この理義が明らかに確認されたことは、国体恢弘の途上に横たはる暗雲の晴れた思ひがする。今回の事は、神宮史上に貴重なる一ページとして記録されるであらう。

天皇と神宮の一体性を示すことで、まさに神社神道を「国家神道、乃至国体神道」へと復帰させることが目標であるとの主旨だ。この一節は一九四五年の神道指令から二〇一二年以降の安倍政権まで、第二次世界大戦後の日本の右翼政治思想の一つの赤い糸を指し示している。

1――島薗進「国家神道復興運動の担い手―日本会議と神道政治連盟―」堀江宗正編『戦後七十年の宗教と政治』東京大学出版会、二〇一七年（近刊）、などを参照。
2――青木理『日本会議の正体』平凡社新書、二〇一六年。
3――神道政治連盟サイト http://www.sinseiren.org/shinseirentoha/shinseirenntoha.htm（二〇一六年一二月二七日最終閲覧）。
4――戦前の「国家神道」の構築過程と戦後の連続性については、島薗進『国家神道と日本人』岩波新書、二〇一〇年を参照。
5――神社新報政教研究室編著『増補改訂　近代神社神道史』神社新報社、一九八六年（初版一九七六年）、二六六頁。
6――神道政治連盟編『神政連のあゆみ―戦後の精神運動の柱として―』神道政治連盟、一九九〇年。
7――前掲神社新報政教研究室編著、二七七―二九八頁。
8――神社本庁教学部調査課（岡田米夫）編『神社本庁五年史』神社本庁、一九五一年。渋川謙一「戦後、神道の歩み」財団法人神道文化会編『明治維新　神道百年史　第一巻』神道文化会、一九六六年、二四九―二八七頁。前掲神社新報政教研究室編著。
9――島薗進、ジョン・ブリーン「対談　伊勢神宮と国家儀礼」『世界』二〇一六年六月号、一九八頁。
10――憲法の根幹である立憲主義については、佐藤幸治『立憲主義について』左右社、二〇一五年、などを参照。
11――神社新報社『神道指令の解説（附質疑応答、関係通牒）』神社新報社、一九四九年。
12――前者は、小野祖教『神道をめぐる憲法問題―冠婚葬祭は政教分離の外―』小野祖教研究室、一九六八年所収。後者は、葦津珍彦『みやびと覇権―類纂天皇論―』日本教文社、一九八〇年所収。

（しまぞの・すすむ　宗教学者）

第18章　創価学会・公明党の自民党「内棲」化

藤田 庄市

1　創価学会＝安倍右翼政治の得票基盤

日本の右傾化を牽引するのが自公連立の安倍晋三内閣であることは言うまでもない。二〇一三年の特定秘密保護法成立、一四年の解釈改憲による集団的自衛権の行使容認、一五年の安保法制の成立、一六年にはそれまで以上に世論を一顧だにせず、乱暴な国会運営により諸法案を成立させた。[1]

それを可能にしたのは自民党と創価学会・公明党の選挙協力による絶対多数議席である。国会議席の過半数を占める自民党だが、じつは独力で当選できる実力はない。直近の政権選択選挙であった二〇一四年の衆議院選挙結果を見ると、創価学会・公明党の比例区の得票は七三一万四二三六票。このうち選挙協力による自民党支持者の票は一〇〇万～一五〇万票程度だというから、[2]その分を引くと約五八〇万～六三〇万票ほどがほぼ創価学会員票となる。自民党小選挙区候補へは学会票の六～七割が投じられるとすると、[3]きわめて大雑把だが、その数は三五〇万～四四〇万票になる計算だ。一般的には創価学会票は、衆院一小選挙区あたり平均二万票以上あるとされる。

二〇一四年の総選挙中盤、二九五小選挙区のうち自民党候補二八三小選挙区の状況を見てみよう。朝日新聞二〇一四年一二月一一日朝刊の記事（全六頁）によると、「自民支持層と公明支持層を固めた」との類いの表現で両党名を明記している所が一三二カ所。約半数、四六・六％の小選挙区で創価学会・公明党票が自民党候補を当選へと押し上げていることがわかる。そう明記されていない所でも同様の動きがあることは容易に推察できる。安倍右翼政治の確固とした基盤が創価学会・公明党票であることは、火を見るより明らかである。

他方、創価学会・公明党にしても、自分たちだけでは当選不能の小選挙区においては、協力の見返りとして九選挙区（二〇一四年）を割譲してもらい自民党が出馬せず、彼らの支持層により議席を得、比例区でも自民票の上積みによって議席の増加を果たしている。

2　自公は「連立政権」か

ここであらためて連立政権とは何かを問題にする。一九九九年以来、自民党と公明党は連立を組み、民主党政権の一時期を除き、「自公連立政権」と疑いもなく言われてきた。だがそもそも連立政権とは、「複数の政党によって維持される政権。政策の近似している政党間で協力関係を結び合うことで成立することが多い」（『日本国語大辞典』第二版）。これが定説である。連立政権の根幹は政策の基本的一致である。では公明党と自民党の政策の一致度はどうだろうか。

二〇一四年一二月の総選挙の際の自民党・下村博文（当時文科大臣）と公明党・太田昭宏（当

時国交大臣。前公明党代表）の政策の一致度をみてみよう。[4] 下村は安倍首相の側近であるから今の自民党そのものと判断してよい。二〇ある調査項目のうち、下村と太田が一致したのはわずか二項目。「集団的自衛権の行使を認める閣議決定」（解釈改憲）を「大いに評価する」というものと、「女性の地位向上のための制度を」に「どちらかと言えば賛成」だけだった。太田と同じ選挙区から出馬した極右の田母神俊雄（次世代の党。落選）と下村は半数の一〇項目が一致していたのに対して、自民党、公明党の重鎮同士の政策はかけ離れていたのである。

では自民党と公明党を連立せしめているものは何なのか。さきの下村の選挙出陣式には地元の公明党都議がかけつけ、演説をこうしめくくった。「比例区については家族から一票でもまごころで公明党への選挙協力をよろしくお願いします」。つまり小選挙区では自民党候補に投票をするから、比例区では票の一部を公明党へ入れてくれというのである。端的に言えば、政策よりも「票のバーター」という桁はずれの選挙協力。それが、一九九九年以来の自公連立を維持せしめている絆である。一般通念のまま、いわゆる連立政権であると理解してしまうや、その実態の特異性を見誤ってしまうことになる。

3　自民党の選挙協力設計者が語る実態

自自公連立政権成立は一九九九年一〇月だが、同年一月には自民党と自由党（当時。小沢一郎党首）の自自連立がすでに成っていた。当時の自民党は参議院の過半数割れを起こし、単独では政権運営が困難だった。ここで創価学会・公明党に対して連立を積極的に働きかけたのが小渕恵三内閣の野中広務官房長官である。じつは野中は最初から連立は公明党とだけと考えていた。野中が公明党の冬柴鐵三幹事長らにその話をすると、しばらく時間をおいて、こう答えてきた。

「やっぱり真ん中に座布団を置いて欲しい」。その座布団が自由党である。

野中は自自公連立を成立させた直後、自民党幹事長代理に転じた。翌二〇〇〇年には小選挙区制による二度目の衆院選が迫っており、選挙対策、それも公明党との協力が野中の「主な仕事」だった。これが「きわめて特殊な連立政権」を生む源流ともなる。創価学会・公明党サイドからこの時の実情を説明したものはない。しかし野中が貴重な歴史的証言をしている。

――党ではなくて、信濃町の（創価学会：筆者註）本部とやられていたんですね。

野中 ええ。

――選挙を実際にやっていたのは、公明党ではなくて創価学会という組織だったんですね。

野中 そうそう。その中に選挙の地区を担当している人がおりましたからね。

選挙を実際に行っているのは創価学会であって公明党ではない。これが自公連立政権や創価学会・公明党を見る際の根本となる視点なのである。

――具体的にはどのようなことをお話しされるんですか。

野中 結局、「小選挙区で自民党を応援して、比例区ではぜひとも公明党に票を入れてくれ」という話が基本です。だけど、なかなかそれを実らすのは難しいから、自民党の候補者には地域ごとに、ある程度、自分の本当の親衛隊の名簿を出して、こういう連中だけには公明党に入れることを了解してもらい、やれるようなことはやれ、と言ったんだ。「「比例は公明党、小選挙区は自民党の私」と言うのはいやだと言ったら、そんなことは長続きしない。自分の本当の親衛隊がいるだろう。そういう人たちだけは公明党に入れておけ。ある程度の票を出してくれ」というやり方を僕は指導したんです。各地方では、公明党の市会議員とか町会議員、県会議員が、自分の地域でなんぼ比例票を取ったかということを点検する。だから、どうしても自民党の候補者に後援会の名簿をくれとか、街頭できちんと言え、とかやって、非常にトラブったり、悲鳴が飛んできたりしましたね。（略）

―― 公明党は、自民党の候補者の後援会名簿を欲しいと言ってきたことがあったと思うんですが。

野中 それが端緒になったんでしょうね。

―― その話は、野中さんはお認めになったんでしょうか。

野中 認めたというより、僕自身がやり出したんだ。

票のバーター取引の端緒と実態が赤裸々に語られている。野中の凄みは党本部同士の協定とその指示という並のやり方にとどまらず、選挙協力の永続的な体制を構築したところにあった。そのために創価学会・公明党の各級地方議員の生態まできっちりと把握し、彼らの手柄になるような方法、すなわち後援会の名簿の提供まで自分から率先して行ったのである。

4 「票のバーター」と「連立」の前史

この体制化された選挙協力（票のバーター）と「連立」には前史がある。

まず選挙協力から示そう。創価学会・公明党には言論妨害事件[6]（一九六九年一二月～七〇年五月）という重大な歴史的汚点がある。

事件の発端は、藤原弘達の『創価学会を斬る』（日新報道、一九六九年）の出版妨害の仲介を、竹入義勝公明党委員長（在任、一九六七―八六年）が、田中角栄自民党幹事長に依頼したことに始まる。事実が明るみに出ると社会的批判は高まり、池田大作会長の国会喚問要求が野党から出された。しかしこの時、田中と佐藤栄作首相つまり自民党は創価学会・公明党をかばいきった。当時の公明党は「王仏冥合《おうぶつみょうごう》」、すなわち「王＝政治」と「仏＝宗教」を「冥合＝一体」とする綱領を掲げ、党役員は学会幹部でもあった。つまり、当時の創価学会は公明党という政治部門を有する公然たる「宗教政治団体」だったのである。

自民党に助けられたとはいえ、創価学会は深手を負い、池田は学会と党の政教分離宣言をせざるを得なかった[7]。その後、彼らは政教一致の実態を隠し、「政教分離」を偽装し続けることになる。政策はといえば、公明党は社会の風向きに合わせ一時は革新色まで打ち出した。しかし表面的にはそうでも、この事件で、田中に「大きな負い目」をしょった創価学会・公明党は、「自民との深い関係」を築くようになったのである。竹入は次のように証言している。

「選挙になると、よく（田中から：筆者註）、全国の候補者リストに、ところどころ赤いアンダーラインを付けたのが送られてきた。「よろしく頼む。越山角栄」と書いてある。応援してくれないかというわけだ。公明党候補のいないところはまだしも、乱暴な要求も飛んできた[8]」

落選の危機がある自民党候補に創価学会票を入れてくれという意味である。当時は中選挙区制であり、同一選挙区に公明党候補が立候補している場合でさえ、その要求があったことがうかがえる。いかに田中派と創価学会・公明党が親密だったかがわかる。田中派の自民党政治は続き、先の野中広務もその系統に立つ大物だった。

次に連立についてはどうか。創価学会が池田の提唱で公明党を創設した目的は、宗教政党として王仏冥合、国立戒壇《こくりつかいだん》の理想を実現すべく、権力奪取することにあった。しかし、言論妨害事件によってその理想は封印しなければならず、新綱領においては「中道主義の国民政党」を自称した。が、権力獲得への野望は執拗に持続させた。「天下を取れ」という池田のフレーズは学会外にもよく漏れてきた。竹入は自民党との連立を試みたこともあった[9]。こうしたことから自民党との選挙協力も「連立」も七〇年代に淵源があることが見てとれる。

だが、さらに遡ることができる。公明党結党まだ二年後の一九六六年一月八日に、池田は岩佐《いわさ》凱実《よしざね》富士銀行頭取の仲介により、総理大臣の佐藤と三時間も夕食を共にした。佐藤の日記には「公明党との協力関係ができるか」とあるほど、池田は政権政党へ接近し、協力の意欲を示していた。さらに、言論妨害事件のさなかの一九七〇年一月三〇日には、池田は、岩佐から佐藤への電話に託して、その年の京都府知事選には自民党の側に付くこと、事件については佐藤=自民党が関わらないように懇願していた。[10] 田中には竹入（公明党ルート）を用い、首相には秘やかに意志を伝える（学会ルート）という党と学会の複数ルートがはや生じていた。結党直後より、創価学会・公明党は権力政党の懐に入りたがる衝動を有していたのである。

5 新進党失敗、自民の猛烈な攻撃

一九九〇年代に入り従来の政治的枠組が動揺し、非自民連立政権が九三年八月に成立した。公明党は、自民党経世会から飛び出た小沢一郎（現自由党党主）らの新生党と共に政権の中核を担う。池田のカリスマ支配のもと、党役員の顔ぶれは変われど連立によって政権の座を狙ってきた意志が現実のものとなった。池田が組閣前にもかかわらず、同党から「デージン（大臣）も出るでしょう」と喜色満面で創価学会の会合において喧伝した話は有名である。同政権は一九九四年六月にあえなく崩壊。だがしかし、公明党は分党のうえ国会議員の大部分が九四年一二月の新進党結成に合流し、政権奪還をもくろんだ。

しかし自民党は甘くない。自さ社連立で政権に復帰して後、新進党を支えるのは創価学会であると攻撃を強化した。また反創価学会連合組織の「信教と精神性の尊厳と自由を確立する各界懇話会」（四月会）が同年五月に発足し、全国でシンポジウムなどを開き、創価学会・公明党の政教一致が憲法違反であると激しい批判をくり広げた。しかし、それにも屈せず一九九五年夏の参院選で新進党は躍進。比例区は新進党一八、自民党一五と創価学会の組織力を見せつけた。

自民党が受けた衝撃と危機感の大きさは尋常ではなかった。折しも同年のオウム真理教事件は、秋の臨時国会で宗教法人法改正を最大のテーマにさせた。好機とばかり、自民党は同事件の教訓どころか、創価学会の政教一致を標的に据えた。彼ら独自の「政教分離法」案まで振りかざし、池田の国会招致を強く主張、新進党と激突した。比喩ではない。対する新進党は参院特別委員会の委員長を委員長室から出られぬよう、「ハイヒールで武装」した女性議員をはじめ、同党議員ら三〇〇人以上が前代未聞の国会内でのピケまで強行した。結局、池田招致は「先送り」とされ、秋谷《あきや》栄之助会長が出席した。秋谷は自民党議員の質問に対し、「学会の選挙支援は限られた期間の部分的活動に過ぎない」「政党の人事、政策、財政には一切関与していない」と追及をかわした。[11]

池田の国会招致には失敗したが、自民党は創価学会攻撃の手をゆるめず、一九九六年には機関紙『自由新報』を使って池田スキャンダルの大キャンペーンを行った。同時に、野中ら多くの自民党幹部がそれぞれのルートで学会側に対し、「新進党から離れて元の公明党に戻り、自民党に協力してくれれば学会攻撃は終わる」と囁き続けた。[12] 一方、新進党は内部崩壊が進み、九七年一二月に解党。九八年一一月に公明党は復活し、一九九九年に「国旗国歌法案」「通信傍受法案」など右傾化を促す諸法案に賛成。自民党への協力姿勢を示しながら一〇月に自自公連立政権に参画した。あっという間だった。

野中の尽力によった同政権成立後、彼にある有力支持者が「どうやって学会・公明党とのパイプをつくったんですか」と問うた。彼はこう答えたという。「叩きに叩いたら、向こうからすり寄ってきたんや」[13]。権力政党の底知れぬ怖さを、創価学会・公明党は思い知ったにちがいない。

6　右派政権の公明党軽視

小選区制のもとでの体制的選挙協力は、参院選を含め創価学会・公明党と自民党を構造的に固く結びつけていった。だが、その自民党自体が二一世紀に入ると大きく右派政権へと変質してゆく。それまで創価学会・公明党が深く結びついていた田中派の系譜はいわゆるハト派だったので、公明党も政策的に深刻な矛盾を起こさずに済んだ。ところが自民党の保守本流、ハト派は二〇〇〇年一一月の「加藤の乱」を契機に一気に凋落してゆき、タカ派の天下となった[14]。小泉政権（〇一年四月～〇六年九月）以降、それが明らかになった。第一次安倍政権（〇六年九月～〇七年九月）までに右翼的国家体制への立法措置が連続して成立している（↓巻末年表）。

国のあり方の根幹に関わる、体制の右翼的変質は公明党の政策と矛盾するばかりでなく、「平和」や「教育」についての池田の各種提言にも反していた。だが公明党は、妥協を強いられたように見えながら、すべて賛成した。なにより自民党は公明党を軽視しきっていた。その典型が小泉による任期五年間の連続靖国神社参拝であった。憲法の政教分離・信教の自由原則に反すると創価学会・公明党は強く批判した。しかし小泉はそれに耳を一切傾けなかった。皮肉なエピソードがある。二〇〇二年の公明党大会に小泉が出席した時のこと。小泉は、池田が撮ったとされる月の写真を見て、「いろんな批判があっても孤高で孤独でも、空の果ての月のように耐えなければと思った」と語った。池田の写真を賞讃したことで小泉は創価学会員に喝采を浴びたが、真意はこうだった。靖国神社参拝はむろんのこと、「いくら批判にさらされても構造改革路線を進める考えに変わり」はなく、「実は公明党から出ている批判に正面から反論していたのだった」という。[15]

第二次安倍政権（一二年一二月〜）になると自民党と公明党の従来の政策、とりわけ安全保障政策での食い違いはさらに大きくなった。だが、なぜ、政策や国会運営でも齟齬をきたし、軽視されても、創価学会・公明党は自民党との連立を維持するのだろうか。公明党自身はハト派に代わってブレーキ役になるのだという。また、単独では獲得できない小選挙区での議席確保と比例区での自民党支持者による投票での議席上積み、とか、権力のうま味を手放さないため、とか理由はいろいろ語られる。それらの答えは外れてはいない。にしても、傍から突き放して言えば、カリスマ指導者を戴き、[16]異様に見える創価学会・公明党の行動原理は何なのだろうか。

7　九条の解釈改憲議論中の「恫喝」

右派政権との連立が続くなかで、公明党が自民党から決定的な立場の変更を迫られ、了承したのが、二〇一四年七月一日の閣議における憲法九条の解釈改憲による集団的自衛権の限定容認であった。[17]ことは自衛隊の海外での武力行使容認につながるものであり、「平和の党」を標榜する公明党は、同問題の公式な与党協議会が開始された五月二〇日までは反対の姿勢を示していた。創価学会も朝日新聞に対して、集団的自衛権の行使は一内閣による決定でなく「憲法改正手続きを経るべき」[18]と文書回答をしていた。流れが変わったのは六月初旬だった。解釈改憲議論とはまるで別の議論の刃が創価学会・公明党に突きつけられたのである。

水面下で三月六日から続行されてきた自民・公明の交渉は、複雑な議論と人的交代のなかで、反対を表明していた山口代表は四月初めにはメンバーから退場。そして六月九日、「国民の生命、自由及び幸福追求の権利が覆される明白な危険がある」との文言を閣議決定に入れることを、北側一雄公明党副代表、高村正彦自民党副総裁、それと官僚三人の五人による裏会合で決め、一〇日に安倍はそれを了承した。問題は創価学会や公明党議員に対する説得である。まさにそのタイミングに合わせて、飯島勲内閣官房参与が一〇日にワシントンで行った講演が報道された。ニュース自体はさほど大きく取りあげられなかったが、創価学会・公明党の存立に干渉する内容である。飯島は菅義偉官房長官が率いる内閣官房の「知恵袋」である。彼の立場からして首相官邸と緊密な連絡があったことは当然だろう。彼はこう語った。

「集団的自衛権が話題になっている。公明党のホームページに、公明党と創価学会の関係（「政党と支持団体の関係です」：筆者註）が載っている。長い間、「政教一致」と騒がれてきた。内閣法制局の発言を担保に、その積み重ねで「政教分離」ということに現在なっている。公明党、創価学会の幹部の心理を推測すると、そのことを一番気にしているのではないか」

そして核心に入る。

「もし内閣によって内閣法制局の発言、答弁が今まで積み重ねてきた事案を一気に変えることになった場合、「政教一致」が出てきてもおかしくない。単なる安全保障問題とは限らず、そういう弊害が出ておおたおたする可能性もありうる。そういうことがない状態で着地点を見いだせば、きちんと収まるだろう」[19]

新進党時代の強烈な創価学会攻撃の悪夢を思い起こさせる、惚《ほ》れぼれするほどみごとな「恫喝」である。与党として生き残るどころか、組織としての生命が惜しければ九条の解釈改憲に異を唱えるなとばかりの勢いだ。七月一日に解釈改憲は閣議決定され、翌二日に創価学会もその決定を追認した。この流れに立つ以上、表面上の言動はともかく、二〇一五年の安保法制賛成は既定路線でしかなかった。

8 「政教一体」は生命維持の原理

なぜ飯島発言のような異形の論議が出るのか。創価学会・公明党の外からは異様に見える行動形態と合わせて考えてみる。

現在の創価学会の実質的なスタート地点は一九五一年の戸田城聖の第二代会長就任である。この類いまれなカリスマが「国立戒壇」をその時から唱え、創価学会を当初から「宗教政治団体」として出発させた。一九五五年の統一地方選、翌年の参院選で早くも成果をあげ世間を驚かせた。戸田は信心と選挙の結合についてこう語っている。

「…選挙は、支部や学会の信心をしめるために使える。まことに、これは、けっこうなことでは

ないですか」(一九五六年三月)[20]

また彼は「王仏冥合論」なる政治教学を樹立する、その歴史については、他書にゆずる。[21]

じつは創価学会は一九九一年に破門されるまで、伝統教団の日蓮正宗に属する講であると同時に、独自に宗教法人格を有する「内棲教団」であった。これは宗教社会学者の西山茂が提唱した教団類型の概念である。[22]本章の趣旨にあわせ、わかりやすく改変させてもらえば次のようになる。

「特定の既成教団に所属し、その宗教伝統の核心部分、つまり本尊、教義、儀礼、組織といった宗教的権威を帯びた構成のすべてか重要部分を継承(俗っぽくいえば頂戴する)するが、他方、相対的に独立した組織であり、独自のアイデンティティを有し、運動を展開する」

独自のアイデンティティとは創価学会の場合、池田のカリスマ性、〝池田崇拝〟が中核となる。

では、この「内棲」概念を、自民党と創価学会・公明党の関係に敷衍させて、少し考えてみよう。創価学会・公明党が政権与党、いわば国家権力の枠内に居ればこそ、すなわち「内棲」すればこそ、官僚組織とその権威・権力、立案能力などを用いることが出来、政策に自らの主張を反映できる。自民党の支持票までもバーターで獲得できる。現在の「内棲」形態は、社会構造が変動するなかで自民党の支持基盤が大きく揺らぎ、単独政権が不可能となり、一九九四年に衆議院の小選区比例代表制が制度化されたという歴史的社会的条件のなかで成立した。日蓮正宗から破門され、自民党から猛攻撃を受けた後、自覚的か無意識か、日蓮正宗の所属講だった時代の発想を再生させた新しい政治状況のなかでの適応だった。

そうした離れ業とでもいえる適応を可能にしたのは、生まれながらの「宗教政治団体」というDNAである。信心という人間の心を強力に把握する精神作用と選挙を一体不二のものにつくりあげることに創価学会は成功していた。選挙の成果がご利益に結びつくという、信心の実践と教えの確立である。これはきわめて注目すべき歴史的事象であろう。そのために信者は選挙自体に熱狂する。当選という選挙結果として、また幾分かの政治的成果として目に見えるのだから効果抜群である。

「宗教政治団体」（傍点筆者）ゆえに、創価学会が上、公明党が下であることもはっきりしてきた。飯島発言はこうした実態を熟知したうえでなされているのである。

じつは、池田はそのことを信者に対し、公明党結党後まもなく、明確に教示していた。

「創価学会と公明党も、一体不二の関係にある。ただし、われわれは日蓮大聖人の仏法を根幹として立った、あくまで宗教革命の闘士である。この宗教革命によって色心不二の大生命哲学を広宣流布して初めて、政治革命も、経済革命も、教育革命、芸術革命も、一切が生かされてくるのである。したがって、永久に宗教団体である創価学会が本地《ほんじ》であり、公明党は、その垂迹《すいじゃく》、すなわち、影の関係にあることを知らなければならない[23]」

創価学会が根本、公明党は影にすぎない。実態は充分見てきた。この原理は創価学会出生の時にすでに内在し、公明党の出現によって現実化した。そのためにいくら社会的批判を浴び、政教分離を懸命に偽装しようとも、その生命の本質ゆえ、変えることは不可能である。

9 「内棲化」による右傾化の可能性

では自民党とのっぴきならない矛盾が生じた場合、「内棲」を維持しようとすればどうなるか。西山説はこういう。

「内棲セクトの獲得しうるイデオロギー的アイデンティティは、所属教団そのもののイデオロギー的アイデンティティによって大きく制約されており、もし、内棲セクトが、その枠を破ってまでイデオロギー的アイデンティティを模索するとすれば、所属教団との間に深刻な葛藤を生み、多くの場合、分派セクトとして教団外に排除されるか、自らの意志で離脱せざるを得なくなる」[24]

これを自民党と創価学会・公明党にあてはめて翻訳すると次のようになるだろう。

「創価学会・公明党の政治的理念や政策は自民党の理念、政策によって大きく制約されており、もし創価学会・公明党がその枠を破ってまで理念、政策を模索するとすれば、自民党との間に深刻な葛藤を生み、連立は崩壊し、創価学会・公明党は権力の枠外に出ざるを得ない。議席も減少し、権力から攻撃されることは当然有り得る」

解釈改憲による集団的自衛権行使の限定容認について考えてみよう。ことは国のかたちの根幹にかかわるテーマであって、安倍の意志も固かった。創価学会・公明党はそれに反対でありながら、山口代表は二〇一四年一月に早くも連立離脱はしないと表明していた。ならば「内棲」の枠内、安倍＝自民党の方針に基本的に従う以外にない。公明党が誇示した閣議決定における文言、「国民の生命、自由、及び幸福追求の権利が根底から覆される明白な危険がある」は、「公明と内閣法制局の共作」だったという。[25]では公明党の主張が通ったのか。そうではないだろう。集団的自衛権の行使容認のレールの上で、内閣法制局という権力機構から知恵を授けられたにすぎない。当事者たちの主観はともかく、クールに見ればそういうことだ。

創価学会・公明党が自民党=権力に「内棲」し続けようとするならば、彼らに反対することは基本的に不可能なのである。そのために自公連立政権に入った以上、右翼的変質を遂げた自民党と政策上の齟齬をきたそうが追随するより外はない。創価学会出生時よりの生命維持を司るＤＮＡはそう働いているのである。

最後に。近未来、日本の右傾化が続いた場合、創価学会・公明党は、どう変容するだろうか。興味深い調査結果がある。二〇一六年参院選の投票に際して改憲についての意志を調べたものだ。「比例区で公明党に投票した改憲賛成派が挙げた改憲すべき項目は、「集団的自衛権」が六四％で最多。「自衛隊」が五六％で二番目で、「プライバシー権」「環境権」はともに三三％で、（九条改正は必要ないという：筆者註）党の方針との食い違いが目立つ」という。[26]これが、もし創価学会員であるのなら政治意識の地殻変動の兆しかもしれない。

次に、この参院選において公明党所属でありながら「安倍チルドレン」（公明党安倍派）と称される新人議員が誕生したことだ。[27]自民党は東京、大阪を除く五つの複数区選挙区で公明党候補を推薦し、安倍や菅ら党幹部が支援に入り全員が当選した。かつての経世会との結びつきとはまるで異なる、「内棲」化の進化・深化によって自民党との運命共同体的議員が出現したのである。このことも新しい「内棲」へと動く兆しになる可能性がある。

新しい兆しとは、質的変化を遂げた創価学会・公明党の右傾化を意味する。

ここで、創価学会・公明党の出生時から幼年期へと思いを馳せてみよう。公明党結党時、池田大作というカリスマ指導者の号令一下、過激な折伏と強引な選挙活動に驀進《ばくしん》する彼らに対して、世間には全体主義の危険性を指摘する声が多くあった。[28] 言論妨害事件の時に社会的非難が高まったのも、彼らの全体主義が現前したようだったからでもあった。創価学会・公明党のＤＮＡにはじつは全体主義的要素がたっぷりあるのだ。「内棲」のなかで存在感を示すには、右傾化の先頭を突っ走ることである。いま指摘した「兆し」はそれを予感させないだろうか。また創価学会はスタート時よりカリスマ指導者に率いられてきた。カリスマ願望も根深くＤＮＡにある。ポピュリズムと右傾化が進む世界と日本の社会状況のなか、池田に代わるカリスマ指導者が出現し、創価学会が右派政権の投票基盤にとどまらず、そうした社会への積極的牽引勢力にならないとも限らない。二〇一五年に安保法制に反対の声をあげた創価学会員に対する仕打ち[29]を見聞して、そう感じるのである。同時に、「池田先生の平和・人権思想」が、創価学会八二七万世帯の信者一人一人に内面化されていなかったことも証明されたのではないだろうか。

1――「数のおごり、資料開示応じぬ例も」朝日新聞二〇一六年一二月一六日朝刊。

2――薬師寺克行『公明党―創価学会と五〇年の軌跡―』中公新書、二〇一六年、二四八―二五三頁。
3――中野潤『創価学会・公明党の研究―自公連立政権の内在論理―』岩波書店、二〇一六年、六七頁。
4――朝日新聞（東京本社版）二〇一四年一二月六日付朝刊。朝日新聞と東京大学谷口研究室が東京の小選挙区立候補者に、安全保障、原発政策などの課題二〇項目について賛成から反対まで五段階のスタンスを調査したもの。
5――以下の証言は、御厨貴・牧原出編『聞き書 野中広務回顧録』岩波書店、二〇一二年、二六六頁、二九二―二九三頁。
6――言論妨害事件については、前掲中野、前掲薬師寺、堀幸雄『公明党論―その行動と体質―』南窓社、一九九九年。当事者が明らかにしたものとして、藤原弘達『創価学会・公明党をブッた斬る―いま、なぜこの悪質な組織の欺瞞性を問題にするか―』日新報道、一九八五年。および、竹入義勝「秘話 55年体制のはざまで①」朝日新聞一九九八年八月二六日朝刊。
7――公明党の結党宣言や最初の綱領から「国立戒壇」の語は消えたが（塩田庄兵衛・長谷川正安・藤原彰編『戦後史資料集』新日本出版社、一九八四年）、いわゆる池田の「政教分離宣言」（一九七〇年五月三日）では「国立戒壇」について釈明している（前掲堀）。
8――前掲竹入。なお竹入は政界引退後、創価学会から離反した。
9――前掲竹入「秘話②」朝日新聞一九九八年八月二七日朝刊。同「秘話④」同一九九八年八月二九日朝刊。
10――『佐藤榮作日記第四巻』朝日新聞社、一九九七年、三二頁。
11――朝日新聞一九九五年一二月五日朝刊。なお秋谷の答弁を鑑みるに、竹入義勝公明党元委員長の証言は紹介の価値があるので記しておく。「人事権は学会にあると明確にされていた。選挙にしても人事にしても、党内はみな学会を向いている」「公明党は財政、組織の上で創価学会に従属していた」（竹入義勝「秘話＝党と学会 一方通行の「放射線」関係 進退も（池田：筆者註）会長の意思次第」朝日新聞一九九八年九月一七日朝刊）。
12――前掲中野、二〇頁。
13――魚住昭『野中広務 差別と権力』講談社、二〇〇四年、二九六頁。
14――中北浩爾『自民党政治の変容』ＮＨＫブックス、二〇一四年、一八五―二四四頁。
15――前掲薬師寺、二〇八―二一二頁。
16――池田大作名誉会長は二〇一〇年五月から信者の前に基本的に姿を現わしていない。しかし原田稔会長は「元気にしておりますよ。執筆活動などに専念しています」と公言している（朝日新聞二〇一六年九月二二日朝刊）。

17——経緯については「検証　集団的自衛権　閣議決定攻防編」朝日新聞二〇一五年二月一五日朝刊〜三月二七日朝刊。

18——朝日新聞二〇一四年五月一七日朝刊。

19——朝日新聞二〇一四年六月一二日朝刊。

20——戸田城聖『戸田城聖先生 講演集下』宗教法人創価学会、一九六一年、二〇二頁。

21——塚田穂高『宗教と政治の転轍点—保守合同と政教一致の宗教社会学—』花伝社、二〇一五年、第四章。

22——西山茂『近現代日本の法華運動』春秋社、二〇一六年、一〇一—一〇三頁、三三五頁。

23——高橋昭英『検証天下盗り言論—池田大作著『立正安國論講義』を解き明かす—』かもがわ出版、二〇一〇年、二二七頁より。引用部分は、池田大作『立正安國論講義』聖教新聞社、一九六六年、八五九頁からだが、言論妨害事件・政教分離宣言後の一九七七年に出た版から引用部分は削除されている。

24——前掲西山、三三五頁。

25——朝日新聞二〇一五年三月二一日朝刊。

26——朝日新聞二〇一六年九月七日朝刊。朝日新聞社と東京大学・谷口将紀研究室の共同調査。

27——南彰「公明党安倍派の誕生」『世界』二〇一六年九月号、七六—八一頁。

28——出版妨害を受けた藤原弘達『創価学会を斬る』日新報道、一九六九年。原理的批判として、一九六五年の宮田光雄「宗教政党と民主主義」『宮田光雄思想史論集7　同時代史論』創文社、二〇〇七年、五—三四頁。

29——「安全保障法制に反対し、公明党の方針を危惧する創価学会員に聞く」『宗教と現代がわかる本　二〇一六』平凡社、二〇一六年、一六四—一八七頁。

（ふじた・しょういち　ジャーナリスト）

第19章

統一教会＝勝共連合
――その右派運動の歴史と現在

鈴木 エイト

ここ数年にわたり、日本の右傾化が至るところで指摘されるようになっている。その右傾化を推進してきたのが、様々な宗教的背景を持つ組織だ。その中で、最も狡猾な手段を使って保守系政治家を取り込み、政界に深く浸透してきたのが、統一教会（現・世界平和統一家庭連合）である。統一教会が、その政治団体で反共産主義を掲げる国際勝共連合とともに如何《いか》にして右派運動を推進し浸透させてきたのか、そして現在どのように展開しているのか、検証する。それにより、この宗教右派組織の欺瞞性と問題点を浮かび上がらせるのが本稿の目的だ。

政界と関わり続ける統一教会

統一教会は韓国人教祖・文鮮明（一九二〇―二〇一二）により一九五四年に韓国で設立された。文鮮明は韓国の富裕層を信者に引き入れ献金させる手法を採り、その豊富な資金で政財界へ浸透。「北朝鮮の共産主義に打ち勝っての統一／勝共統一」をスローガンとする朴正熙《パクチヨンヒ》政権（一九六一

〜七九）の庇護の下で反共産主義を掲げ、キリスト教系団体としては異例の拡大・発展を遂げる。つまり統一教会はその拡大過程において当初から政界との関わりがあったのだ。

日本への進出は一九五八年、文鮮明の密命を受けた西川勝（崔奉春）が日本に密入国し宣教したことに始まる。翌年、日本統一教会が設立され、六四年に宗教法人の認証を受けた。しかし、統一教会に入信後、その活動にのめり込んで親をサタンと罵り学業を放棄して集団生活する学生が続出、六五年には朝日新聞が「親泣かせの原理運動」と報じている。

一九七〇年代には布教目的を隠した偽装伝道や「万物復帰」と呼ばれる物品販売を始めた。これらが霊感商法へと繋がってゆく。七五年に文鮮明が発した送金命令により、これ以降、日本の信者は過酷な集金ノルマに追われ続けることになる。八六年一二月、『朝日ジャーナル』が霊感商法批判記事の連載を開始。翌八七年にはこれが社会問題となり、それ以降、献金返還などの訴訟は今日まで絶えていない。九二年には『週刊文春』のスクープに端を発した合同結婚式騒動が起こった。二〇〇〇年代後半には、全国各地の霊感商法会社の信者従業員らが特定商取引法違反（威迫・困惑）容疑で相次いで逮捕された。

霊感商法などで得た莫大な資金が、世界各地の関連機関を支えており、二〇一二年に流出した教団内部資料には、〇七年〜一一年にかけ毎年約三〇〇億円が教祖夫妻に送金されていたことを示す一覧表や、毎月一五億円超に上る関連機関への送金リストがあった。

日本の保守勢力と政界への関わりは一九六七年、日本の戦後右翼の大物である笹川良一、児玉誉士夫代理の白井為雄《しらいためお》、市倉徳三郎らと文鮮明が山梨県の本栖湖畔《もとす》で会合を持ったことから始まった。翌年、岸信介元総理の支援により国際勝共連合を設立、笹川が名誉会長に就任した。

安保闘争で社会党・共産党が反対運動を展開していた時期であり、これらへの対抗勢力の尖兵役を担うことで、勝共連合は日本の政財界に浸透していった。岸は一九七〇年八月、勝共連合本部で「勝共連合の諸君の溢れるような熱情と実行力に心打たれた」と激励、憲法を改正し自主憲法を制定することを力説している。七四年五月に文鮮明が帝国ホテルで開催した晩餐会には岸の他、福田赳夫、安倍晋太郎ら四〇人の国会議員が出席した。

統一教会＝勝共連合の根幹を揺るがす事件が起こったのは、一九八四年六月のことだ。統一教会系の日刊紙『世界日報』の元編集局長・副島嘉和《そえじまよしかず》らが『文藝春秋』七月号に「これが「統一教会」の秘部だ―世界日報事件で〝追放〟された側の告発―」と題した手記を寄稿。毎月二〇億円が文鮮明に送金されている実態やその原資となる霊感商法の内幕、そして各国の国家元首に扮した幹部信者が文鮮明に拝跪するという秘密儀式において、久保木修己《くぼきおさみ》日本統一教会会長が天皇陛下役を担っていたことを暴いたのだ。副島は発売日前、暴漢に襲われ重傷を負った。

この事件で統一教会は民族派右翼団体から「偽右派組織」と指弾され、右翼の街宣車が教団本部前で街宣抗議活動を行ったり、本部シャッターが銃撃されるなどした。そこで勝共連合は「国際勝共連合反共運動推進支援会」なる団体を設立し資金を拠出、右翼団体を懐柔していった。

勝共連合はまた、秘書養成所で訓練した信者を選挙運動員として自民党国会議員の下に派遣するという手法を採り、浸透を図った。その中には後に国政選挙に立候補した信者もいた。[1]一九九〇年代初頭には衆参両院に約一五〇人の勝共推進議員がいたとされる。しかし、東西冷戦の終結により存在意義が薄れた勝共連合との関係を断つ議員も出てきた。

二〇〇〇年代中盤以降は、多くの信者が素性を隠して地方選挙に出馬、幾人かは当選した。

安倍政権との親密な関係

近年の国政への関わりを検証しておこう。二〇一三年の参院選では、全国の信者に対し、安倍晋三と同郷で元産経新聞政治部部長の北村経夫《つねお》（比例）に対する期日前投票が指示された。内部文書には「首相からじきじきにこの方を後援してほしいとの依頼があり、当落は（略）当グループの組織票頼みですが、まだCランクで当選には程遠い状況です。参院選後に当グループを国会で追及する運動が起こるとの情報があり、守ってもらうためにも、今選挙で北村候補を当選させることができるかどうか、組織の「死活問題」です」との記述があった。北村の福岡選挙事務所には統一教会系政治団体・世界平和連合から女性事務員が派遣され、後援者名簿には全国各地の勝共連合と世界平和連合の幹部の名が記されていた。

北村は選挙運動期間中、ひそかに福岡県内の統一教会二カ所で礼拝に参加し、講演を行った。後日、それを知って詰め寄った支援者に対し、選挙事務局長は「菅（義偉《よしひで》・筆者註）官房長官の仕切り」と答えている。統一教会内部の情報筋によると、北村に対する統一教会票の上積みは約八万票で、その結果、北村は一四万二六一三票を得て当選を果たしている。

その三年前、二〇一〇年の参院選で流出した勝共連合の内部文書には「山谷（えり子：筆者註）先生、安倍先生なくして私たちのみ旨は成就できません」と記載されていた。二〇一六年七月の参院選では、清和会準会員の宮島喜文《よしふみ》（日本臨床衛生検査技師会会長・比例）への組織的投票が指示され、宮島は当選している。同情報筋によると、参院選直前の同年六月、首相官邸に統一教会の徳野英治会長が招かれたという。

二〇一五年八月、文化庁はそれまで拒んできた統一教会からの名称変更申請を受け取り、「世界平和統一家庭連合」への教団名変更を認証した。その際永田町では、ある噂が掛け巡った。文科相（当時）の下村博文《はくぶん》が強引に認めさせたというのだ。『世界日報』の月刊誌『VIEWPOINT』には、ここ数年で三回も下村のインタビュー記事が掲載されている。

安倍晋三の他の側近も、親密な関係が発覚している。二〇〇九年以降、稲田朋美は世界平和連合の他、同じく統一教会系団体の世界平和女性連合の大会でも講演した。萩生田《はぎうだ》光一は徳野会長の講演会で来賓挨拶し、中川雅治は教祖の妻・韓鶴子の講演会で来賓挨拶した他、参議院議員会館で統一教会関連団体が開催した懇談会に日本統一教会の会長・総会長らとともに出席した。[2]

前出の内部資料には親・統一教会政治家らへの対策費として毎月一億円が計上されており、PRチームと呼ばれる勝共連合の議員渉外チーム予算は月に五〇〇〇万円となっている。

一九七五年当時の統一教会広報委員長・阿部正寿《まさとし》[3]が会長を務める世界戦略総合研究所の会合では近年、安倍晋三、下村博文、石破茂、衛藤晟一《せいいち》らが講演しており、同研究所の事務局次長は安倍が主催する「桜を見る会」に毎年招待されている。[4]

世界戦略総合研究所の定例会では高橋史朗、伊藤哲夫といった日本会議のコアメンバーらも講演をしている。安倍政権に強い影響力を持つと指摘される右派組織・日本会議は、生長の家信者による学生運動が源流であり、前述の首相補佐官・衛藤晟一もコアメンバーの一人だ。日本会議の前身・日本を守る国民会議の発起人には、福田信之・元筑波大学長の他、立教大総長、参議院議員を務めた松下正寿といった統一教会関連団体で要職にあった者が含まれている。統一教会の上層部には日本会議の会員も多く、『世界日報』の読者で構成され、保守系知識人を招いて定期講演会を行っている世日《せにち》クラブにも、日本会議関係者が多数いる。[5]両者は様々な関連組織を通じて交流している。二〇一三年三月、太田《おおた》洪量《ひろかず》・勝共連合会長の就任パーティには、自民党の国会議員が多数出席した。近年の勝共連合の街宣では、自民党憲法改正草案に倣った主張をしている。

学生版勝共運動・UNITE

統一教会は原理研究会を各大学に作り、共産党の学生組織・民主青年同盟（民青）などと闘争してきた歴史がある。日本の右傾化の源流のうち、宗教的背景を持つ「生長の家学生運動」と「統一教会＝勝共連合」は、かつては左翼学生との闘争で共闘し、今日でも節目ごとに接点を持

2016年6月12日、全国一斉演説を行ったUNITE（吉祥寺）

ち、共に自民党安倍政権の後ろ盾となって憲法改正の策動に突き進んでいる。

そして現在、七〇年代に回帰したような勝共運動が現代の若者を巻き込んで展開されている。

二〇一六年一月、「国際勝共連合大学生遊説隊ＵＮＩＴＥ」を名乗る学生組織が遊説活動を始めた。東大生四人により結成されたＵＮＩＴＥは、ＳＮＳやウェブサイトでの呼びかけを通して全国に拡がり、数カ月の間に全国十数カ所で支部を結成、五月末には東京・渋谷で二三〇人規模の「憲法改正賛成・共産党批判・安倍政権支持」デモを行うまでになった。テレビ東京が同デモを「改憲支持、学生が渋谷でデモ」と報道。これを受けて、平井卓也自民党ＩＴ戦略特命委員長が自身のフェイスブックでこのニュースに言及し、「このようなデモはあまり報道されませんが、学生はシールズというイメージは間違いです」と発信した。

筆者がＵＮＩＴＥに官邸の影を感じたのはこの時からだ。ＵＮＩＴＥは翌六月、二度の全国一斉演説を含む街頭演説を各地で行ったが、現場を取材すると、いずれも勝共連合と統一教会の幹部が取り仕切っており、サクラとして数十人の信者が動員されていた。現地のＵＮＩＴＥメンバーにヒアリングすると、ほぼ全員が教団の二世信者であり、結成メンバーは東大原理研究会所属と分かった。

二〇一五年の安保法制関連法案制定に反対し結成されたＳＥＡＬＤｓは、若者の政治参加を促し一大ムーブメントとなった。さらに市民団体と連携して推し進めた野党間の共闘により、民進、共産、生活、社民の四党は翌年の参院選のすべての一人区で候補者を一本化。それまで全選挙区に候補者を立てることで野党票を割り、結果的に自民党を利する存在となっていた共産党が自民党を脅かす存在となった。こうした時期に結成されたＵＮＩＴＥが、共産党を名指しで批判し始めた。参院選後、ＵＮＩＴＥの主張は、共産党批判から憲法改正一色となった。

2016年12月4日、全国六大都市一斉デモ行進を行ったUNITE（渋谷）

　勝共連合はＵＮＩＴＥについて「勝共の理念に共鳴した学生が自主的に立ち上げた独立組織であり、下部組織ではない」などと説明している。ところが、筆者が入手した教団内部文書には、ＵＮＩＴＥと勝共連合に関し、

「外的には二つの看板を背負っての活動」などと記され、筆者の取材に備えての口裏合わせが指示されていた。

二〇一六年一二月には、全国六大都市で八〇〇人以上の学生信者を動員し一斉デモ行進を行ったUNITE。安倍政権の改憲政策を支持する学生が全国各地で自発的に声を上げたかのように装っているが、実際には全て教団の手配によるものだったのだ。ではなぜ「自主的に結成された学生組織が安倍政権を支持している」という体裁を採る必要があったのか。そのような構図を必要としていたのは誰か。一連の経緯を振り返ると、UNITE結成に官邸筋の意向が働いたとの推測も正鵠を射ているのではないだろうか。

奇妙な「共闘」関係

二〇一六年、統一教会系のNGO・天宙《てんちゅう》平和連合は、世界各地で「世界平和国会議員連合」を創設。同年一一月一七日、参議院議員会館で同議員連合の創設集会が開かれた。前出の情報筋によると、同集会に閣僚五名を含む六〇人の自民党国会議員が出席したという。
同日、NYで行われた安倍晋三とドナルド・トランプの直接会談に関しては、「トランプ陣営とのパイプを持っていなかった安倍首相が勝共連合幹部に電話で取次ぎを依頼し、統一教会の韓鶴子総裁を経由してトランプの女婿につながり、その手配で実現した」との情報も出ている。[6]
韓国中心主義である統一教会は、前掲『文藝春秋』の記事でも明らかになったように、天皇・

皇室を低くみており、日本の右派とは元来、相容れないはずだった。そのような齟齬を抱える両者だが、冷戦時代には「反共」「保守的家族観」という共通項のみで奇妙な「共闘」関係を取り結んでいた。その内実は、政治家側は統一教会を票田や選挙運動のコマとして重宝し、教団側は見返りに政治的な庇護を受けるという相補関係にあった。しかし冷戦終結で「反共」が時代遅れとなり、霊感商法の手口も悪質化するばかりで、それまで庇護してきた政治家も距離を置くようになった。ところが近年、野党共闘などで共産党への注目が高まるとともに、安倍政権下で改憲潮流や保守系政策実現の動きが顕著となる中で、コマとしての存在感が急激に増してきたのだ。

　右派や保守は「愛国」「日本を守る」「家族を大切に」などと唱えているが、霊感商法で日本国民に深刻な精神的・金銭的被害を与え、家族関係や人間関係を破壊してきた統一教会と手をたずさえているようでは、国民のコンセンサスは得られないであろう。

1――有田芳生『原理運動と若者たち』教育史料出版会、一九九〇年、一四四―一五一頁。

2――「安倍首相側近らが続々と統一教会詣での〝怪〟」『週刊朝日』二〇一四年一二月五日号、一五八―一五九頁。「政教ノート」http://poligion.wpblog.jp/archives/1520（二〇一六年三月一九日最終閲覧）。

3――山口浩『原理運動の素顔』エール出版社、一九七五年、七九頁。

4――「政教ノート」http://poligion.wpblog.jp/sekaisoken（二〇一六年一〇月四日最終閲覧）。

5――「政教ノート」http://poligion.wpblog.jp/archives/1944（二〇一六年七月二三日最終閲覧）。

6――「安倍・トランプ会談を実現させた「カルト宗教人脈」」『新潮45』二〇一七年二月号、六八―七四頁。

（すずき・えいと　ジャーナリスト）

第20章 幸福の科学＝幸福実現党
――その右傾化、保守運動との齟齬

藤倉 善郎

「（安倍首相は）〝憲法九条改正〟とはっきりおっしゃっていただきたい。そして北朝鮮の核を無力化するための様々な方法、核装備すら、もう検討しなくてはいけない時代に入りました！」

参院選のさなかの二〇一六年六月、東京・新宿駅前のロータリーで、街宣車の上から女性の力強い演説が響き渡った。声の主は幸福実現党の釈量子《しゃくりょうこ》党首だ。

党の公式サイトでは、政策のページの冒頭に〈Ｉ国防・外交〉を掲げ、憲法九条改正、防衛軍の組織を謳《うた》い、改憲までの間は中国と北朝鮮を〈憲法解釈の変更により九条の適用対象外〉にするとしている。[1] 右派・保守に親和的な文言が溢れているが、細かく見ていくと、その思想はいわゆる右派・保守とは決定的に相容れない側面も持っている。本稿では、その点を検証したい。

二〇〇九年に宗教法人幸福の科学が結成した幸福実現党は、自ら「祭政一致」を謳う宗教政党である。結成の年の衆院選で、教祖・大川隆法総裁を含め三三七人の候補者を擁立したが全員が落選。本稿執筆時点で九人の地方議員を抱えるが、国政選挙ではこれまで一人たりとも当選者を出したことがない。いずれも惨敗を喫している。

一見、とるに足らない存在に思えるかもしれない。しかし当然ながら、同党の政治活動は選挙だけには限られない。結党以来七年余り、同党関係者や幸福の科学信者たちは、保守活動家や団体と手を組み、選挙がない時期にも、デモや集会など地道な「市民運動」をも行ってきた。

保守運動に食い込む宗教政党

二〇一二年、幸福の科学信者でロックミュージシャンであるトクマが、保守団体「薩摩志士の会」のメンバーとともに戦時遭難事件の慰霊碑への参拝と掃除を名目として尖閣諸島・魚釣島に無断上陸し、軽犯罪法違反（立ち入り禁止場所等侵入）容疑で書類送検された（起訴猶予）。この騒ぎはＮＨＫでも報じられる一般ニュースになったが、翌月に幸福実現党はトクマを党役員に就任させ、同年の都知事選の候補者とした（結果は落選）。

二〇一四年には、幸福の科学信者の藤井実彦《みつひこ》が代表を務める「論破プロジェクト」が、フランスで年一回開催されているアングレーム国際漫画祭に「従軍慰安婦の強制連行はなかった」と主張するマンガの出展を計画。「政治的な宣伝」に当たるとして主催者側から出展中止を求められた。これを産経新聞が報じると、自民党の片山さつき参議院議員がツイッターで「明日欧亜局呼びます早期事態収拾を！」などと騒ぎ立てた。

藤井はこの騒動について、参議院議員会館内で報告会を行い、後に保守系評論家（？）のテキサス親父ことトニー・マラーノのイベントに作家の百田尚樹とともに参加するなどしている。また米国カリフォルニア州グレンデール市での従軍慰安婦像の撤去を求める訴訟の原告団「歴史の真実を求める世界連合会」（GAHT）の活動にも参加（→第15章）。GAHTについては、会長の加瀬英明が日本会議の役員であり、副代表の山本優美子が「在日特権を許さない市民の会」（在特会）の元事務局長であることを、『日本会議の研究』の著者で著述家の菅野《すがの》完《たもつ》が指摘している。[2]

このGAHTの山本副代表は二〇一六年二月に、幸福実現党・釈党首や次世代の党の元衆議院議員・杉田水脈《みお》とともに、ジュネーブで開かれた国連の女子差別撤廃委員会の準備会合でスピーチ。従軍慰安婦問題は歴史的事実ではないなどと主張した。

釈党首は二〇一五年に、新しい歴史教科書をつくる会副会長の藤岡信勝、日本会議役員の高橋史朗と、幸福の科学の機関誌『ザ・リバティ』（一一月号）の企画で鼎談をしている。ここでは、中国が「南京大虐殺」と「従軍慰安婦」をユネスコの記憶遺産として登録申請したことを批判した。

幸福の科学は、中国の人権問題であるチベット・ウイグル問題にも触手を伸ばす。

チベットのダライ・ラマ法王日本代表部事務所は、「幸福の科学から協力要請はあるが相手にしていない」（関係者）。しかし、同事務所の元代表で、ときおり日本会議で講演をしているペマ・ギャルポや、日本ウイグル協会の代表イリハム・マハムティが、幸福実現党の集会やシンポジウムに参加するなどしている。二〇〇八年に中国各地でチベット人のデモ隊と中国当局が衝突した「チベット騒乱」を契機に、日本でも抗議行動が活発に行われ、保守活動家たちがこれに合流。新たな保守運動が路上に繰り出すきっかけの一つにもなった。この翌年に結党した幸福実現党も、このトレンドに追随した形だ。

沖縄では、幸福の科学信者で保守活動家である仲村覚《さとる》が、左翼批判や「反・反米軍基地運動」を展開している。かつて実家が幸福の科学の布教所だったこともある家族ぐるみの信者で、幸福の科学の理事長で幸福実現党副党首の神武《じんむ》桜子《さくらこ》（本名・仲村真理依）は仲村の親族だと証言する教団の元職員もいる。仲村は、幸福実現党結党と同年の二〇〇九年に、「沖縄対策本部」と名乗る保守団体を設立。信者であることを公にしないまま、日本会議で講演をするほか、「沖縄対策本部」の講演会を日本会議が後援するといった関係を続けてきた。ただし、一五年には幸福の科学から退会済みと表明している。

二〇一六年、沖縄の米軍・高江へリパッド建設に抗議する市民に機動隊員が「土人」などと差別的な暴言を吐いたことが問題視されると、直後に幸福の科学はユーチューブチャンネル「ザ・ファクト」で、沖縄での独自取材映像を配信。「土人発言」とは別の日に反対派の市民たちが沖縄防衛局職員を取り囲み、羽交い締めにして正座させるなどの暴行をはたらいている映像だ。この映像は約八一万回再生（本稿執筆時点）されており、反対運動側が公開した「土人発言」（同約七八万回）を上回っている。

ここで列挙したものは、ごく一部の事例にすぎない。だが、幸福の科学がその低調な選挙結果とは裏腹に、いかに保守運動に食い込み、その強烈な尖兵となっているかがよくわかるだろう。
そしてこうした動きの全てが、幸福実現党結成後ににわかに進められたものなのである。

政党結成で急激に右傾化

幸福の科学（一九八六年立教）の創設者は大川隆法だが、父・善川三朗や兄・富山誠（ともに故人）が草創期を支えた。善川は、生長の家の出身とされている。

生長の家は、初代総裁・谷口雅春が天皇信仰や明治憲法の復活を説き、元号法制化運動や優生保護法改正などに取り組んだ（→第21章）。独自の候補者を自民党から参議院に送り込む形でも国政に関与した。元関係者が「雅春が現役閣僚を電話一本で呼びつけたこともある」と語るほどの影響力も持っていた。しかし一九八三年に突如、政治活動から撤退。この頃、実権が雅春から娘婿の清超《せいちょう》へと移行する過程での内紛もあって信者が流出し、その一部が幸福の科学に流入した。

善川も幸福の科学も、生長の家の影響を受けたとはいえ、その愛国思想（ナショナリズム）をそのまま受け継いだわけではない。[3] ただ、一九九〇年代に幸福の科学が目指した政治への関与は、自民党を通じて国政に影響力を及ぼそうとする、生長の家に近いスタイルだった。

当時、幸福の科学は自民党の三塚博《みつづかひろし》（当時、政調会長）を入信させ、三塚を総理大臣にすべく支援運動を展開した。三塚とのこの関係は、幸福の科学の片思いに過ぎなかったフシもある。当時、教団内部で三塚とのやりとりを目の当たりにした元職員は、筆者にこう語る。

「幸福の科学は三塚さんに、入信の儀式であることを告げずに儀式を受けさせ、その映像を信者の前で大々的に流した。協力関係にあったことは確かだが、三塚さんは、こうした教団のやり方を見て、教団と距離を置くようになった」

結局、幸福の科学は、かつての生長の家ほどの政治的影響力を持つには至らず、二〇〇九年に独自政党を結成して政権奪取を目指すスタイルに転換した。

出馬し街宣に立つ大川隆法総裁（2009年8月、東京・有楽町）

それ以前の幸福の科学がデモなどで対外的に訴えてきたテーマと言えば、教団や大川総裁を批判した『フライデー』への抗議（フライデー事件）、週刊誌のヘアヌード問題、オウム真理教問題、自殺問題、いじめ問題などだった。これが二〇〇九年以降は、前述のような保守的な政治運動に一変。一一年頃からは、終戦記念日に関係者が靖国神社に参拝してアピールすることも始めた。

前出のトクマは、自作の曲で憲法九条改正を訴え、従軍慰安婦問題を捏造だと歌い上げて、すっかり右翼ロッカーの装いだ。しかし二〇一二年の尖閣上陸直後に都内で行ったライブで、同年八月に「生まれて初めて靖国神社に行った」と明かしている。信者を巻き込んでの教団の右傾化が、いかに唐突なものだったかがうかがえる。

　結党の理由を、同党自身は同年の北朝鮮によるミサイル実験だとする。大川総裁は結党発表後の講演で、「外国に対抗できるのは安倍晋三さんと麻生太郎さんだけだと思っていたが、この体たらくでは応援してもムダであると考えた」と発言している。

　しかし教団に批判的な信者は、結党前に行われた二つの選挙での「成功」を通じて大川総裁が自教団の集票力を過大評価したことが、結党の理由だと指摘する。幸福の科学は二〇〇七年の参院選で東京選挙区の自民党・丸川珠代を、〇九年の千葉県知事選では森田健作を支援し、結果としては二人とも当選した。大川総裁は結党直後の『文藝春秋』のインタビューで「ウチは創価学会より集票力がある」と語っており、確かに集票力を過信していたように見える。

　いずれにせよ、独自政党を結成したことで、それまで外部からは明確に見えなかった教団の実力と思想的傾向が露《あら》わになった。[4]その実力とは、信者数一一〇〇万人を謳いながら全国で数十万票程度という、創価学会・公明党に遠く及ばない集票力。そして、思想的傾向とは、幸福の科学は本当に「保守」なのかと疑わざるを得ない彼らの国家観、中でも天皇をめぐる思想だ。

天皇制軽視のナショナリズム

　幸福実現党は結党直後に「新・日本国憲法試案」を発表した。大統領を元首と定める内容で、全一一六条のうち四条を大統領関連の条文が占める。一方、天皇についての記述はこれしかない。

第一四条　天皇制その他の文化的伝統は尊重する。しかし、その権能、及び内容は、行政、立法、司法の三権の独立をそこなわない範囲で、法律でこれを定める。

天皇制否定だとの批判もある大統領制導入を謳う上に、憲法で天皇の明確な位置づけをせず、「その他の文化的伝統」と一括り。「尊重する」との文言はあるものの、明らかに天皇の「格下げ」だ。保守よりもむしろ、「天皇制のない民主共和制をめざす」と宣言している日本共産党の主張に近い。発表直後は、右翼による街宣活動や抗議の訪問などがあった。

しかし教団は試案を撤回するどころか、大川総裁が「明治天皇・昭和天皇の霊言」を降ろして書籍化した。明治天皇の霊は、開口一番「明治です」と自己紹介をする。以降も今上天皇を含め複数の皇族の霊言を発表した。先鋭的な活動で知られる民族派団体の関係者ですら、筆者に対して「バカバカしくて相手にするだけムダ」と吐き捨てたほどだ。

天皇・皇室・神道に関する霊言集（いずれも、幸福の科学出版）

幸福の科学のナショナリズムが目指すものは大川総裁を地球至高神「エル・カンターレ」とする宗教国家日本の繁栄だ。「天皇制その他の文化的伝統」の「尊重」すらも、その前提に立った「上から目線」の理念にすぎない。

こんな幸福の科学に対し、日本の伝統を重んじ、その改憲案に「天皇の元首化」が含まれているはずの保守運動が、一部であるとは言え、手を組んでいる。幸福の科学は、世の右傾化の一端を担っているように見えて、実は保守運動の思想的な空洞化をよく示す存在でもあるのかもしれない。

1――幸福実現党サイト　https://hr-party.jp/policy/national-defense/（二〇一七年一月二四日最終閲覧）。

2――ハーバー・ビジネス・オンライン　https://hbol.jp/27374（二〇一七年一月二四日最終閲覧）。

3――塚田穂高『宗教と政治の転轍点―保守合同と政教一致の宗教社会学―』花伝社、二〇一五年、第八章。

4――とりわけ幸福実現党結成以来の幸福の科学の動向については、『やや日刊カルト新聞』（http://dailycult.blogspot.jp/）において逐次報じているので、参照されたい。

（ふじくら・よしろう　ジャーナリスト）

第21章 「宗教の右傾化」はどこにあるのか
――現代日本「宗教」の類型的把握から

塚田 穂高

「2つの巨大な宗教組織によって安倍内閣は支えられている」――

　TV画面にはそのようなテロップが躍り、そして、確かにそう聞こえてきた。[1] その二つとは、「神道（政治連盟）」と「創価学会」なのだという。前者については、

「安倍内閣が神道政治連盟の趣旨に賛同する理由の一つが数なんですよ。神道（政治連盟）（とテロップに表記：筆者註）の信者数は日本に八〇〇〇万人いる。神社の氏子たちが皆カウントされている。実際には全然そうじゃないと言う人もいるんですけど」（傍点筆者、以下同）

と説明される。何かおかしい、とすぐに思えるだろうか。他方、後者については、

「（神道政治連盟に非加入の石井国交相は）神道を信じていない人ですよね。（略）公明党の支援団体は、創価学会。創価学会は仏教系ですから。（略）公称会員数が八二七万世帯と言われています」

というが、これもどこか奇妙だ。しかし、これが今日この社会で通用している説明なのだ。

　二〇一六年は、国内最大の右派・保守合同運動とされる「日本《にっぽん》会議」関連の書籍刊行や報道が

相次ぎ、「日本会議情報ブーム」が起きた。それ自体は、意義あることだ。だが、その過程で「宗教」に関する誤解が積み重ねられていったこと、それでもその年の末に「安倍内閣を支える巨大組織」としてお茶の間に届けられたのが神道政治連盟と創価学会・公明党だったということは、この社会の「宗教」への向き合い方、リテラシーの貧しさを象徴しているかのように思える。

　安倍政権が長期化し、社会の右傾化が叫ばれ、「日本会議」が社会的に顕在化し、改憲の動きも活発化するなかで、宗教は、その責任を名指しで負わされている。それはどの程度正鵠を射ているのだろうか。右傾化と「宗教」のあいだにはどのような関係があるのか。はたして「宗教右派」が勢力を伸張させているのだろうか。本章では、これらの問いに迫りたい。まずは、日本会議と神社界について「宗教と政治」という観点から概観する。その後、日本「宗教」の社会的形態を類型的に捉え、それぞれの現状把握を通じて、右傾化との関連を考察していく。

1　日本会議――「宗教」との関わりのなかで

　本章冒頭のＴＶ番組も、「神道政治連盟」の代わりに「日本会議」を挙げれば正解だったのだろうか。まずは本書でも随所で言及されている日本会議について、概要を確認しておく。[2]

　日本会議は、一九九七年に、「日本を守る会」（一九七四年設立、宗教団体・修養団体などが参集）と「日本を守る国民会議」（一九八一年設立、政財界や文化人が中心）とが合流してできた「国を愛する新しい国民運動ネットワーク」を称する任意団体だ（法人格なし）。会員数は三万八〇〇〇人超とされ、約二八〇人が所属するという国会議員懇談会や、地方議員連盟などもある。

当初からの「基本運動方針」によれば、皇室崇敬、新憲法の制定、伝統的・愛国的教育、防衛力整備などを謳《うた》っている。

こうした理念に基づいて彼らは、署名活動、デモ・街宣・キャラバン活動、講演会・大会・シンポジウム等の開催、諸団体の設立や連携、文化人やメディアとの協力といった「市民運動」を粘り強く続けてきた。教育基本法改正を始め（→第8章）、彼らが自認するその成果が表1である。

目下の目標は改憲だと言える。二〇一四年一〇月には、日本会議との一体性が強い「美しい日本の憲法をつくる国民の会」を結成し、日本武道館での一万人大会（二〇一五年一一月）の開催や（→第16章）、一〇〇〇万人を目標とした活発な署名活動が展開された。

日本会議自体は「宗教団体」ではない。だが、二つの点で「宗教」との関わりが濃厚にある。[3]

一つは、生長の家教団系の民族派学生運動・政治運動の流れである。同教団は戦後、宗教活動とともに社会活動・政治活動に取り組み、「現行憲法の無効」「帝国憲法への復元」などを掲げた。一九六四年、政治団体・生長の家政治連合が結成され、独自候補を立てて国政に送り込んだ。これは神道政治連盟に先立っている。この間、紀元節復活、日の丸掲揚、元号法制化などの諸運動の原動力となった。だが、さまざまな軋轢などから、八三年に政治活動を停止した。現在、教団としての関わりは基本的にはない。

だが、ポイントは並行して民族派学生運動の流れがあったことだ。一九六六年、生長の家学生

表1　日本会議が「成果をあげた」と自認する諸運動と諸成果

活動内容	成果·結果
元号法制化運動	1979年制定
天皇陛下御即位20年奉祝運動	2009年実施　昭和天皇60年·今上天皇10年時も
国旗国歌法制化運動	1999年制定
教育基本法改正運動	2006年改正
靖國神社20万参拝運動	2005年実現　国立追悼施設に反対
自衛隊イラク派遣激励運動	2004年イラク派遣時　1991年時にも
皇室の伝統を守る国民運動	2006年皇室典範改訂反対·2012年女性宮家設立に反対
伝統に基づく新憲法制定運動	1991年「新憲法の大綱」発表　活動を継続
尖閣諸島を守る国民運動	2012年領海警備強化法案可決
家族の絆を守り夫婦別姓に反対する運動	2010年政府は法案提出断念
外国人参政権法案反対運動	2010年政府は法案提出断念
東日本大震災復興支援活動	「いのちを守る森の防波堤」構想提唱

会全国総連合が結成された。これは、六九年結成の全国学生自治体連絡協議会（全国学協、委員長：鈴木邦男）の中心ともなった。全国学協は、長崎大学の安東巌《あんどういわお》（後に全国学協書記長、生長の家青年会副会長・政治局政治部長）・椛島有三《かばしまゆうぞう》らによる学内運動を契機とし、合同化して全国組織になっていったものだ。七〇年には、右翼団体・日本青年協議会（後に、委員長：衛藤晟一《えとうせいいち》、書記長：椛島、政策部長：伊藤哲夫〔現・日本政策研究センター代表〕）が結成された。

この流れが、教団の政治からの撤退後も、日本会議の底に流れ込んでいる。椛島は、日本を守る国民会議の事務局長を経て、日本会議の事務総長となった。特定教団色を脱色しつつ、広く協働できる場を構築・提供し、地道な活動を展開するという運動スタイルは六〇年代中盤以来のものであり、そうした流れをくむ人々によるアジェンダ設定が継続的になされてきたのである。

もう一つは、数多くの宗教団体が参集・協働していることである。役員名簿を見てみよう。

まずは、神社界関係者が目立つ。顧問三人のうち、北白川道久（神社本庁統理）・鷹司尚武（神宮大宮司）の二人、副会長の一人、理事長がそうだ。

続いて、全三九人の代表委員のうち一七人（四三・六％）が、神社界も含めた宗教団体・修養団体の関係者である。伊勢神宮・神道政治連盟・明治神宮・靖国神社・熱田神宮・佛所護念会教団・念法眞教《ねんぽうしんきょう》・モラロジー研究所・倫理研究所・新生佛教教団・解脱会・大和《たいわ》教団・オイスカインターナショナル（三五教《あなない》）・東京都神社庁・崇教真光《すうきょうまひかり》・黒住教・比叡山延暦寺など、実に多様だ。

だが、一教団の信者数だけでも日本会議の会員数をゆうに超えてしまうことを考えれば、その関わり方にグラデーションがあるのは明白だ。各団体の世界観やナショナリズムも、皇室崇敬、伝統重視、愛郷心、愛国、反共、道徳、家族など、ある程度の凝集性を持ちつつも多項的である。

「運動」「団体」というと、統一方針を持った一枚岩的な組織を想像してしまいがちだが、日本会議はそうではない。コア、四万人ほどの会員、さまざまな団体、数百万の署名と、伸縮率が高い。賛同する人々と団体が広く協働できるように整備・提供された、草の根保守・右派運動の「フォーマット」「プラットフォーム」として捉えるべきではないか、と筆者は論じてきた。

2　神社本庁＝神道政治連盟——最前列に位置する「宗教」

本章冒頭のＴＶ番組でも「神道政治連盟」が名指しされていたように、現代日本の右傾化と宗教、あるいは日本会議と宗教を論じる上でも必ず議論となるのが、神社界、とりわけ神社本庁＝神道政治連盟（以下、神政連）の位置である。まずは、その概要を確認しておきたい。[4]

明治維新により神仏分離がなされた神社神道は、戦前、「宗教」ではなく「国家ノ宗祀《そうし》」（国家儀礼）としての性格を強く有していた。それが敗戦により、「宗教」として再出発したことになる。国内の全てではないが多くの神社は、「宗教法人神社本庁」に所属する。一九四六年設立の神社本庁には七万八八八六法人（神社）が所属し、「教師」は二万一六九八人、「信者」は七九七七万四一一人（二〇一四年末）と文化庁編『宗教年鑑』（平成二七年版）には報告されている。「神道の信者八〇〇〇万人」説は、これに基づいているのだろう。神社には、地域の神社を支える住民である「氏子」と、有名神社等をその神徳等から崇敬する「崇敬者」がいるが、この「信者」数は、初詣客数・神札《しんさつ》頒布数等も含めた氏子や崇敬者の数を集計したものと考えられる。

神社本庁がその設立時点から政治性を濃密に有していたという視点は重要だが（↓第17章）、一九六九年に神政連が結成されたことも一つの画期と言えよう。その国会議員懇談会には現在三〇四名（衆参七一七名中の四二・四％）が所属し、山谷えり子や有村治子ら閣僚級の与党議員を支援し、当選させている。ただし、独力とは言えず、日本会議や諸教団も重複して支援している。

実際に、神社本庁＝神政連が「関わった」諸運動と成果を概観してみよう（表2）。[5]かなりの成果を上げているようにも見える。こうした活動と成果について、アメリカの政治学者ケネス・ルオフは、「米国の最右派団体、キリスト教連盟と同じように、神社本庁は個々の市民と国家と

表2　神社本庁＝神道政治連盟が「関わった」諸運動と諸成果

活動内容	成果・結果
紀元節復活運動（1951年〜）	1966年、「建国記念の日」（2/11）制定
靖國神社国家護持運動（1956年〜）	1969〜74年、法案提出されるも廃案
政教分離訴訟に対する取り組み	被告側の弁護的立場（合憲の主張）
元号法制化運動（1960年代後半〜）	1979年、法制化
国民精神昂揚運動（1967年〜）	継続的に情報・意見発信
神道政治連盟国会議員懇談会（1970年〜）	現在にまで至る（所属304名）
剣璽御動座復古の活動（1971年〜）	1974年、実現
国旗国歌法制定運動	1999年、法制化
昭和の日制定運動（1993年〜）	2005年、「昭和の日」（4/29）制定
皇室の尊厳護持運動（1973年〜）	継続的に活動

の間に位置する市民社会の中に確固たる位置を占めている。そして八〇年代後半から九〇年代にかけてキリスト教連盟が活躍したように、神社本庁もいくつかの綱領に関しては幅広い支持を得られる力を持つことを実証した」と論じ、それを「作戦指令室」とも評している。[6] 国民生活にある程度の影響を与えるものもあろうが、この理解は妥当なものだろうか。また、多くは前掲の日本会議の成果とも重複しており、神社本庁＝神政連のみによる成果とは言えない。

この点は、神社神道の「見えやすさ」とも関連している。神社は全国各地にある「見える」宗教施設である。週刊の『神社新報』紙は、日本会議と共通する政治活動の動向もよく伝える。社頭で日本会議の月刊誌『日本の息吹』が配布されるケースもある。日本会議地方支部の事務機能が、都道府県神社庁内にあることもある。前述の「美しい日本の憲法をつくる国民の会」では、実際には各種の宗教団体等が参画しているにもかかわらず、神社本庁＝神政連のみが役員名簿に名を連ねている。日本会議の要職に神道人が名を連ねているのもそうである。神社神道は、このように運動の「最前列」に位置する／してもよい「宗教」なのである。だが、「最前列」と「中心」とは必ずしもイコールではない。

二〇一六年の年初、一つのニュースが伝わってきた。初詣に行ったところ、神社境内にこの「国民の会」の幟《のぼり》が立っており、改憲の署名集めが行われていた、というのだ。[7] これも「見えやすさ」ゆえという面が強い。もっとも一七年の年初には、同様のニュースはほぼ見られなかった。

神社が政治活動を行うこと自体は原則自由であり、ここでその議論はしない。だが、「神社界の中には未だ、なぜ神職が憲法改正の署名活動までやらなければならないのか、といった疑問を抱く人もゐると聞く。しかし、もしも神職が宮守りだけを務め、国の大本を正す活動に従事しなかったら、この国は一体どうなるのか[8]」といった言明には、神社界が政治活動に深く関わっていることとともに、そのなかの足並みのそろわなさや焦りも反映されているように思う。

3　日本「宗教」の分布構造の四類型

ここまでで、日本会議と神社界の様子を概観してきた。しかし、単に情報のみを積み重ねていってもそれだけでは、本章の問い「「宗教の右傾化」はどこにあるのか」には答えられない。そこで必要なのが、「宗教」を分けて捉える視点だ。宗教の分け方——類型はさまざまあるが、日本社会にどのような形態で「宗教」が存在し、分布し、折り重なっているかを捉える上で、今日でも参照力が高いのが、宗教社会学者・井門富二夫《いかどふじお》による四類型である。[9] 社会における「見えやすさ」と、新旧・公私に関わる「エスタブリッシュ度」の二つを軸とする（図1）。

「見える宗教」のなかでもより見えやすいのが、「組織宗教」である。これは、（原則的には）個人加入・参加を旨とするもので、近代的な組織性を持つ点でも、代表例は新宗教である。一般に「宗教」とりわけ「宗教団体」と言った場合にまず頭に浮かぶことが多いのが、この類型だろう。

図1　宗教の社会的可視度と形態による類型

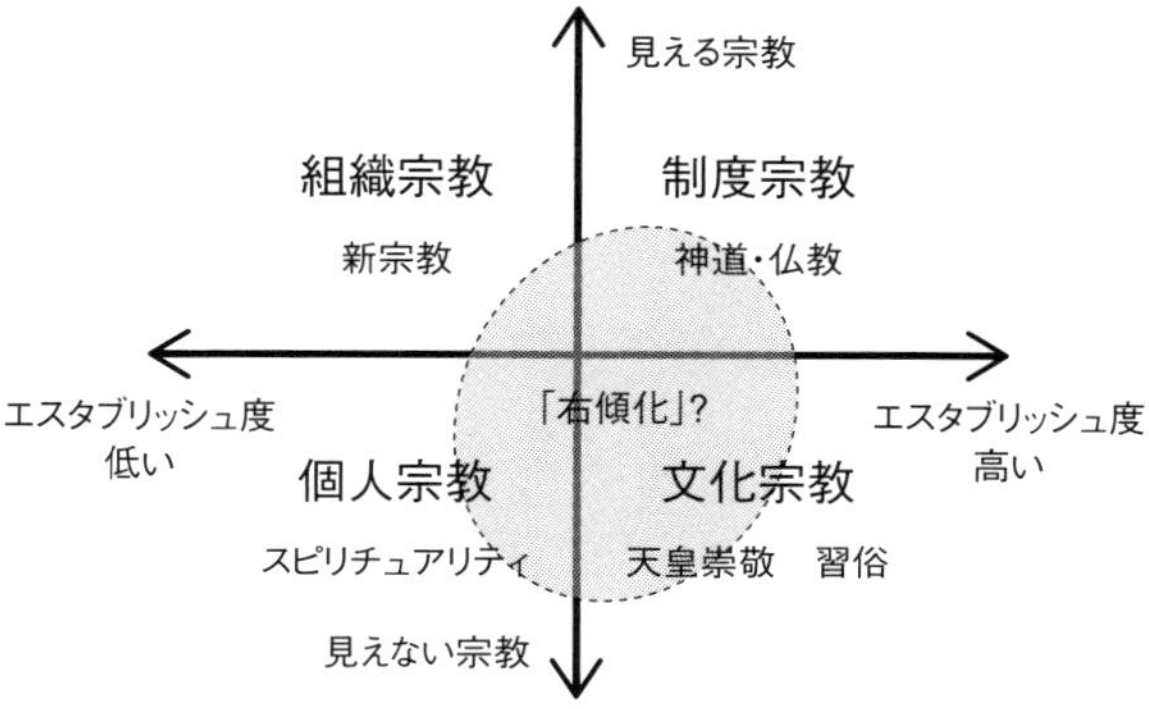

「見える宗教」のなかで、社会的体制や特定の社会集団（たとえば「家」）と結びついて存在し、人々がそこに生まれ落ちてくるようなタイプが、「制度宗教」である。日本社会の場合、神道や仏教がそれにあたるだろう。日本の神社と寺院の多くは、「宗教法人」である。人々は、地域単位で神社の「氏子」となっていたり、それと同時にどこかの宗派―寺院の「檀家」になっていることが多いはずだ。その意味では「見える宗教」だが、同時にそれを「宗教」とは考えていないこともままあることには注意しておきたい。後述する「文化宗教」との連続性である。

他方、「見えない宗教」のなかで、個人の意向に基づいて取捨選択・消費するような、明確な組織を形成しない宗教文化・関わりが、「個人宗教」である。今日で言えば、スピリチュアル・ブームに特徴的な、スピリチュアリティ＝拡散・遍在化する宗教（性）とみてよいだろう。

残る一つが重要だ。「文化宗教」である。文字通り見えにくい。これは社会を文化的に特徴づけ、われわれの行動を奥深くから規定するような宗教性である。国民性、天皇観、皇室崇敬、習俗、先祖祭祀などを含む広がりを持つものであり、「市民宗教」との見方もある。

以上の四類型を念頭に置いてもらいたい。もっとも、現実的には各類型間はグラデーションになっており、類型間をまたいだり、人によって位置づけが異なることもある。要は、「宗教」を一類型のみで捉えてほしくない、ということだ。では、こうした各類型の現状把握のもとに「右傾化」を考えた場合、どのような姿が見えてくるだろうか。

4　組織宗教——新宗教の停滞・減退

まずは、見えやすいものから検討していこう。組織宗教——新宗教の場合である。

「新宗教」と言えば、どれも巨大な教団で、大量の信者が一方向に統制され、多くのカネを集め、大型の施設を次々と建てて勢力を伸ばしている、そんなイメージを持つだろうか。

だが、結論から言えば、それは現状にはそぐわない。[10] 日本の新宗教は、幕末・維新期以降、社会の変化にあわせていくつもの発生・伸張の波を経て、とりわけ戦後の高度経済成長期に隆盛を誇った。ところが、その多くは現在、ほぼ停滞・減退状況にある。

表3は、文化庁が毎年刊行する『宗教年鑑』[11]記載の宗教法人のうちで、代表的と思われる七教団、日本会議と関わりの深い八教団の、一九九四年・二〇〇四年・一四年時点の申告信者数の推移を示したものである。統一的な基準で数えられていないため一概には言えないが、それでも（真如苑のような例外を除いて）軒並み停滞・減少傾向にある。この数値が正確だと言いたいのではない。「信者数の停滞・減少を申告している」ことが重要なのだ。これは、原理的には少しでも多くの人びとを救済し、信者会員とすることで発展を遂げ、人類救済・世界救済を目指すことをその特性とする新宗教にとっては、かなり衝撃的な告白だと言える。

表3　新宗教申告信者数の推移(いずれも年末現在の数 単位:人)

	1994年	2004年	2014年
天理教(1838)	1907,022	1,626,719(↓)	1,169,744(↓)
PL教団(1924)	1,215,266	1,063,889(↓)	903,970(↓)
生長の家(1930)	877,110	802,721(↓)	521,100(↓)
世界救世教(1935)	835,756	835,756	835,756
真如苑(1936)	733,191	836,947	922,160
立正佼成会(1938)	6,485,912	4,585,652(↓)	2,826,297(↓)
妙智會教団(1950)	1,017,504	1,082,135	666,780(↓)
黒住教(1814)	279,955	297,930	297,710
念法眞教(1925)	543,604	504,179(↓)	499,878
解脱会(1929)	224,302	179,292(↓)	99,325(↓)
三五教(1949)	24,063	10,020(↓)	7,932(↓)
佛所護念会教団(1950)	2,190,591	1,543,734(↓)	1,167,960(↓)
大和教団(1957)	50,523	82,505	96,764
国柱会(1880)	20,115	19,216	18,972
霊友会(1928)	3,072,780	1,605,241(↓)	1,340,703(↓)

※教団名の右は立教年。黒住教以下の8教団は日本会議と関わりの深いもの。濃いアミ部分はその役員となっている教団を示す。（↓）は10年前より顕著な減少があったことを示す。

　では、実質的に国内最大規模と言える、創価学会の場合はどうか。毎年刊行されている『SOKA GAKKAI ANNU

AL REPORT』によれば、その公称会員数はここ数年ずっと「八二七万世帯」のままだ。この数字も正確とは言えないが、それでも各回国政選挙の公明党の比例区・全国区での七〇〇〜八〇〇万もの得票数を考慮すれば、それなりに現実味のある数字だ。だが、その創価学会の場合ですら、少なくとも増えているとは発信されなくなっているのである。

背景要因としては、「新宗教」という近代適合的な組織宗教モデルが不適合を起こしつつあることが考えられる。近代化の進展期あるいは高度経済成長期に、地方から都市への移動者を中心対象として、新たな拠《よ》り所となる集団を提供することで教勢を伸ばしてきた日本の新宗教は、経済成長・人口増加等と相性がよい。だが、長引く経済停滞、少子高齢化・人口減少といった現代日本で進行中の社会変動に加え、一九九五年のオウム真理教事件がもたらした「宗教」とりわけ「教団宗教」への忌避感の強まりも相まって、教勢を伸張させるのにはきわめて厳しい時代にある。

このような状況は、日本会議界隈の教団であっても同様だ。どれも、大きく教勢を伸ばしているとは言えない。そもそもこれらの新宗教を創価学会と同じ眼で見ることはできない。創価学会のようにタテ・ヨコの組織が堅固で、一体となって政治・選挙に関わるような教団はきわめて特殊な例外である。日本会議が公認候補とするのは参院選でせいぜい二名程度であり、票にして全国で四〇数万だ。もちろん各選挙区での支援もあろうが、それも創価学会が自民党候補に履かせているゲタにはとても及ばないだろう（→第18章）。創価学会をモデルに見てはならないのである。

右傾化を前面に出しても伸張に結びつかないことは、幸福の科学の例もよく示している。国内信者数一一〇〇万を謳《うた》うが、全くの虚勢と言ってよい（↓第20章）。二〇〇九年の幸福実現党設立以来、にわかに右傾化し、その方面への注力が目立っていることは確かだが、市民へ受け入れられていないことは選挙結果がよく示している。旧・統一教会も勢力としては小さい（↓第19章）。

以上から、まず組織宗教レベルでの「宗教右派の台頭」などはないことが結論づけられる。

5 制度宗教——神道・仏教の消滅の危機？

次に、「見える宗教」のなかのもう一つである、制度宗教——神道・仏教の場合である。

日本には、八万四九五六の神道系、七万七三〇四の仏教系の宗教法人があり、その多くが神社と寺院だ。[12] またしばしば言われることだが、申告信者数の総計は、神道系が九二一六万八六一四、仏教系が八七一二万六一九二であり、これだけでも総人口をゆうに超える。この数値の信憑性はともかく、要は神道にも仏教にも（また新宗教にも）重層的に関わっているということだ。

ごくシンプルにまとめれば、神社神道は、基本的には村落共同体・地域に、伝統仏教は「家」に基盤を置く制度宗教である／あったと言ってよいだろう。前者では、ムラの氏神・鎮守の「氏子」として祭りや年中行事に関わる。後者では、江戸期の宗門人別改以来、家単位で「檀家」として特定宗派の寺院に葬式・法要・墓等を通じて関わる。これが基本的形態であった。

戦後の社会変動——第二の近代化・都市化、高度経済成長は、神社神道と伝統仏教に大きなインパクトを与えた。こうした変化は当然、地域や家のあり方に変化を迫るからだ。それも何とか乗り越えてきたかのように思える神道・仏教の眼前には、現在さらなる「危機」が迫っている。人口減少・少子高齢化・過疎化にともなう「限界宗教法人」問題である。

二〇一三年五月、民間政策組織・日本創世会議は「消滅可能性自治体八九六」を発表した。これは現在の総市町村数の約半数に及ぶ衝撃的なものであり、宗教界にとっても他人事ではなかった。宗教学者・石井研士の調査によると、この消滅可能性自治体にある宗教法人（限界法人）は六万二九七一（全宗教法人の三五・六％）、そのうち神社は三万一一八四（全神社の四一・〇％）だという。[13] 仏教界でもその危機意識は共通であり、宗門ごとに対策や研究調査が進められている。[14]

そうしたなかでの神社界の政治活動なり「右傾化」の実態とはいったいどのようなものなのか。最も重要なのは、「制度宗教」とりわけ神社神道は「組織宗教」とは大きくちがうということだ。極言すれば「信者」がほぼいない、と言ってもよいかもしれない。はたして、神社本庁という「宗教団体」本部が設定した政治的アジェンダが、全国二万人超の「教団教師」たる神職に等しく伝わり、それが神社という「宗教施設」に集う八〇〇〇万もの「信者」に教化され、それが日本会議という合同運動を先導し、あるいは政治家に直結して動かす、ということがあるのだろうか。[15] 組織宗教とは社会的存在形態が異なるのであり、その点で本章冒頭の「2つの巨大組織」「信者八〇〇〇万人」がどれほど荒唐無稽で「全然そうじゃない」ものであるかがわかるだろう。

もちろん、神社本庁＝神道政治連盟がそもそも政治的志向性を濃厚に持っており（↓第17章）、長く政治活動をしてきたという事実自体は揺るがない。だが、「（神政連の）運営実態は全国に一割もない金満神社のサロン」「神社本庁の包括下にある神社で、政治活動に積極的にかかわっている神職は、全体の一％ほどしかいない」といった証言[16]も示すように、神社界全体が一丸となって取り組んでいるものなのかは疑問が残る。また、以上の議論を総合すれば、ルオフが述べたようにアメリカの宗教右派[17]の機能的代替物のように神社本庁を論じるのには無理があるだろう。

神社界の動向をもって、右傾化なり宗教右派の台頭なりを論じる議論には、こうした観点が欠けているように思える。

6　個人宗教――「宗教」でも「組織」でもなく、の向かう先

制度宗教や組織宗教が衰退したとしても、人びとから「宗教」的な意識や探求心がなくなるわけではない。むしろ個人が自由に選択し、自分にとって意味を与えてくれる「宗教」を創り出し、自由に「信仰」できる、煩わしい組織の縛りもなく、あっても緩やかな同好会的ネットワークくらい、それが「個人宗教」たる拡散・遍在する宗教性＝スピリチュアリティの特性である。[18]

他方で、スピリチュアリティはそうした個人レベルに留まらず、その拡散性・遍在性ゆえに狭い意味での「宗教」以外の社会の諸領域に滲出《しんしゅつ》しうる性質も持っている。たとえば、医療におけるターミナルケアやスピリチュアルケア、教育におけるいのちの大切さや死の教育、観光におけるパワースポットブームなどである。震災復興における「絆」の強調や、メディアやサブカルチ

ャー、ビジネスのコンテンツとしての活用などもその例として捉えうる。

では、個人の自由な選択に基づき、組織を形成しないようなこうした動向は、興隆しているとしても社会的影響力はなく、右傾化の動きに関係がないと言えるだろうか。

まずこれらは、「宗教」ではない、というかたちを取ることが多い。だが、道徳・倫理・修養団体や教育団体、あるいはセミナーやコンサルタントなどのなかには、意味なり価値観を提供するという機能面において「宗教」と類似性を持つものも、把捉しきれないほどある。右傾化の議論で「見える宗教」ばかりに注目すると、この側面がすっぽりと抜け落ちてしまいかねない。

自由な選択の向かう先にも注意が必要だ。たとえば「パワースポット」とされるものには自然系と神社系が多く、後者ではその独自性が再提示・強化されて表出される。[19] 伊勢神宮には、二〇一三年の遷宮時に過去最多の一四二〇万四八一六人が参拝した。単なる「観光」ということもできるし、参拝自体が悪いことだと言うのではない。だが、「宗教」とはみなされない一方で、「本当の日本文化・伝統文化」（の優秀性）といった考えには容易につながりうる。さらに、二〇一三年一一月の赤福元社長による「（伊勢・おかげ横丁に）外人は来てほしくない。いたらおかしいでしょ」「伊勢は日本人の心のふるさとで、日本の方々に喜んでもらう街をつくりたい」という発言や、一六年伊勢志摩サミットにおける「日本の精神性に触れていただくには大変よい場所[20]」としての首脳による伊勢神宮（参拝ではなく）「訪問」までを並べてみてはどうだろうか。

すなわち、個人の自由な選択が向かう先のなかに、日本の（宗教）文化に特権性を与えるような領域があるということだ。これは次節で扱う「文化宗教」の領域にも地続きである。そしてそれは「宗教」でもなく「組織」でもないがゆえに、その広がりが捉えられにくいのである。

7 文化宗教――天皇崇敬・文化ナショナリズム・「家族は大切」の浸透力

二〇一六年八月八日、「象徴としてのお務めについての天皇陛下のおことば」――。その一カ月前くらいからの報道開始も含め、いわゆる「生前退位」問題はあっという間に国民の一大関心事となった。被災地で頭を垂れて祈り、被災者に膝を折って話しかけられる天皇・皇后両陛下の姿。日本国憲法を遵守することを明言し、国旗国歌も強制でないことが望ましいと述べ、あるべき「象徴天皇」の姿を模索し続けてこられた陛下。NHK放送文化研究所が五年に一度行う世論調査では、天皇に対して「尊敬の念をもっている」三四・二%、「好感をもっている」三五・三%であり、両者を合わせると過去の調査のなかでももっとも高くなった[21]。

多くの人びとはふつう、天皇・皇室への崇敬なり好感を「宗教」とはみなさないだろう。だが、記紀神話に淵源を持つ万世一系の思想、戦前の位置づけ、戦後も変わらず続く皇室祭祀などを次々と挙げなくとも、日本社会を文化的に規定する「文化宗教」の大きな一角を占めていることは確かだろう。むしろこう論じること自体が、それを再補強しているのかもしれない。

文化宗教を下支えしているのは、それだけではない。前掲の世論調査でも、「日本に生まれてよかった」九七・三%、「日本は一流国だ」五四・四%、「日本の古い寺や民家をみると、非常に親しみを感じる」八七・四％、「日本人は、他の国民に比べて、きわめてすぐれた素質をもっている」六七・五％などの結果が次々と目に入ってくる。

自国・自民族の文化的独自性を表出する思想を「文化ナショナリズム」といい、日本人論・日本文化論として展開してきた。文化的アイデンティティの独自性や優越性を「文化論」の体裁で提供するこれらは、文化宗教の一角をなすと言ってよいだろう。実際、それらは天皇・皇室の独自性を謳う論とも滑らかに接続している。さらに、一九八〇～九〇年代ごろからは、このような日本人論・日本文化論のなかで、日本の「霊性」や宗教的独自性を論じる「霊性知識人」が目立ってきたことも指摘されている。[22]「アニミズム文化論」「原始・縄文神道論」や「「日本人は宗教的に寛容」文化論」などがそうである。これらは文化論の一つにすぎないが、その延長線上に今日の「日本スゴイ」論が接続しているのは明白であり（↓第13章）、時には異文化（周辺諸国文化や一神教文化）を排除したり見下したりしながら展開されている点は否めないだろう。

すなわち、これら文化宗教は「見えない宗教」であるが、強固に根を張っている。そして、日本社会の右傾化を考える上で、はずすことのできないファクターなのではないだろうか。

たとえば、改憲についてである。前述の「生前退位」問題が取りざたされるなか、二〇一六年八月二二日ごろには、「生前退位には改憲が必要」という報道が一時的に流れた。結果的には有識者会議などを経て特例法で対応という方向に落ち着いた感があるが、仮に、陛下が退位を望んでいてそのために必要だという改憲日程が上程された場合、九割が陛下の意向を支持するわれわれ国民はどのような対応をしただろうか。必要なら仕方がないという見方もあろうが、変えやすいところからという「お試し改憲」に道を開くことでもある。また、今回は高齢による退位が焦点化されているが、では仮に時の天皇が別の天皇・皇室関係の条文の変更を望んだ（とされた）場合はどうなるのだろうか。同じく賛同するのか、考えてみることは無駄ではないだろう。

別の場合も考えてみたい。戦後の政教分離訴訟の多くは、神道的習俗や靖国合祀・公式参拝をめぐって、憲法二〇条と八九条を根拠に厳格な政教分離を求める異議申し立てという性格が強かった。そこで、自民党改憲草案の第二〇条では「ただし、社会的儀礼又は習俗的行為の範囲を超えないものについては、この限りでない」とただし書きをつけることで、これらの問題化の回避を狙ったものと言える。ではたとえば、「被災したお寺や神社に現行憲法のせいで補助金を出せないのです」と問われたらどうだろう。改正に賛成の声も多く上がるだろう。これは「制度宗教」である神道・仏教を、「文化宗教」レベルで、つまり「国民であればふつうのこと」と考える姿勢に基づくものだ。そうした結果、宗教的マイノリティの信条は無視され、政府や自治体の神道的習俗関与や公式参拝などが大手を振って行われるようになるかもしれない。

同じようなことは、二四条をめぐっても考えられる（↓第10章）。自民党改憲草案における「家族は、互いに助け合わなければならない」の追加である。「家族は大切」「家族の助け合いは大切」「家族愛」。こうした言説を正面から否定するのは難しく、浸透しやすい。こうしたメッセージは、制度宗教たる仏教が家と先祖祭祀（文化宗教）を中心としてきたこととも親和的だろうし、組織宗教たる新宗教の多くは家庭の大切さを中心的に説いてきたという面もある。

改憲自体を考えてはいけないとか、これらの考えに賛成してはいけない、という意味ではない。仮に一握りの人びとの特殊な思惑が秘められたようなものであったとしても、文化宗教のオブラートに包まれた次元で表出された際にやすやすと乗っかってしまうようなメンタリティを点検する必要があるということだ。同時に、それに同調できない人びとの存在が抑圧されてしまうことも忘れてはならない。


日本の右翼研究の第一人者である堀幸雄は、かつて七〇年代ごろからの右翼の変化を前に、「新しい右翼の主役たちは、決して暴力団ではなかった。むしろ日常われわれの身近にいて、しかも信心深いと思われる人たちなのである。街頭右翼が「制服を着た右翼」なら、こちらはどこにでもいるサラリーマン風の「背広を着た右翼」である。その彼らが大衆の中に入り、大衆運動を組織して、今日の右傾化、反動化の尖兵となっている。彼らが大衆の中に入り得たということは、逆にいえば大衆の中に右翼を受入れる余地のあることを示していよう」[23]と述べた。堀が捉えていたのは、まさに当時の生長の家などの動きであった。

本章では、日本の右傾化と宗教の関係をみてきた。「宗教右派」はいない、わけではないが、組織宗教・制度宗教の「見える宗教」レベルで伸張・台頭はしていない。限られたものである。むしろ、向き合わなければならないのは、自身を「無宗教」と考えることが多いわれわれが

「見えない」まま関わっている、「個人宗教」からの連続性も踏まえた「文化宗教」のレベルではないだろうか。そうした領域の根強さ・根深さを看過しておきながら、特定宗教団体等を名指しして、切り離して警戒心を煽ることだけがどれほど有効なのだろうか。

堀は、続けてこうも言っていた。

「こうして元号法制化は、彼らの手で実現されてしまった。そして今日では、靖国神社の国家護持や憲法改正の運動が彼らを通じて大衆の中に浸透しつつある」――。

1――二〇一六年一二月二〇日放映、TBS「池上彰が選んだ二〇一六年 決定的瞬間！―教えてもらう前と後―」。

2――日本会議の詳細については、菅野完『日本会議の研究』扶桑社新書、二〇一六年、俵義文『日本会議の全貌―知られざる巨大組織の実態―』花伝社、二〇一六年、ほかを参照。

3――拙著『宗教と政治の転轍点―保守合同と政教一致の宗教社会学―』花伝社、二〇一五年、第二・三章、拙稿「日本会議と宗教」渡邊直樹責任編集『宗教と現代がわかる本二〇一六』平凡社、二〇一六年、一四四―一四九頁、を参照。生長の家との関わりは、日隈威徳『宗教と共産主義』新日本新書、一九八五年、前掲菅野、を参照。

4――島薗進『国家神道と日本人』岩波新書、二〇一〇年、前掲拙著、第二章、ほかを参照。

5――神社本庁総合研究所監修・神社新報創刊六十周年記念出版委員会編『戦後の神社・神道―歴史と課題―』神社新報社、二〇一〇年、の記載に基づく。

6――ケネス・ルオフ『国民の天皇―戦後日本の民主主義と天皇制―』（高橋紘監修、木村剛久・福島睦男訳）共同通信社、二〇〇三年（原著二〇〇一年）、二七四―二七五頁、二六七頁。

7――初詣以外でも、地方や神社によっては、神職に依頼されて氏子総代が各家をまわって署名を集めたケースなども報じられた。『毎日新聞』二〇一六年五月四日付。

8――『神社新報』二〇一五年一一月二三日付。

9――井門富二夫『神殺しの時代』日本経済新聞社、一九七四年、一三一―一六一頁、を参照。

10――日本の新宗教運動の現状については、拙稿「日本の〈新宗教運動＝文化〉研究の課題と展望」『國學院大學研究開発推進機構紀要』八、二〇一六年、一―三五頁、ほかを参照。

11――http://www.bunka.go.jp/tokei_hakusho_shuppan/hakusho_nenjihokokusho/shukyo_nenkan/（二〇一七年一月二九日最終閲覧）。『宗教年鑑』には、創価学会や旧・統一教会、幸福の科学などの単立宗教法人（法人格が単一）については慣例的に記載がない。もっともこれは、これらの教団が申告を拒否しているということではない。

12――二〇一四年末時点。文化庁編『宗教年鑑』（平成二七年版）を参照。

13――石井研士「神社神道と限界集落化」『神道宗教』二三七、二〇一五年、一―二四頁。なお、文化庁編『宗教年鑑』によれば、神社本庁の申告信者数は一九九四年時点で九三六九万九三三五人、二〇〇四年時点で九七二九万九二五九人であり、一四年時点で前出の七九七七万四一一人と減少している点も注目されるべきだろう。

14――櫻井義秀・川又俊則編『人口減少社会と寺院―ソーシャル・キャピタルの視座から―』法藏館、二〇一六年。この状況は、日本に一％程度とされるキリスト教界でも共通である。寺田喜朗・塚田穂高・川又俊則・小島伸之編著『近現代日本の宗教変動―実証的宗教社会学の視座から―』ハーベスト社、二〇一六年、第六・七章も参照。

15――この点はもちろん仏教界でも同様である。日本会議の役員には天台宗（申告信者数：一五三万四六六九）も名を連ねているが、これも運動の勢力としては実態がないものだということである。

16――『ＡＥＲＡ』二〇一七年一月一六日号、一八頁。

17――上坂昇『神の国アメリカの論理―宗教右派によるイスラエル支援、中絶・同性結婚の否認―』明石書店、二〇〇八年、ほかを参照。

18――島薗進『スピリチュアリティの興隆―新霊性文化とその周辺―』岩波書店、二〇〇七年、ほかを参照。

19――岡本亮輔『聖地巡礼―世界遺産からアニメの舞台まで―』中公新書、二〇一五年。

20――安倍晋三首相の発言。『朝日新聞』二〇一五年六月六日付。

21――ＮＨＫ放送文化研究所編『現代日本人の意識構造［第八版］』ＮＨＫブックス、二〇一五年。

22――島薗進『ポストモダンの新宗教―現代日本の精神状況の底流―』東京堂出版、二〇〇一年。

23――堀幸雄『増補 戦後の右翼勢力』勁草書房、一九九三年、二三六頁。

（つかだ・ほたか　宗教社会学者）

おわりに

塚田 穂高

全六部・二一章での検討・検証を経たいま、「日本の右傾化」のどのような像が見えてきただろうか。ごく簡単に振り返ってみたい。

さすがにこの一線は越えられないだろうとこれまで思われていたものが、やすやすと越えられていく――。この一〇年、二〇年あまりの日本社会では、そんな光景があちらこちらで立ち現れていった（第Ⅰ部）。新自由主義的な勝者総取り・弱者切捨て、優生学的な選別思想、開き直り的な対米従属や再膨張（→第1章）。ネット社会の到来とともに噴出していった新・旧のレイシズム（→第2章）。並行して路上に溢れ出ていったヘイトスピーチと、足並みを揃えるかのような政治（家）の極右化の動き（→第3章）。それはまた、右傾化を、「天皇崇敬」や「愛国心」といった次元のみでは論じきれないということを示している。

右傾化は、いったいどこで、どの次元で、どういうかたちで起こっているのか――（第Ⅱ部）。その大きな一角を占める排外主義は、政治と市民社会の相補的な関係に基づき、着実に社会に滲出していった（→第4章）。ところが、排外主義に抗してきたのも市民社会であり、それが政治を動かしつつある。その意味で市民社会は右傾化していない。他方、長きにわたりわが国の政権与党の座にある自民党は、綱領・改憲案・政策位置などを見ると確かに右傾化していると言える

（→第5章）。ただそれは、政党間競合・差異化や、政党組織の変化にともなう「根が浅い」右傾化ではないか。有権者、市民は右傾化していない（→第6章）。また、自民党を支持し投票する人びとも、その右傾化政策・方針それ自体を支持しているのではない。そこにははっきりとした齟齬が認められるのである。

では、右傾化は市民には関係がない次元の話なのか。そうではない。たとえば教育に、家族に、さまざまな領域にひたひたと迫っている（第Ⅲ部）。「個人」から「国家」へ。教育基本法「改定」では、巧みにその重心が移されているが、それは自民党改憲草案とも響き合っている（→第8章）。さらには、国旗国歌法。「ふつうの日本人」――マジョリティにとっては何の影響があるのかと思えるようなことでも、それを危惧し、受け容れられない人々は確かに存在し、その人々もまた「国民」なのである（→第7章）。そして法律の改定・制定は、より具体的な抑圧を現場にもたらす。道徳の教科化、検定制度の変更、家庭教育の強調など、「国に都合のいい」教育政策が、子ども、親、教員を取り囲んでいる（→第9章）。

右傾化とそれにともなう改憲潮流において、重要であるがあまり焦点化されてこなかったのが、家族・女性をめぐる問題だ（第Ⅳ部）。改憲論議では九条ばかりに注目しがちだが、二四条こそが狙われ続けている（→第10章）。教育政策と同様、女性・家族、婚姻・出産をめぐる上からの押し付けも、それに呼応するような草の根からの運動に支えられている（→第11章）。また、上からの理想の家族像は、三世代同居・夫婦優遇の税制というかたちでも迫っている（→第12章）。

特定の生き方の優遇や押し付け、それにより公平性や個人の自由という原則は毀損されている。

　言論空間の右傾化も顕著だ（第Ⅴ部）。テレビ番組や出版物での「日本スゴイ」の氾濫（↓第13章）。だが、根拠なき自己賛美の物語には、しばしば他者――隣国への憎悪や歴史修正主義がともなう。自らの思い通りにならないのは、戦後から現在に至るまで日本社会が洗脳されているせいだといった陰謀論的思考がやすやすと入り込む（↓第14章）。「歴史戦」のなかで、先の戦争の反省や女性の人権の問題であるはずの「慰安婦問題」は、いつのまにか朝日新聞、「慰安婦報道」の問題にフレーミングされている（↓第15章）。「敵」探しは続く。そんななかでメディアはどう向き合うべきか（↓第16章）。他者の語りに耳を傾け、自らの立ち位置が問い返される。

　右傾化を考える際に、「宗教」ははずせない（第Ⅵ部）。戦後の設立当初からそもそも「政治」性を濃厚に有していた神社本庁＝神道政治連盟（↓第17章）。独自の理念に基づく政治進出のはずが、権力との対峙と迎合を経て「政権与党」内に棲息し続けることで変質を遂げた創価学会・公明党（↓第18章）。右傾化の尖兵となって悲しいくらいに存在感を誇示しようと励む、統一教会や幸福の科学（↓第19章・第20章）。だが、これら「宗教団体」のみが右傾化の担い手かといえばそうではない。多くの宗教団体は停滞・減退状況にある（↓第21章）。重要なのは、文化宗教のレベルで、換言すれば「ふつうの日本人」レベルでものごとを考えてしまいがちな「われわれ」自身の問題なのではないか――。

　このように、「日本の右傾化」は、各局面で色合いを変えながら、複雑に重なり合って進んでいる。新自由主義と排外主義の顕在化、政治と市民社会との齟齬、個人から国家への重心移行、自由や人権の侵蝕、特定の生き方の押し付け、平等原則の毀損、自己賛美と他者憎悪、強者の側に居直る「宗教」――、このように部分特性を列挙することはできるが、一言では表せない。どれもが個別イシューの範域を越えて絡み合っている。

こうした事態にどう向き合うのか。本書の随所に、その「希望」と「可能性」とは描かれていたはずだ。他者の声に耳を傾けること。差別や憎悪煽動、不公正や不平等、人権と自由の侵害と徹底的に闘うこと。「国を愛する」「皇室を崇敬する」「日本スゴイ」「家族は大切」などと考えてはいけないということではない。そのように考えはしない他者に強いたり、憎悪を向けたりすること、国や「公」がそれらを押し付けることが問題なのである。多様性を認める、それだけだ。

本書は、「徹底検証」「包括的な「右傾化」研究」を謳った。各章議論の徹底性、検証内容の多角性については自信がある。また、現時点での日本社会の右傾化状況を後世から振り返る際の信頼できる「記録」としての任は充分に果たしたように思う。

だが、沖縄、大阪、外交、防衛、労働、企業、大学や、日本青年会議所（JC）などの経済人団体、モラロジー研究所や倫理研究所などの修養団体など、紙幅や執筆者の都合で取り上げきれなかったテーマは数多い。その意味では、「包括的」な「徹底検証」はまだまだ途上にある。巻末のブックガイドや他書・論考も併せて参照してほしいし、編者・執筆者も次なる調査・取材・研究・発信に向かいたい。読者諸賢は、いかがだろうか。

あとがき

「日本会議や改憲潮流、日本の右傾化について一冊書いてください」――「私には、無理です」

このような対話から、本書は始まった。宗教と政治の研究を進めるうちに、日本会議とその周辺にも行きつき、不十分ながら論じてきた。だが、日本会議自体が多方向に活動を展開しているのと同時に、現代日本社会で進行中の「右傾化」と目される事態はひとり日本会議のみに起因する問題なのか、とも感じた。「宗教」の枠だけでは捉えきれない、とても一宗教社会学徒の手に負えるものではない、と正直思った。

自分ひとりで無理ならば、人に聴けばよい。このテーマだったら、信頼できるプロパーであるあの人に論じてもらおう。そうして構想されていったのが本書であり、執筆者は二一名にものぼった。選書としては異例のことだろう。引き受けてくれた各執筆者に、若輩者の編者から、まず御礼を申し上げたい。

飛び込みで執筆を依頼した方もいるが、日本会議や現代日本の諸問題についての研究会や勉強会で知り合った方も多い。名前を挙げるのは控えるが、編者をそこに結びつなげてくれた方には、特に厚く御礼申し上げたい。それがなければ本書は成立しえなかった。また、第7章の翻訳にあたってくれた大学院の後輩で現在の同僚の齋藤公太さんにも、特に記して感謝申し上げたい。

このような無謀なプロジェクトの最初から最後まで真摯に向き合ってくれたのが、筑摩書房の編集者・石島裕之さんである。その抜群の手腕がなければ途中で頓挫していた。あらためて深く感謝申し上げる。

そして最後に、編集作業中、幾度も限界を迎えそうになった編者を、義務ではなく助け合ってくれた家族に感謝の意を示して、この前例がない選書の稿を閉じたい。

塚田 穂高

「日本の右傾化」関連年表

西暦	月日	主な事項
1989	1·7	昭和天皇崩御、平成に
	6·3	宇野宗佑内閣成立
	7·23	第15回参院選（自民党過半数割れ）
	8·10	海部俊樹内閣成立
	11·9	ベルリンの壁崩壊、冷戦終結へ
1990	2·18	第39回衆院総選挙（社会党躍進）
	10·1	東証株価、2万円割れ。バブル経済崩壊へ
	11·12	天皇陛下、即位の礼
1991	1·17	湾岸戦争始まる
	4·24	ペルシャ湾への自衛隊初の海外派遣決定
	8·11	元慰安婦の金学順、実名証言。朝日新聞が報道
	11·5	宮澤喜一内閣成立
	12·26	ソ連の解体
1992	1·10	日本軍の慰安婦関与資料、発見。政府、関与を認め謝罪へ
	7·26	第16回参院選（自民党復調）
1993	6·9	皇太子殿下・雅子さま結婚の儀
	7·18	第40回衆院総選挙（新党躍進、55年体制崩壊）
	8·4	「河野談話」。従軍慰安婦への強制性を認め謝罪
	8·9	細川護熙内閣成立　自民党は野党、公明党は与党に。安倍晋三、初当選
	8·10	細川首相、「侵略戦争」発言
	8·23	自民党「歴史・検討委員会」発足
1994	1·29	衆議院小選挙区比例代表並立制導入の法案成立
	4·28	羽田孜内閣成立
	6·23	「信教と精神性の尊厳と自由を確立する各界懇話会」（四月会）設立総会
	6·30	村山富市内閣成立　自民・社会・さきがけの連立政権
	12·10	新進党結成。公明党合流
1995	1·17	阪神・淡路大震災
	3·20	オウム真理教による地下鉄サリン事件
	5·17	日経連、「新時代の『日本的経営』」を発表
	6·9	衆議院本会議、戦後50年国会決議
	7·19	慰安婦補償を目的とする「女性のためのアジア平和国民基金」（アジア女性基金）発足
	7·23	第17回参院選（与党過半数確保）
	8·15	戦後50年の「村山談話」。「植民地支配と侵略」にお詫び
	12·15	日本、「人種差別撤廃条約」（65年採択）に加入。第4条（a）（b）は留保
1996	1·4	慰安婦問題でクマラスワミ報告書提出

西暦	月日	主な事項
	1·11	橋本龍太郎内閣成立
	1·15	自由主義史観研究会（代表・藤岡信勝）の連載「教科書が教えない歴史」が産経新聞で開始
	2·26	法務省法制審議会、選択的夫婦別姓制導入を含む民法改正案要綱を答申
	5·11	教科書検定、97 年度使用の全中学校歴史教科書に「慰安婦」記述
	7·29	橋本首相、靖国参拝
	10·20	第 41 回衆院総選挙（自民党復調）
1997	1·30	「新しい歴史教科書をつくる会」（つくる会）結成
	2·27	「日本の前途と歴史教育を考える若手議員の会」発足（代表・中川昭一、事務局長・安倍晋三、幹事長・衛藤晟一）
	4·2	愛媛玉串料訴訟、最高裁で違憲判断
	5·23	憲法調査委員会設置推進議員連盟、発足
	5·29	日本会議国会議員懇談会、設立総会
	5·30	日本会議、設立大会
1998	7·10	『新・ゴーマニズム宣言SPECIAL 戦争論』（小林よしのり）刊行
	7·12	第 18 回参院選（自民党惨敗、民主党・共産党躍進）
	7·30	小渕恵三内閣成立
	11·7	公明党、再結党
1999	4·11	都知事選で石原慎太郎が当選（在任～ 2012・10・31）
	6·23	男女共同参画社会基本法公布
	7·29	衆参両院に憲法調査会設置の改正国会法成立
	8·9	国旗・国歌法成立
	10·5	自自公連立政権発足
	12·14	政治資金規正法、改正。政治家個人への企業・団体献金が禁止に
2000	3·24	小渕首相の私的諮問機関「教育改革国民会議」発足
	4·5	森喜朗内閣成立
	4·9	石原都知事、「三国人」発言
	5·15	森首相、「日本は天皇を中心とする神の国」発言
	6·25	第 42 回衆院総選挙（民主党躍進）
	9·18	新しい教育基本法を求める会、森首相に 6 項目の要望書を提出
	11·7	米大統領選、共和党のジョージ・W・ブッシュが勝利に
	11	自民党「加藤の乱」
2001	1·30	NHK、「女性国際戦犯法廷」に関する番組放送。放送前の 27 日、西村修平ら右翼活動家が街宣抗議
	2·11	日本会議、「新憲法の大綱」改訂版を作成
	4·3	「つくる会」の中学歴史・公民教科書が検定合格
	4·26	小泉純一郎内閣成立
	6·20	Yahoo! JAPAN の ADSL サービス参入で、競争が強まる。「ブロードバンド」元年

西暦	月日	主な事項
	7·29	第 19 回参院選（小泉人気で自民党大勝）
	8·13	小泉首相、靖国参拝。06・8・15 の参拝まで毎年、計 6 回参拝
	9·11	アメリカで同時多発テロ
	9·30	「日本女性の会」結成
	10·29	テロ対策特別措置法など成立。自衛隊の米軍後方支援が可能に
	11·3	「21 世紀の日本と憲法」有識者懇談会（民間憲法臨調）設立
	12·1	敬宮愛子内親王、誕生
2002	5-6	サッカー日韓ワールドカップ開催
	8·5	住基ネット開始
	9·17	小泉首相訪朝。北朝鮮が拉致関与を認める
2003	1·26	「『日本の教育改革』有識者懇談会」（民間教育臨調）が発足
	3·20	イラク戦争開始
	6·6	有事法制関連三法成立
	7·26	イラク復興支援特別措置法成立
	10·23	都教委、「卒業式での国旗掲揚及び国歌斉唱に関する職務命令」通達
	11·9	第 43 回衆院総選挙（民主大幅増）
		翌年にかけて、「韓流ブーム」起こる
2004	1·9	陸上自衛隊にイラク派遣命令
	4·6	「日本文化チャンネル桜」設立
	6·14	有事法制関連七法成立
	6·15	自民党プロジェクトチーム、改憲に向けた「論点整理」発表
	7·11	第 20 回参院選（民主党躍進）
	7·21	アーミテージ米国務副長官、「九条は日米同盟の妨げ」と発言
	10·28	天皇陛下、国旗国歌は「強制でないことが望ましい」と発言
2005	1·12	NHK「女性国際戦犯法廷」番組への安倍晋三・中川昭一の介入報道
	1·18	日本経団連、報告書『わが国の基本問題を考える』で改憲要求
	4·5	自民党、「過激な性教育·ジェンダフリー教育実態調査プロジェクトチーム」立ち上げ（座長・安倍晋三、事務局長・山谷えり子）
	4·9	中国で反日デモ拡大
	5·13	昭和の日制定
	7·26	『マンガ 嫌韓流』（山野車輪）刊行
	9·11	第 44 回衆院総選挙（郵政選挙、自民党大勝）
	9·29	日本青年会議所（JC）、「日本国憲法 JC 草案」を発表
	10·28	自民党、「新憲法草案」を作成
	11·9	超党派議連「国立追悼施設を考える会」発足
	11·24	小泉首相の私的諮問機関、女性・女系天皇容認の報告書
2006	7·20	昭和天皇「富田メモ」発見
	9·6	悠仁親王、誕生。皇室典範改正見送りへ
	9·26	安倍晋三内閣成立

西暦	月日	主な事項
	10·22	「日本教育再生機構」、「つくる会」から分立
	12·2	「在日特権を許さない市民の会」（在特会）結成
	12·15	改正教育基本法成立
	12·21	「親学推進協会」設立
2007	1·9	防衛省発足
	2	日本青年会議所、DVD「誇り」上映を各地の中学校で計画
	5·14	「日本国憲法の改正手続きに関する法律」（国民投票法）成立
	7·29	第21回参院選（民主党圧勝、参院第一党に）
	7·30	米下院、慰安婦問題で日本政府へ公式謝罪要求決議
	9·26	福田康夫内閣成立
	10·6	日本会議地方議員連盟、発足
	12·4	「真・保守政策研究会」（現・創生「日本」）発足
2008	1·27	大阪府知事選で橋下徹が当選
	4·23	ツイッター日本語版、利用可能に
	9·15	リーマン・ショック
	9·24	麻生太郎内閣発足
	10·31	防衛省、田母神俊雄航空幕僚長を更迭
	11·5	米大統領選、民主党のバラク・オバマが勝利
2009	4·5	北朝鮮がミサイル発射。日本上空を通過
	4·30	幸福の科学、幸福実現党を結成
	8·30	第45回衆院総選挙（民主党大勝、政権交代で自・公は野党に）
	9·16	鳩山由紀夫内閣発足
	12·4	在特会などによる京都朝鮮第一初級学校襲撃事件
2010	4·14	在特会による徳島県教組乱入・業務妨害事件
	4·19	大阪維新の会、結成
	6·8	菅直人内閣発足
	6·18	「クール・ジャパン」の海外展開、「新成長戦略」の中に位置づけられる
	7·11	第22回参院選（民主党敗北、与党過半数割れ）
	9·7	尖閣諸島付近で中国漁船が海上保安庁巡視船に衝突
		この年、中国のGDPが日本を抜き世界第2位に
2011	3·11	東日本大震災
	6·3	大阪府議会、「国旗国歌条例」を可決
	9·2	野田佳彦内閣発足
	11·27	大阪維新の会の橋下徹・松井一郎が大阪市長と府知事に当選
2012	4·10	親学推進議員連盟（会長・安倍晋三、顧問・鳩山由紀夫）発足
	4·27	自民党、「日本国憲法改正草案」を作成
	8·10	韓国の李明博大統領、竹島上陸
	9·11	尖閣諸島三島の国有化
	9·28	日本維新の会、結成

西暦	月日	主な事項
	12・16	第46回衆院総選挙（自民党大勝、政権交代）
	12・26	安倍晋三内閣（第2次）発足　自・公、与党に返り咲く
		この頃から、「日本スゴイ」系TV番組が各局で開始
2013	5・13	橋下大阪市長、「慰安婦制度は必要」発言
	7・21	第23回参院選（自民党大勝、参議院のねじれ解消）
	9・4	最高裁、非嫡出子相続分差別規定に違憲判断
	9・7	2020年五輪の東京開催が決定
	10・2	伊勢神宮の第62回式年遷宮
	11・15	下村文科相、「教科書改革実行プラン」を発表
	11・27	国家安全保障会議設置法が成立
	12・6	特定秘密保護法成立
	12・19	自民党内で「家族の絆特命委員会」が発足
	12・26	安倍首相、靖国参拝
		この年、ヘイトスピーチが社会問題化
2014	1・17	文科省、教科書検定の基準改定。政府見解明記を求める
	1	仏・国際漫画祭で、「論破プロジェクト」の慰安婦強制連行否定マンガの出展拒否
	2・6	米の慰安婦像に反対する「歴史の真実を求める世界連合会」（GAHT）設立
	2・14	文科省、『私たちの道徳』を公表。全小中に配布
	6・2	「教育再生首長会議」結成
	7・1	集団的自衛権行使容認の憲法解釈変更の閣議決定
	8・5	朝日新聞、慰安婦報道の検証・一部取消記事
	10・1	「美しい日本の憲法をつくる国民の会」設立
	10・21	中教審、道徳の教科化の答申
	12・14	第47回衆院総選挙（自民党大勝）
2015	2・18	「朝日・グレンデール訴訟」提訴、前後して同種の集団訴訟
	3・11	『日本人を狂わせた洗脳工作』（関野通夫）刊行、「WGIP」文書を公開
	3・20	「少子化社会対策大綱」の閣議決定
	3・31	東京都渋谷区でパートナーシップ条例が成立
	4・5	日本青年会議所（JC）、「ニッポンサイコープロジェクト」開始
	6・25	自民党「文化芸術懇話会」で百田尚樹「沖縄の新聞をつぶすべき」発言
	8・14	戦後70年の「安倍談話」
	9・14	自民党「家族の絆を守る特命委員会」、夫婦控除を提言
	9・19	安全保障関連法成立。国会前での抗議活動の盛り上がり
	10・13	安倍首相の私的懇談会「「日本の美」総合プロジェクト懇談会」設置・開催
	10・31	文科省、16年度教科書シェア公表、育鵬社は歴史6.3%、公民5.7%に
	11・10	「今こそ憲法改正を！一万人大会」（日本武道館）

西暦	月日	主な事項
	12·16	最高裁、夫婦同姓規定に合憲判断
2016	1·18	「国際勝共連合大学生遊説隊 UNITE」活動開始
	2·8	高市総務相、政治的公平性を欠く放送電波の停止可能性に言及
	2·15	GAHT 副代表・幸福実現党党首ら、国連女性差別撤廃委の関連会合で慰安婦問題否定のスピーチ
	3·29	三世代同居を優遇する税制改正が、国会で可決・成立 文科省、各県に朝鮮学校への補助金の再考を促す通知
	5·1	『日本会議の研究』（菅野完）刊行。以降、日本会議本ブームに
	5·24	ヘイトスピーチ対策法、国会で成立
	5·26	伊勢志摩サミット開催。首脳が伊勢神宮を「訪問」
	6·2	「ニッポン一億総活躍プラン」閣議決定。「希望出生率 1.8」が打ち出される
	6·25	自民党、教育現場での「政治的中立を逸脱するような不適切な事例」をサイトで募集
	7·10	第 24 回参院選（野党共闘、自民党大勝、改憲勢力 3 分の 2 超に）
	7·11	沖縄県東村高江周辺のヘリパッド工事再開
	7·31	都知事選で小池百合子が当選
	8·8	天皇陛下、「生前退位」についての「お気持ち」表明
	10·18	沖縄・高江で、大阪府警機動隊員が抗議者に「土人」発言
	11·8	アメリカ大統領選で、共和党ドナルド・トランプが勝利
2017	2·8	稲田防衛相、自衛隊派遣先の南スーダンについて、「殺傷行為はあったが、憲法９条上の問題になるから、武力衝突という言葉を使っている」と発言
	2·14	自民党部会、「家庭教育支援法案」了承。国会提出へ

参考文献
中村政則・森武麿編『年表 昭和・平成史 1926－2011』（岩波ブックレット、2012 年）
平凡社編『新訂版 昭和・平成史年表』（平凡社、2009 年）

「日本の右傾化」を考えるためのブックガイド　（刊行年順）

堀幸雄『戦後の右翼勢力』（勁草書房、1983年〔増補版1993年〕）　第一人者が戦後の右翼運動史を概観。特に、低成長時代における生長の家などの宗教右翼の台頭を、「制服を着た右翼」から「背広を着た右翼」への主役移行と捉えたのは慧眼だ。『最新 右翼辞典』（柏書房、2006年）も参照。

日隈威徳『宗教と共産主義』（新日本新書、1985年）　日本共産党宗教委員会責任者が観ていた当時の「反動化」の動き。日本会議の源流たる生長の家界隈の長年にわたる動きも、靖国神社問題も、ここにはしっかりと書かれていたのだ。

俵義文『ドキュメント「慰安婦」問題と教科書攻撃』（高文研、1997年）　俵は、ずっと教科書問題、慰安婦問題、日本会議界隈を追い、基礎データを示し、警鐘を鳴らし続けていた。なぜ十分に顧みられなかったのかこそが問われるべきかもしれない。

ケネス・ルオフ『国民の天皇―戦後日本の民主主義と天皇制―』（高橋紘監修、木村剛久・福島睦男訳、共同通信社、2003年（原著2001年））　戦後日本の象徴天皇制・大衆天皇制の成立と浸透過程を丹念に追った労作。右傾化という点では、「第5章 天皇制文化の復活と民族派の運動」の「草の根」運動の描写が実に示唆深い。

小熊英二・上野陽子『〈癒し〉のナショナリズム―草の根保守運動の実証研究―』（慶應義塾大学出版会、2003年）「新しい歴史教科書をつくる会」へのフィールドワークを通じて、右派・保守運動のメンタリティや「サヨク」認識、宗教団体との関わりなどについて、その特質をよく捉え、示している。

大内裕和『教育基本法改正論批判―新自由主義・国家主義を越えて―』（白澤社、2003年）2006年、憲法より先に「改正」された教育基本法。誰が、どのように、何を目指して動いたのか。10年経ったいま振り返るための基本的な情報と論点は、ここにある。

『明日への選択』編集部編『「日本再生」の旗を掲げて―この20年・われらは何を主張してきたか―』（日本政策研究センター、2004年）　安倍首相のブレーンで、生長の家青年会幹部だった伊藤哲夫が代表を務める政策シンクタンクの当事者の主張。どの主張がどの程度、現実政治とリンクしているか検証してみよう。

魚住昭『証言 村上正邦―我、国に裏切られようとも―』（講談社、2007年）「参院のドン」と呼ばれた村上正邦への重要なインタビュー。政界の画期的出来事の裏側のみならず、日本会議の源流である生長の家政治運動の様子が当事者の口から語られる。

神社本庁総合研究所監修・神社新報創刊六十周年記念出版委員会編『戦後の神社・神道―歴史と課題―』（神社新報社、2010年）　右傾化の代表として語られることも多い神社界が、戦後何を積み重ねてきたのか。当事者の認識に耳を傾けてみよう。「第一章 戦後 出発点」の後、「神社と政治」「天皇・皇室」「神宮」、と続いていく。

上丸洋一『『諸君！』『正論』の研究—保守言論はどう変容してきたか—』（岩波書店、2011年） 代表的保守言論誌の誌面の変遷を、長いスパンで核武装、靖国、天皇、ソ連と北朝鮮、朝日新聞批判などのトピックごとにまとめており、参照力が非常に高い。さて、現時点での後継の言論アリーナの質と内容はどうなっているだろうか。

蒲島郁夫・竹中佳彦『現代政治学叢書８イデオロギー』（東京大学出版会、2012年） 理論・実証両面から迫る戦後日本のイデオロギー研究の決定版。政治家と有権者の考え方のズレや保革イデオロギーと投票行動の関連についても詳述。右傾化を読み解く前段としての政治学的素養を身につけるために。

山口智美・斉藤正美・荻上チキ『社会運動の戸惑い—フェミニズムの「失われた時代」と草の根保守運動—』（勁草書房、2012年） フェミニズムと保守系のアンチ運動との間で何が問題となって争われているのか。日本会議も含め、地方から、草の根からその「バックラッシュ」の実態に迫った数少ない良質のエスノグラフィー。

安田浩一『ネットと愛国—在特会の「闇」を追いかけて—』（講談社、2012年） 在特会と排外主義の現場を取材し、わたり合ってきた著者が捉えたメンバーのリアルな姿とはどのようなものであったか。同著者による『沖縄の新聞は本当に「偏向」しているのか』（朝日新聞出版、2016年）も併せて薦める。

中北浩爾『自民党政治の変容』（NHKブックス、2014年） 結党以来の自民党の歴史を、党改革と利益誘導政治からの脱却の模索の過程として描き切った一冊。その中に、リベラル派の凋落、新自由主義の台頭、右傾化の進展が位置づけられる。

樋口直人『日本型排外主義—在特会・外国人参政権・東アジア地政学—』（名古屋大学出版会、2014年） 在特会、排外主義、インターネット、右派論壇、外国人参政権……。これらが複雑に絡まり合う現代日本の社会問題に、移民研究のスペシャリストが真正面から放った社会学的分析。

斎藤貴男『戦争のできる国へ—安倍政権の正体—』（朝日新書、2014年） 『カルト資本主義』（文春文庫、2000年）、『機会不平等』（岩波現代文庫、2016年）、『ルポ 改憲潮流』（岩波新書、2006年）、『「心」と「国策」の内幕』（ちくま文庫、2011年）……。一冊にしぼることなどとてもできない。斎藤が確かに書いてきたことを、いま読み返しておきたい。

小熊英二編著『平成史【増補新版】』（河出ブックス、2014年） 四半世紀を経た「平成」を社会構造と社会意識の変遷史として大胆に描く。政治、経済、地方と中央、社会保障、教育、情報化、外国人、国際環境とナショナリズム、の各局面から。

高史明『レイシズムを解剖する—在日コリアンへの偏見とインターネット—』（勁草書房、2015年） 注目の社会心理学者が、膨大なSNS上の嫌韓ツイートに向かい合い、その構造を統計を駆使して炙り出す。「たかがネット」では済まない影響力をつかみ、それを乗り越えるための方途を探る。

能川元一・早川タダノリ『憎悪の広告─右派系オピニオン誌「愛国」「嫌中・嫌韓」の系譜─』（合同出版、2015年）　保守・右派論壇誌は読まなくとも、その新聞広告や中吊り広告は誰もが目にし続ける。「愛国」「嫌中・嫌韓」「反サヨク」「歴史修正主義」の氾濫に、落ち着いて距離を取るための練習帳。

神奈川新聞「時代の正体」取材班編『時代の正体─権力はかくも暴走する─』（現代思潮新社、2015年）「時代のいまを見据えたい」「偏っていますが、何か？」──。神奈川新聞が独自目線で切り込む、安保法制、ヘイトスピーチ、米軍基地、そして日本会議の現場。続編に、『時代の正体 vol.2 ─語ることをあきらめない─』『ヘイトデモをとめた街─川崎・桜本の人びと─』（どちらも現代思潮新社、2016年）。

菅野完『日本会議の研究』（扶桑社新書、2016年）　2016年の「日本会議本」ブームの先駆となった書。かつての生長の家学生運動に日本の右傾化の「淵源」を探る。刊行前後の反響からもその抉ったものは比類なく深いことがわかる。同じく菅野による『日本会議をめぐる四つの対話』（K&Kプレス、2016年）も補論として意義が大きい。

中島岳志・島薗進『愛国と信仰の構造─全体主義はよみがえるのか─』（集英社新書、2016年）　日本の近現代150年間の「国家と宗教」を豊富なトピックで縦横無尽に語る。そして議論は「いま」に行き着く。島薗の『国家神道と日本人』（岩波新書、2010年）、『近代天皇論─「神聖」か、「象徴」か─』（片山杜秀との共著、集英社新書、2017年）も併せれば、大きな見通しが得られる。

池田謙一編著『日本人の考え方 世界の人の考え方─世界価値観調査から見えるもの─』（勁草書房、2016年）　日本人・日本社会の考え方の位置と、その「右傾化」状況を国際比較から捉えられる。ジェンダー、家族、宗教、信頼と寛容性、政治、国民としての誇り、戦争、など。

中野晃一編『徹底検証 安倍政治』（岩波書店、2016年）　安倍政権「が」3年半でいかに日本の政治、社会、経済を深く傷つけてしまったか──。憲法・教育・アベノミクス・外交・歴史認識・メディア介入・原発・労働政策など、幅広く検証する試み。

早川タダノリ『「日本スゴイ」のディストピア─戦時下自画自賛の系譜─』（青弓社、2016年）　今から70～80年前の「日本スゴイ」言説の大博覧会。容赦ないツッコミの連続に禁じ得ない笑いが、いつしか乾いていく。今の言説が、後世同じように笑われないために学んでおこう。

山口智美・能川元一・テッサ モーリス－スズキ・小山エミ『海を渡る「慰安婦」問題─右派の「歴史戦」を問う─』（岩波書店、2016年）　この時代、「慰安婦問題」もまたグローバル化している。右派運動、右派メディア、そして政府が、海外に向けていったい何をしているのか。彼らが進める「歴史戦」なるものの最前線。

田崎基　1978年生まれ。神奈川新聞報道部デスク。社会、経済、政治問題を中心に取材。著書に『時代の正体』（共著、現代思潮新社）、『時代の正体 vol.2』（共著、現代思潮新社）等。

中北浩爾　1968年生まれ。一橋大学大学院社会学研究科教授。政治学、特に日本政治外交史・現代日本政治論を専攻。著書に『一九五五年体制の成立』（東京大学出版会）、『日本労働政治の国際関係史』（岩波書店）、『現代日本の政党デモクラシー』（岩波新書）、『自民党政治の変容』（NHKブックス）等。

能川元一　1965年生まれ。大学非常勤講師。哲学を専攻。著書に『憎悪の広告』（共著、合同出版）、『海を渡る「慰安婦」問題』（共著、岩波書店）等。

早川タダノリ　1974年生まれ。編集者。著書に『神国日本のトンデモ決戦生活』（ちくま文庫）、『「愛国」の技法』（青弓社）、『憎悪の広告』（共著、合同出版）、『「日本スゴイ」のディストピア』（青弓社）等。

樋口直人　1969年生まれ。早稲田大学人間科学学術院教授。社会学を専攻。著書に *Japan's Ultra-Right* (Trans Pacific Press)、『재특회 와 일본의 극우』（J&C）、『日本型排外主義』（名古屋大学出版会）等。

藤倉善郎　1974年生まれ。ジャーナリスト。ニュースサイト『やや日刊カルト新聞』創始者兼総裁。カルト宗教問題、原発事故、チベット問題などを取材。著書に『「カルト宗教」取材したらこうだった』（宝島社新書）。

藤田庄市　1947年生まれ。ジャーナリスト。（公財）国際宗教研究所・宗教情報リサーチセンター研究員（1998年度～2018年度）。宗教取材に専念。著書に『修行と信仰』（岩波書店）、『宗教事件の内側』（岩波書店）等。

堀内京子　朝日新聞記者。1997年に入社し、特別報道部などで原発、国家と家庭教育、ＰＴＡ問題などを取材。現在は東京本社経済部で労働問題を担当。

マーク・R・マリンズ　1954年生まれ。ニュージーランドオークランド大学教授・日本研究センター主任。宗教社会学を専攻。著書に『メイド・イン・ジャパンのキリスト教』（トランスビュー）、*Disasters and social crisis in contemporary Japan*（共編、Palgrave Macmillan）等。

【執筆者紹介】（50音順、編者は奥付を参照）

大内裕和　1967年生まれ。武蔵大学人文学部教授。教育社会学を専攻。著書に『奨学金が日本を滅ぼす』（朝日新書）、『ブラックバイトに騙されるな！』（集英社クリエイティブ）等。

北野隆一　1967年生まれ。朝日新聞編集局編集委員。単著に『プレイバック「東大紛争」』（講談社）、共著に『プロメテウスの罠8』（学研）等。

清末愛砂　1972年生まれ。室蘭工業大学大学院教授。家族法・憲法学を専攻。著書に『北海道で生きるということ』（共編著、法律文化社）、『安保法制を語る！自衛隊員・NGOからの発言』（共編著、現代人文社）等。

斎藤貴男　1958年生まれ。ジャーナリスト。格差社会、監視社会、憲法、その他社会全般を取材。著書に『カルト資本主義』（文藝春秋）、『機会不平等』（岩波現代文庫）、『「東京電力」研究　排除の系譜』（角川文庫）等。

斉藤正美　1951年生まれ。富山大学非常勤講師。社会学・フェミニズムを専攻。著書に『社会運動の戸惑い』（共著、勁草書房）等。

佐藤圭　1968年生まれ。91年、中日新聞社入社。三重総局、東京本社（東京新聞）政治部などを経て、現在、東京本社社会部。

島薗進　1948年生まれ。大正大学客員教授、東京大学名誉教授。宗教学・日本宗教史を専攻。著書に『国家神道と日本人』（岩波新書）、『神聖天皇のゆくえ』（筑摩書房）、『教養としての神道』（東洋経済新報社）等。

杉原里美　1969年生まれ。朝日新聞東京本社社会部記者。92年、朝日新聞社に入社し、主に社会保障や法のジェンダー、少子化、家計など家族問題を取材。2013年から、社会部・教育班で安倍政権の「教育再生」を取材した。

鈴木エイト　1968年生まれ。ジャーナリスト。ニュースサイト『やや日刊カルト新聞』主筆。調査報道、主にカルト団体と政治家の関係などを取材。

高史明　1980年生まれ。東洋大学社会学部社会心理学科准教授。博士（心理学）。社会心理学が専門。著書に『レイシズムを解剖する』（勁草書房）等。

竹中佳彦　1964年生まれ。筑波大学人文社会系教授。政治学・日本政治論を専攻。著書に『日本政治史の中の知識人』（木鐸社）、『イデオロギー』（共著、東京大学出版会）等。

塚田穂高（つかだ・ほたか）

一九八〇年、長野市生まれ。上越教育大学大学院学校教育研究科准教授。東京大学大学院人文社会系研究科基礎文化研究専攻宗教学宗教史学専門分野博士課程を修了。博士（文学）。宗教社会学・日本文化論を専攻。新宗教運動・政教問題・カルト問題・宗教教育などの研究に取り組む。著書に『宗教と政治の転轍点—保守合同と政教一致の宗教社会学—』（花伝社、二〇一五年、二〇一五年度日本宗教学会賞受賞）、『近現代日本の宗教変動—実証的宗教社会学の視座から—』（共編著、ハーベスト社、二〇一六年）、『宗教と社会のフロンティア—宗教社会学からみる現代日本—』（共編著、勁草書房、二〇一二年）等。

筑摩選書 0142

徹底検証《てっていけんしょう》　日《に》本《ほん》の右《う》傾化《けいか》

二〇一七年三月一五日　初版第一刷発行
二〇二二年八月　五　日　初版第七刷発行

編著者　塚田《つかだ》穂《ほ》高《たか》

発行者　喜入冬子

発行所　株式会社筑摩書房
東京都台東区蔵前二-五-三　郵便番号　一一一-八七五五
電話番号　〇三-五六八七-二六〇一（代表）

装幀者　神田昇和

印刷 製本　中央精版印刷株式会社

 ISBN978-4-480-01649-2 C0336

筑摩選書 0071

一神教の起源

旧約聖書の「神」はどこから来たのか

山我哲雄

ヤハウェのみを神とし、他の神を否定する唯一神観。この観念が、古代イスラエルにおいていかにして生じたのかを、信仰上の「革命」として鮮やかに描き出す。

筑摩選書 0072

愛国・革命・民主

日本史から世界を考える

三谷 博

近代世界に類を見ない大革命、明治維新はどうして可能だったのか。その歴史的経験から、時空を超える普遍的英知を探り、それを補助線に世界の「いま」を理解する。

筑摩選書 0087

自由か、さもなくば幸福か?

二一世紀の〈あり得べき社会〉を問う

大屋雄裕

二〇世紀の苦闘と幻滅を経て、私たちの社会はどこへ向かおうとしているのか? 一九世紀以降の「統制のモード」の変容を追い、可能な未来像を描出した衝撃作!

筑摩選書 0127

分断社会を終わらせる

「だれもが受益者」という財政戦略

井手英策 古市将人 宮崎雅人

所得・世代・性別・地域間の対立が激化し、分断化が進む現代日本。なぜか? どうすればいいのか? 「救済」から「必要」へと政治理念の変革を訴える希望の書。

筑摩選書 0130

これからのマルクス経済学入門

松尾 匡 橋本貴彦

マルクスは資本主義経済をどう捉えていたのか? マルクス経済学の基礎的概念を検討し、「投下労働価値」がその可能性の中心にあることを明確にした画期的な書!

筑摩選書 0133

憲法9条とわれらが日本

未来世代へ手渡す

大澤真幸

憲法九条を徹底して考え、戦後日本を鋭く問う。社会学者の編著者が、強靭な思索者たる井上達夫、加藤典洋、中島岳志の諸氏とともに、「これから」を提言する!